高等职业教育财务会计类专业系列教材

Python 在财务中的应用

主 编 宋士显 单 松 麻育胜
参 编 孙万欣 魏标文 雷 舰

机械工业出版社

本书针对大多数财务会计类专业学生没有数据结构基础知识、没有代码编写经历的现状设计全书内容。本书设计了两大部分，第一部分介绍 Python 大数据分析基础知识（项目一～项目五），第二部分介绍 Python 在财务会计类专业的实践应用（项目六～项目九），这两部分内容前后衔接，由浅入深。本书所需的数据均从网络公开的数据资源中爬取，并利用大数据分析的方法对爬取的数据进行分析，案例丰富，数据真实完整，分析过程图文并茂，过程详尽，环环相扣，非常适合财务会计类专业的学生作为大数据相关课程的入门教材。

为方便教学，本书配备电子课件、教学代码等教学资源。凡选用本书作为教材的教师均可登录机械工业出版社教育服务网 www.cmpedu.com 下载。咨询电话：010-88379375；联系 QQ：945379158。

图书在版编目（CIP）数据

Python 在财务中的应用 / 宋士显，单松，麻育胜主编. —北京：机械工业出版社，2023.9（2024.9 重印）
高等职业教育财务会计类专业系列教材
ISBN 978-7-111-73758-2

Ⅰ. ①P… Ⅱ. ①宋… ②单… ③麻… Ⅲ. ①软件工具—程序设计—应用—财务管理—高等职业教育—教材 Ⅳ. ①F275

中国国家版本馆 CIP 数据核字（2023）第 161965 号

机械工业出版社（北京市百万庄大街 22 号　邮政编码 100037）
策划编辑：乔　晨　　　　　　　责任编辑：乔　晨
责任校对：王荣庆　张　薇　　　封面设计：王　旭
责任印制：常天培
北京机工印刷厂有限公司印刷
2024 年 9 月第 1 版第 3 次印刷
184mm×260mm・16 印张・377 千字
标准书号：ISBN 978-7-111-73758-2
定价：49.00 元

电话服务　　　　　　　　　网络服务
客服电话：010-88361066　　机　工　官　网：www.cmpbook.com
　　　　　010-88379833　　机　工　官　博：weibo.com/cmp1952
　　　　　010-68326294　　金　书　网：www.golden-book.com
封底无防伪标均为盗版　机工教育服务网：www.cmpedu.com

前 言

PREFACE

党的二十大报告提出："加快发展数字经济，促进数字经济和实体经济深度融合"的高质量发展要求，同时为对接财务会计行业数字化、网络化、智能化发展新趋势，不断满足会计行业高质量发展对高素质技术技能人才的需求，财务会计类学生应在传统的理论学习的基础上，掌握大数据分析相关技术，如数据建模、数据库技术、查询语言等。目前，Python 技术在各大领域已经广泛应用，它在财务数据挖掘和分析中作用明显，因此学习大数据分析，尤其是学习 Python 技术，对大数据在财务中的应用具有重要意义。但是财务会计类学生往往不具有编程基础，结合财经类学生的学情特点，设计开发一本符合财务会计类专业学生特点和认知规律的教材，便具有十分重要的意义。

本书根据《国务院关于印发国家职业教育改革实施方案的通知》〔国发（2019）4号〕、《教育部关于印发〈高等学校课程思政建设指导纲要〉的通知》〔教高（2020）3号〕以及全国财政职业教育教学指导委员会印发的"大数据与会计"专业教学标准等文件精神，从高等职业教育财务会计类学生的基本学情出发，聚焦于财务大数据分析工具方法，将立德树人、专业提升和数据分析能力的提高充分融入教学过程中。

本书设计有九个项目。项目一介绍 Python 语言的特点、集成开发环境的安装，同时利用海龟绘图寓教于乐，提高学生的学习兴趣；项目二介绍 Python 数据结构与数据类型、数据标识与运算、流程控制、函数封装等大数据分析的基础知识；项目三和项目四介绍常见数据结构的使用方法；项目五介绍文件与目录操作，实现数据的存储；项目六介绍网络数据爬取的基础知识，并通过实际案例详细介绍数据采集的技巧和方法，所爬取的数据将作为后续项目分析的基础数据；项目七和项目八以项目六采集的数据为基础，介绍大数据分析的基本流程和常用的分析方法；项目九结合财务会计和管理会计中常用的知识点，介绍大数据分析方法在财务会计中的案例应用。本书体系设置循序渐进，知识结构完整，内容注重实践操作。

本书的特点如下：

1. 注重基础，实训过程化

针对财务会计类专业学生没有编程基础的基本现状，本书对数据结构与数据类型和 Python 基本语法，进行了详细深入的讲解，每一步操作均提供代码，并配有详细注释，非常适合财务会计类专业学习使用。

2. 案例丰富，贴近财务场景，针对性强

本书所需数据从上交所、深交所、巨潮资讯网等财务专业数据网站爬取。将数据采集、清洗、存储、挖掘、分析、数据可视化等数据处理能力，充分融入课程案例教学中，既锻炼了学生的实践动手能力，又贴近实际财务场景，具有非常强的针对性。

3. 校企合作，共同开发编写

本书在编写过程中得到来自高校和企业的大力支持。具体分工如下：项目一由浙江金融职业学院雷舰教授编写；项目二、项目六、项目七和项目八，由浙江旅游职业学院宋士显老师编写；项目三由金华职业技术学院单松教授编写；项目四由台州科技职业学院麻育胜教授编写；项目五由浙江旅游职业学院孙万欣教授编写；项目九由浙江工业职业技术学院魏标文教授编写。本书在编写过程中得到了厦门网中网软件有限公司刘青副总裁和浙江开元酒店管理集团财务共享中心大数据总监李万老师的鼎力支持，在此一并表示感谢！

由于编者水平有限，特别是 Python 财务大数据分析在我国目前还处于起步阶段，本书在编写过程中难免有疏漏和不当之处，恳请广大读者批评指正。

编　者

目录 CONTENTS

前言

项目一 初识 Python 1

任务一 Python 语言简介 1
任务二 集成开发工具安装 2
任务三 寓教于乐——海龟绘图 4
任务四 Python 代码的基本特征与常用快捷操作 10
拓展知识 11

项目二 Python 大数据基础 13

任务一 数据结构与数据类型 13
任务二 数据标识与运算 26
任务三 数据运算流程控制 37
任务四 功能封装——函数 46
课后练习 55
拓展知识 55

项目三 常用数据结构及应用 57

任务一 序列统一操作 57
任务二 列表 58
任务三 元组 68
任务四 集合 72
任务五 字典 75
任务六 Array 数组 81
任务七 DataFrame 数据框 96
课后练习 113
拓展知识 113

项目四　字符串操作 115

  任务一　字符串常规操作 115
  任务二　字符串模糊处理 120
  课后练习 128
  拓展知识 128

项目五　文件、目录与路径操作 129

  任务一　文件操作 129
  任务二　目录与路径操作 134
  课后练习 137
  拓展知识 137

项目六　网络数据爬取 139

  任务一　网络爬虫基础与流程 139
  任务二　中国会计网会计科目爬取 141
  任务三　平安银行财务报表数据爬取 143
  任务四　沪深两市上市公司清单爬取 148
  任务五　沪深两市上市公司财务报表爬取 150
  任务六　沪深两市上市公司基本档案爬取 153
  任务七　上海证券交易所证券交易行情数据爬取 156
  任务八　沪深两市上市公司年报爬取 160
  课后练习 165
  拓展知识 165

项目七　沪深两市上市公司基本档案分析 167

  任务一　基本档案数据合并 167
  任务二　数据特征值分析与清洗整理 174

任务三　数据可视化常用绘图库 180
任务四　基本档案分析与数据可视化 184
课后练习 193
拓展知识 193

项目八　沪深两市上市公司财报数据分析 195

任务一　财务报表数据合并 195
任务二　财务报表数据关联 198
任务三　常见财务指标计算 200
任务四　盈利能力对比分析与可视化 207
课后练习 210
拓展知识 210

项目九　Python 在财务中的典型应用 213

任务一　工资项目核算与薪酬分析 213
任务二　固定资产常见折旧方法 224
任务三　资产负债表的编制 228
任务四　利润表的编制 235
任务五　本量利分析 239
课后练习 246
拓展知识 246

参考文献 247

项目一
初识 Python

任务一　Python语言简介

Python 语言是由荷兰程序员吉多·范罗苏姆（Guido van Rossum）设计开发的，其 Logo 如图 1-1 所示。

Python 语言具有以下特点：

（1）简单易学、简洁、开发速度快。

简单易学：与 C 语言和 Java 相比，Python 更适合新手入门，属于自底向上的技术攀爬路线。

简洁：Python 的语法非常简洁，代码量少，容易编写，代码的测试、重构、维护等都十分容易。

图1-1　Python的Logo

开发速度快：在当前互联网时代，产品开发速度是企业的生命线，Python 的开发速度便十分快。

（2）是跨平台、可移植、可扩展、交互式、解释型、面向对象的动态语言。

跨平台：Python 支持 Windows、Linux 和 Mac OS 等主流操作系统。

可移植：代码通常不需要多少改动就能移植到别的平台上使用。

可扩展：Python 本身由 C 语言编写而成，可以在 Python 中嵌入 C 语言，从而提高代码的运行速度和效率；也可以使用 C 语言重写 Python 的任何模块，从根本上改写 Python。

交互式：Python 提供很好的人机交互界面，比如 IDLE 和 IPython，可以从终端输入执行代码并获得结果，进行互动测试和调试代码片断。

解释型：Python 在执行过程中由解释器逐行分析、运行并输出结果。

面向对象：Python 具备所有的面向对象特性和功能，支持基于类的程序开发。

动态语言：在运行时可以改变其结构。例如新的函数、对象，甚至代码可以被引进，已有的函数可以被删除或是进行其他结构上的变化。动态语言非常具有活力。

（3）"内置电池"，大量的标准库和第三方库。Python提供了非常完善的基础库，覆盖了系统、网络、文件、GUI、数据库、文本处理等方方面面，这些是随同解释器被默认安装的，各平台通用，无须安装第三方支持就可以完成大多数工作，这一特点被形象地称作"内置电池"（batteries included）。

（4）开源语言，发展动力巨大。Python是基于C语言编写的，并且开源免费，每个编程爱好者均可以免费获取它的源代码进行学习、研究甚至改进。众人拾柴火焰高，有更多的人参与Python的开发，促使它更好地发展，被更多地应用，形成良性循环。正是因为开放性、自由性的特点，Python聚起了人气，形成了社区，有很多人在其中做贡献，用的人越来越多，自然就提高了市场占有率，提供的Python程序员岗位就越来越多，这就是开源的力量。

Python的应用方向主要是以下几个方面：

（1）常规软件开发。Python支持函数式编程和面向对象编程（OOP），能够承担任何种类软件的开发工作，因此常规的软件开发、脚本编写、网络编程等都属于标配能力。

（2）科学计算。随着NumPy、SciPy、Matplotlib等众多程序库的开发，Python越来越适合于做科学计算、绘制高质量的2D和3D图像。和科学计算领域流行的商业软件MATLAB相比，Python是一门通用的程序设计语言，比MATLAB所采用的脚本语言的应用范围更广泛，有更多的程序库支持。

（3）自动化运维。Python是运维工程师首选的编程语言，Python在自动化运维方面已经深入人心。

（4）云计算。随着云计算的兴起，Python在云计算方面的优势也得到了体现，开源云计算解决方案OpenStack就是基于Python开发的。

（5）Web开发。基于Python的Web开发框架有很多，应用范围非常广，开发速度非常快，学习门槛也很低，能够帮助用户快速搭建起可用的Web服务。目前国内的知乎和豆瓣，就是基于Python开发的Web服务，其他诸如百度、阿里、淘宝等公司也在使用Python完成各种各样的任务。

（6）网络爬虫。网络爬虫也称网络蜘蛛，通过Python编程创造的网络爬虫是大数据行业获取数据的核心工具。可以使用网络爬虫自动地、不分昼夜地、高智能地在互联网上爬取免费的数据。

（7）数据分析。在大量数据的基础上，结合科学计算、机器学习等技术，对数据进行清洗、去重、规格化和针对性的分析是大数据行业的基石。Python是数据分析的主流语言之一。

（8）人工智能。Python在人工智能范畴领域内的机器学习、神经网络、深度学习等方面都是主流的编程语言，得到了广泛的支持和应用。

任务二　集成开发工具安装

工欲善其事，必先利其器，学习Python我们也需要借助于一定的开发工具，常见的开发工具有Anaconda、PyCharm、Sublime Text等，其中PyCharm更适合专业的程序员使用，Anaconda更适合初学者使用，Anaconda是一款Python数据科学平台，默认安装了Python、IPython、集成开发环境和众多的包和模块，包含超过180个常见的科学计算包及其依赖项，本书将以Anaconda平台中的Jupyter Notebook为基础平台进行讲解。

Jupyter Notebook 是一款免费、开源的交互式 Web 工具，我们可以利用该工具将程序代码、计算输出、解释文本和多媒体资源组合在一个文档中，既可以数据演示和可视化，也可以查看每一段代码的输出与运行效果，这对于数据科学和机器学习研究而言非常重要。基于此特点，Jupyter Notebook 成为数据科学家和机器学习研究者们的首选工具。其安装过程如下：

（1）从Anaconda的官网下载安装程序，该程序是开源免费的，直接下载安装即可。安装以后在开始菜单中可以看到Anaconda Prompt（Anaconda3）和Jupyter Notebook（Anaconda3）两个入口文件（如图1-2所示），其中Anaconda Prompt（Anaconda3）是命令行模式的入口文件，Jupyter Notebook（Anaconda3）是直接打开编辑器的入口文件，还可以将其设置为桌面快捷方式，以便于后期使用。

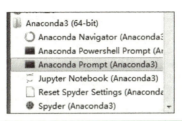

图1-2　Anaconda安装后开始菜单样式

（2）Jupyter Notebook汉化。默认安装的Jupyter Notebook是英文版的，我们可以创建系统的环境变量实现汉化。操作方法：右键单击"此电脑"，选择"属性"，在"高级"选项卡中单击"环境变量"按钮，新建环境变量"LANG"，变量值为"zh_CN.UTF8"，如图1-3和图1-4所示。

创建环境变量后，重启Jupyter Notebook即可实现开发工具汉化。

图1-3　修改环境变量

图1-4　新建环境变量

（3）扩展功能安装。安装Jupyter Notebook后，编辑器仅具备基本功能，为了便于后期的开发，我们通常需要安装一些常用的扩展功能，操作过程如下：

第1步　打开 Anaconda Prompt，录入命令：

```
pip install jupyter_contrib_nbextensions
```

第2步 录入命令：

```
jupyter contrib nbextension install --user --skip-running-check
```

第3步 安装扩展后，重启 Jupyter Notebook，即可看到"Nbextensions"扩展功能选项卡，取消勾选"Configurable nbextensions"复选框，然后勾选常用的扩展功能插件，如图1-5所示。

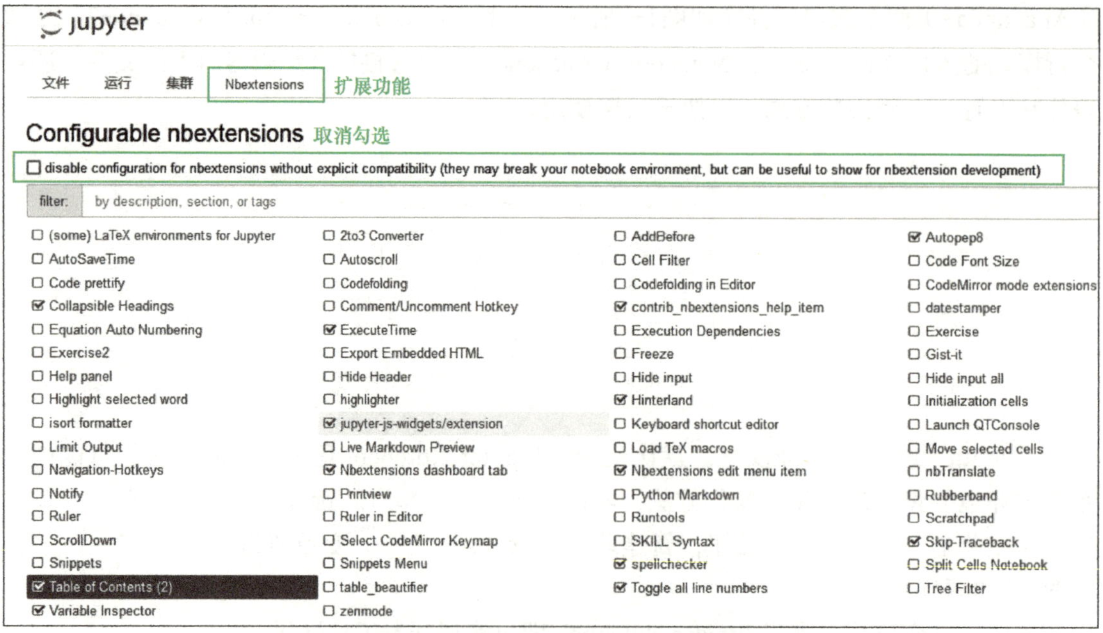

图1-5 常用的扩展功能插件

几种常用的扩展功能插件如下：

1）Hinterland：有着自动填充功能，可以极大地提高编程效率。
2）Live Markdown Preview：作用在于方便撰写 Markdown 内容。
3）highlighter：高亮显示 Markdown 内容。
4）Code prettify：格式化、美化自己写的代码块。
5）Codefolding：折叠代码块。
6）ExecuteTime：显示代码块执行完成所需要的时间。
7）Table of Contents（2）：增加导航目录。
8）Spellchecker：突显拼写错误的单词。
9）Collapsible Headings：可折叠标题。

任务三　寓教于乐——海龟绘图

我们先使用 Jupyter Notebook 编写几个小游戏，一方面增加同学们的学习兴趣，另一方面也了解一下 Python 的语法特征。在编写之前，需要打开 Anaconda Prompt 命令行模式下载 turtle 绘图库，输入命令：pip install turtle，如图 1-6 所示。

图1-6　安装海龟绘图库

（1）打开Jupyter Notebook后，新建文件夹，重命名为"1.海龟绘图"，如图1-7和图1-8所示。

图1-7　新建文件夹

图1-8　重命名文件夹

（2）进入"1.海龟绘图"文件夹，新建Python3文件，新建的Python3文件为未命名状态，重命名文件即可。新建4个Python3文件，并分别重命名，结果如图1-9所示。

我们将在各个 Python 文件中分别写代码，建议跟着本书内容逐行逐句编写，包括代码注释，在代码编写过程中体会 Python 的语法规则。

图1-9　新建Python3文件

1. 绘制奥运五环旗

第1步　导入海龟绘图工具包，如图 1-10 所示。

```
In [1]: #导入turtle绘图工具包,并起个别名p    插入注释的快捷键:Ctrl+/
        import turtle as p
```

图1-10　导入海龟绘图工具包

第2步 显示画笔,并在画板正中心描点,正中心坐标为(0,0),如图1-11所示。

```
In [2]: p.showturtle()    #显示画笔箭头,默认画笔方向:left
        p.dot()           # 画布正中心,坐标(0,0)
```

图1-11 显示画笔并描点

第3步 绘制标题,如图1-12所示。

```
In [3]: # 绘制标题
        p.up()                # 抬笔
        p.goto(-40,80)        # 确定标题位置
        p.down()              # 落笔
        p.write("奥运五环旗",font=("黑体",20,"normal"))   # shift+Tab 查看参数
```

图1-12 绘制标题

第4步 绘制第一个环,绘制过程如图1-13所示,注意所有代码左对齐顶格书写。

```
In [4]: # 第一个环
        p.up()              #抬笔
        p.goto(50,0)        #移动到第一个环的起笔位置
        p.down()            # 落笔
        p.left(90)          # 默认朝右,箭头旋转90度朝上
        p.width(10)         #设置画笔宽度
        p.color("black")    #设置画笔颜色
        p.circle(50)        #绘制第一个环,设置半径为50
```

图1-13 绘制第一个环

第5步 绘制第二个环,绘制过程如图1-14所示。

```
In [5]: # 第二个环
        p.up()
        p.goto(170,0)       #移动到第二个环的起笔位置
        p.down()
        p.width(10)
        p.color("red")
        p.circle(50)
```

图1-14 绘制第二个环

第6步 绘制第三个环,绘制过程如图1-15所示。

```
In [6]: # 第三个环
        p.up()
        p.goto(-70,0)       #移动到第三个环的起笔位置
        p.down()
        p.width(10)
        p.color("blue")
        p.circle(50)
```

图1-15 绘制第三个环

第7步 绘制第四个环,绘制过程如图1-16所示。

```
In [7]: # 第四个环
        p.up()
        p.goto(110, -40)        #移动到第四个环的起笔位置
        p.down()
        p.width(10)
        p.color("green")
        p.circle(50)
```

图1-16 绘制第四个环

第8步 绘制第五个环，绘制过程如图 1-17 所示。

```
In [8]: # 第五个环
        p.up()
        p.goto(-10, -40)        #移动到第五个环的起笔位置
        p.down()
        p.width(10)
        p.color("yellow")
        p.circle(50)
```

图1-17 绘制第五个环

最终效果如图 1-18 所示。

图1-18 奥运五环旗最终效果

2．绘制五角星

第1步 导入海龟绘图工具包，如图 1-10 所示。

第2步 封装一个绘制单个五角星的函数，参数为五角星在画布中的位置坐标，注意代码缩进，使用 <Tab> 键缩进 4 个字符，使用 <Shift+Tab> 键取消缩进，如图 1-19 所示。

```
In [2]: # 定义方法,绘制一个五角星
        def drawStar(x, y):
            p.up()                      #起笔
            p.goto(x, y)                #移动到指定位置
            p.down()                    #落笔,默认向右
            for i in range(5):          #绘制五角星每一条折线
                p.forward(40)           #画直线
                p.right(144)            #向右旋转144度
executed in 16ms, finished 10:06:13 2022-09-30
```

图1-19 自定义绘制单个五角星函数

第3步　调用封装的函数，使用循环操作，绘制五个五角星，如图1-20所示。

```
In [3]: # 循环调用方法
        for x in range(0, 250, 50):       #绘制五个五角星
            drawStar(x-125, 0)            #控制图形在画布中的位置
executed in 4m 20s, finished 10:10:48 2022-09-30
```

图1-20　绘制五个五角星

运行效果如图1-21所示。

图1-21　五角星绘制效果图

3. 绘制二叉树

第1步　导入海龟绘图工具包，如图1-10所示。

第2步　设置绘图的初值，注意代码左对齐顶格，单行注释使用Ctrl+/，行后注释前加#号，如图1-22所示。

第3步　封装绘制二叉树的递归函数，该函数相对比较复杂，需使用较多的参数，相关参数的含义如图1-23和图1-24所示。

```
In [2]: # 设置色彩模式是RGB:
        p.colormode(255)
        # 初始化RGB颜色变量初值:
        r = 0
        g = 0
        b = 0
        p.color(r, g, b)        #设置画笔初始颜色,rgb格式
        p.left(90)              #向上旋转90度,默认初始方向向左
        p.penup()               #抬笔
        p.backward(200)         #向下后退200
        p.pendown()             #落笔
        p.width(14)             #设置画笔初始宽度
        p.forward(120)          #向上画线,长度为初值长度120
        p.speed("fastest")      #设置绘制速度
executed in 834ms, finished 10:10:36 2022-09-30
```

图1-22　设置二叉树绘制初始参数值

```
In [ ]: # 定义递归函数,设置为默认值参数形式
        '''
        deep:节点最大深度
        len:初始树干长度,逐渐变短
        wid:初始树干宽度,逐渐变细
        s:树枝旋转角度
        level:递归计次变量,递归头,绘制到末梢的层级,最末梢为0,控制枝叶茂盛度,值越小越茂盛
        '''
```

图1-23　多行注释格式

```
In [3]: def draw_tree(deep=12, len=120, wid=14, s=45, level=6):
            global r, g, b                    #使用全局变量
            r = r + 1
            g = g + 2
            b = b + 3
            p.pencolor(r % 200, g % 200, b % 200)  #控制画笔颜色,对200求余
            # 调整树枝的长度为原长度的3/4
            len = 3.0 / 4.0 * len
            # 记录当前的画笔宽度
            wid = p.width()
            # 调整树枝的粗细为原来的3/4
            p.width(wid * 3.0 / 4.0)
            p.left(s)                         #向左旋转s度,绘制树枝左半部分
            p.forward(len)                    #向箭头所在方向移动len距离
            if level < deep:                  # 左半部分递归头
                draw_tree(deep, len, wid, s, level + 1)
            p.backward(len)                   # 后退
            p.right(2 * s)                    # 向右旋转2s度,绘制树枝的右半部分
            p.forward(len)
            if level < deep:                  # 右半部分递归头
                draw_tree(deep, len, wid, s, level + 1)
            p.backward(len)                   # 后退到节点
            p.left(s)                         # 恢复画笔的角度
            p.width(wid)                      # 恢复之前的画笔宽度
executed in 33ms, finished 11:38:42 2022-09-30
```

图1-24 自定义递归函数

第4步 调用递归函数,绘制二叉树,这里设置旋转角度为30度,其他参数采用默认值,如图1-25所示。

```
In [4]: # 调用递归函数
        draw_tree(s=30)
executed in 19.8s, finished 11:39:12 2022-09-30
```

图1-25 绘制二叉树

运行效果如图1-26所示。

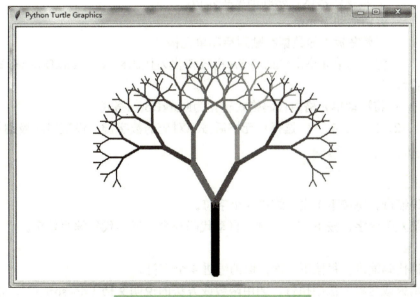

图1-26 二叉树绘制效果图

任务四 Python代码的基本特征与常用快捷操作

1. Python代码的基本特征

（1）Python代码在单元格内默认左对齐顶格书写。

（2）Python通过缩进控制代码结构，缩进量相同则为同一级别，没有结束标识符。

（3）默认缩进4个字符，缩进快捷键为<Tab>键，取消缩进用<Shift+Tab>键。

2. 代码运行常用快捷键

（1）<Shift+Enter>：运行当前活动单元格代码，运行结束后将下一个单元格调整为活动单元格。

（2）当前单元格为最后一个单元格时，则在下方插入一个新的单元格并选取为活动单元格。

（3）<Ctrl+Enter>：运行当前活动单元格代码，运行结束后不调整活动单元格，当前单元格仍为活动单元格。

（4）<Alt+Enter>：运行当前活动单元格代码，运行结束后在下方插入新的单元格并选取为活动单元格。

3. 单元格操作常用快捷键

（1）活动单元格：当前被选取的单元格即为活动单元格。

（2）<A>：在活动单元格上方插入一行，注意选取活动单元格，但光标不能进入活动单元格。

（3）<B>：在活动单元格下方插入一行。

（4）<C>：复制活动单元格。

（5）<D+D>：连续按两次，删除活动单元格。

（6）<X>：剪切活动单元格。

（7）<V>：将剪贴板中的数据粘贴到活动单元格。

（8）<Y>：将活动单元格由MarkDown格式转化为代码格式，MarkDown格式为笔记格式，不能运行。

（9）<M>：将活动单元格由代码格式转化为MarkDown格式。

（10）1、2、3、4、5、6：选择单元格后按下对应的数字键，设置对应级别的标题。

4. 代码编写常用快捷键

（1）<Tab>：

1）代码缩进，每按下1次，缩进4个字符。

2）当录入关键字，按下<Tab>键，自动代码补全，提高代码编写效率。

（2）<Shift+Tab>：

1）取消代码缩进，每按下一次，取消缩进4个字符。

2）在函数或对象方法中执行，调用函数或方法的说明文档（docstring），查看函数或方法的功能、参数及返回值等。

（3）分号（；）：

1）英文状态分号为换行符。一般状态一条语句占一行，行末尾无结束标识。

2）如果多条语句放在同一行，语句间用分号间隔，如：a=1；b=2。

（4）反斜杠（\）：英文状态反斜杠为续行符。如果一条语句过长，一行无法完整列示，可以在任意位置使用\换行。

◆ 拓展知识 ◆

经济发展数字化转型

随着大数据、人工智能、物联网的兴起，用大数据的思维去发掘其潜在价值，已成为新时代大学生必须具备的基本技能。未来大数据的发展前景非常广阔，与大数据相关的职业如数据挖掘师、数据分析师等会有很好的发展空间。

党的二十大报告指出，"加快发展数字经济，促进数字经济和实体经济深度融合"。新一代信息技术与各产业结合形成数字化生产力和数字经济，是现代化经济体系发展的重要方向。大数据、云计算、人工智能等新一代数字技术是当代创新最活跃、应用最广泛、带动力最强的科技领域，给产业发展、日常生活、社会治理带来了深刻影响。数据要素正在成为劳动力、资本、土地、技术、管理等之外最先进、最活跃的新生产要素，驱动实体经济在生产主体、生产对象、生产工具和生产方式上发生深刻变革。数字化转型已经成为全球经济发展的大趋势，世界各主要国家均将数字化作为优先发展的方向，积极推动数字经济发展，围绕数字技术、标准、规则、数据的国际竞争也日趋激烈，这也成为决定国家未来发展潜力和国际竞争力的重要领域。

数字化能够有效牵引生产和服务体系智能化升级，促进产业链与价值链的延伸拓展、融合发展，是实体经济转型升级的必然选择。我国实体经济规模庞大、门类齐全，但供给结构和效率不适应需求升级的问题还很突出，迫切需要通过数字化带动生产制造、分销售后等环节全面优化升级，提高满足国内外市场需求的能力。同时，必须加快推广数字领域新技术、新业态和新模式，加快推动各领域数字化优化升级，实现数字经济与实体经济深度融合，打造经济发展新引擎，以数字化转型整体驱动实体经济质量变革、效率变革、动力变革和生产方式变革。要提高数字技术基础研发能力，加快解决数字领域关键核心技术受制于人问题，加强新一代数字技术产业布局，抢占未来竞争制高点。培育壮大新兴数字产业，提升通信设备、核心电子元器件、关键软件等相关产业发展水平。加快建设新一代移动通信、数据中心等数字基础设施，提升数据处理水平，促进信息高效联通和开发利用。全面推动产业数字化，推动数据赋能全产业链协同转型，加快发展工业互联网和物联网，推动服务业数字化转型，推进农业生产经营和管理服务数字化。发挥我国市场规模、人力资源和金融体系优势，充分发挥市场机制和企业主体作用，支持数字企业发展壮大，打造具有国际竞争力的数字产业集群。加快构建数据基础制度体系，完善数据产权、交易、监管等机制，促进平台经济规范健康持续发展。深化数字经济国际合作，积极参与数据流动、数字货币、数字服务税等国际规则制定。协同推进数字经济、数字社会、数字政府建设，以数字化促进民生改善和治理水平提升。提升数据安全保障能力。提升全民数字素养，为数字经济发展营造良好发展环境。

项目二 Python大数据基础

任务一 数据结构与数据类型

数据结构（Data Structure）是指相互之间存在一种或多种特定关系的数据元素之间的组织管理和存储方式。数据类型是与数据结构密切关联的概念，是编程语言为不同结构的数据已预定好的组织管理和存储方式，用于将数据存入计算机内存以便于进一步的数据处理。通常情况下，精心选择的数据类型可以带来更高的运行或者存储效率。

我们以三名学生的信息为例（见图2-1），来理解各种常见数据结构以及与之对应的 Python 数据类型。

打开 Jupyter Notebook，新建文件夹，重命名为"2.Python 基础"，如图 2-2 所示。

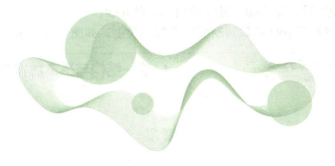

图2-1　三名学生信息

在"2.Python 基础"文件夹下新建 Python3 文件，重命名为"1.数据结构与数据类型"，默认".ipynb"为后缀名，如图 2-3 所示。

图2-2　Python基础文件夹　　　图2-3　重命名Python3文件

1. 单一结构与基本数据类型

对于每一个学生，都通过 7 个字段来描述，分别是学号、班级、姓名、语文、数学、英语、补考，每位学生每个字段的信息都是一个单一结构数据，Python 中使用基本数据类型来描述这种单一结构数据，常用的基本数据类型有以下几种：

（1）整型：int，整数。
（2）浮点型：float，带小数点的数据。
（3）布尔型：bool，仅有True和False两个值。
（4）字符串型：str，用一对单引号，或一对双引号，或一对三引号包裹的数据。

以第一位学生为例，要将该学生的信息存入内存，需要7个变量：学号、班级、姓名三个字段信息需要使用字符串型str；语文和英语成绩为整数，使用整型int；数学成绩包含整数和小数，使用浮点型float；补考使用布尔型bool。

使用Python内置Type()函数判断变量的数据类型，如图2-4所示。

图2-4　使用Python内置Type()函数判断变量的数据类型

使用基本数据类型存储每一个单一结构数据，每位学生的信息需要使用7个变量来存储，显然这不是存储数据的最佳方式。

2. 并列结构与序列类型

并列结构中的数据为平级并列关系，其根据具体情形又可分为单行并列结构、多行并列结构、单列并列结构、多列并列结构。在Python中可以使用序列类型表示，常用的序列类型有：

（1）有序序列。

1）列表（list）：行数据结构，用中括号[ ]表示，数据元素在中括号内列示，数据元素之间用逗号分隔。

2）元组（tuple）：行数据结构，用小括号( )表示，数据元素在小括号内列示，数据元素之间用逗号分隔。

（2）无序序列。

1）集合（set），用大括号{ }表示，数据元素在大括号内列示，数据元素间用逗号分隔。

2）字典（dict）：用大括号{ }表示，数据元素（key:value）在大括号内列示，数据元素之间用逗号分隔。

3）Series系列：非Python基本数据类型，是第三方Pandas库的数据类型，为单列数据结构。

4）DataFrame 数据框：非 Python 基本数据类型，是第三方 Pandas 库的数据类型，为多列数据结构。

结合学生数据，各种数据结构在内存中使用不同的数据类型表示如下：

（1）单行结构，一维列表：以第一个学生信息为例，注意列表元素的索引编码，正序索引从0开始，最大索引为元素数量-1，逆序索引从-1开始，最小索引为元素数量，如图2-5所示。

```
In [3]:  # 列表中的元素是可变的，即可以增、删、改
         # 列表是有序的，数据索引编号从0开始，列表用中括号[]表示，各元素之间用逗号间隔
         # 正序    0     1    2    3   4   5    6
         # 倒序   -7    -6   -5   -4  -3  -2   -1
         a_list=['0101','1班','张三',75,86.5,92,False]
         print(type(a_list))
         executed in 20ms, finished 23:04:21 2022-07-16
         <class 'list'>
```

图2-5　一维列表表示单行结构

（2）单行结构，一维元组：以第一个学生为例，元组索引编码规则与列表相同，如图2-6所示。

```
In [4]:  # 元组中的元素是不可变的，即不可以增、删、改，可以实现对数据的保护作用
         # 元组也是有序的，数据索引编号从0开始，元组用小括号()表示，各元素之间用逗号间隔
         # 正序    0     1    2    3   4   5    6
         # 倒序   -7    -6   -5   -4  -3  -2   -1
         a_tuple=('0101','1班','张三',75,86.5,92,False)
         print(type(a_tuple))
         executed in 20ms, finished 23:11:03 2022-07-16
         <class 'tuple'>
```

图2-6　一维元组表示单行结构

（3）单行结构，用字典表示：以第一个学生为例，字典元素为key:value键值对双值结构，字典为无序序列，没有序号索引，每一个元素的键key即为该元素的名称索引，如图2-7所示。

```
In [5]:  # 字典中的数据元素为双值结构(key:value),其中key键是不可变,value值是可变的
         # 字典是无序的，没有索引编号，字典用大括号{}表示，各元素之间用逗号间隔，每一个元素键值对之间用冒号间隔
         a_dict={'学号':'0101','班级':'1班','姓名':'张三','语文':75,'数学':86.5,'英语':92,'补考':False}
         print(type(a_dict))
         executed in 21ms, finished 23:17:47 2022-07-16
         <class 'dict'>
```

图2-7　字典表示单行结构

（4）多行结构，二维列表表示所有学生数据，如图2-8所示。

```
In [6]:  # 正序    0     1    2    3   4   5    6
         # 倒序   -7    -6   -5   -4  -3  -2   -1      #正序  倒序
         b_list=[
                 ['0101','1班','张三',75,86.5,92,False], # 0    -3
                 ['0102','1班','李四',56,75.5,78,True],  # 1    -2
                 ['0103','1班','王五',93,82.5,58,True],  # 2    -1
                ]
         print(type(b_list))
         executed in 30ms, finished 23:33:36 2022-07-16
         <class 'list'>
```

图2-8　二维列表表示多行结构

（5）多行结构，二维元组表示所有学生数据，如图2-9所示。

```
In [7]: # 正序     0    1    2   3  4  5
        # 倒序    -7   -6   -5  -4 -3 -2 -1   #正序 倒序
        b_tuple=(
                ('0101','1班','张三',75,86.5,92,False), # 0   -3
                ('0102','1班','李四',56,75.5,78,True),  # 1   -2
                ('0103','1班','王五',93,82.5,58,True),  # 2   -1
                )
        print(type(b_tuple))
        executed in 20ms, finished 23:36:51 2022-07-16

        <class 'tuple'>
```

图2-9　二维元组表示多行结构

（6）单列结构，Python基本数据类型中没有专门用于表示列的数据结构。单列结构可以使用二维列表或二维元组表示。以表示所有学生姓名为例，如图2-10所示。

```
In [8]: # 正序    0
        # 倒序   -1    #正序 倒序
        c_list=[
                ['张三',], # 0   -3
                ['李四',], # 1   -2
                ['王五',], # 2   -1
                ]
        c_tuple=(
                ('张三',), # 0   -3
                ('李四',), # 1   -2
                ('王五',), # 2   -1
                )
        print(type(c_list))
        print(type(c_tuple))
        executed in 30ms, finished 23:54:22 2022-07-16

        <class 'list'>
        <class 'tuple'>
```

图2-10　二维列表元组表示单列结构

上述二维列表或二维元组，本质上是每行只有一个数据的多行结构，虽然可以保存数据，但不便于对数据进行操作，因此我们一般不使用上述方式来表示单列结构数据，单列结构我们经常使用第三方库 Pandas 中的 Series 结构。

（7）单列Series结构：Series结构是第三方Pandas库中的数据结构，使用前需要先导入，使用时先将"单列数据"存入"单行列表"中，再使用Series()函数将"单行列表"转换为"单列结构"，转换为Series结构后，在数据访问和数据运算时将会变得非常方便。例如，将第一列学生姓名存入Series结构中，如图2-11所示。

```
In [1]: # 导入第三方库,并设置别名
        import pandas as pd

        # 将姓名列数据,以行列表的形式排列,使用Series()函数转为单列结构
        d_series=pd.Series(['张三','李四','王五'])
        print(d_series)
        print(type(d_series))
        executed in 621ms, finished 11:02:00 2022-07-17

        0    张三
        1    李四
        2    王五
        dtype: object
        <class 'pandas.core.series.Series'>
```

图2-11　将第一列学生姓名存入Series结构中

（8）多列结构：可以使用字典来表示多列结构，每列的字段名作为"键"，每列的数据用一维单行列表作为"值"，"字段名：值"构成一个字典数据元素键值对，如图2-12所示。

```
In [4]: e_dict={
            '学号':['0101','0102','0103'],
            '班级':['1班','1班','1班'],
            '姓名':['张三','李四','王五'],
            '语文':[75,56,93],
            '数学':[86.5,75.5,82.5],
            '英语':[92,78,58],
            '补考':[False,True,True],
        }
        print(type(e_dict))
executed in 30ms, finished 11:12:18 2022-07-17

<class 'dict'>
```

图2-12　字典表示多列结构

字典结构可以将表格数据存入内容，可以很方便地将表格数据存入内存中，但在数据运算方面并不具有优势，为此需要引入 Pandas 库的 DataFrame 数据框结构。

（9）多列结构：可以用DataFrame数据框结构表示。DataFrame是第三方pandas库中的数据结构，使用前需要先导入，使用时可以将表格数据存入二维列表或者字典中，然后使用DataFrame()函数转换为DataFrame数据框，也可以从文件中直接读取数据到DataFrame数据框中。以保存所有学生数据为例，如图2-13所示。

```
In [8]: import pandas as pd
        # 设置DataFrame数据框输出结构的对齐方式
        pd.set_option('display.unicode.ambiguous_as_wide',True)
        pd.set_option('display.unicode.east_asian_width',True)
        # 将数据以二维列表方式设置
        data=[
            ['0101','1班','张三',75,86.5,92,False],   # 0    -3
            ['0102','1班','李四',56,75.5,78,True],    # 1    -2
            ['0103','1班','王五',93,82.5,58,True],    # 2    -1
        ]
        # 设置字段名列表
        columns=['学号','班级','姓名','语文','数学','英语','补考']
        # 转换为DataFrame数据框结构
        f_pd=pd.DataFrame(data=data,columns=columns)
        print(f_pd)
        print(type(f_pd))
executed in 40ms, finished 11:32:15 2022-07-17

     学号 班级 姓名 语文  数学  英语   补考
0  0101 1班 张三   75 86.5  92 False
1  0102 1班 李四   56 75.5  78  True
2  0103 1班 王五   93 82.5  58  True
<class 'pandas.core.frame.DataFrame'>
```

图2-13　DataFrame数据框结构表示多列结构

（10）多列数组NdArray。上述数据类型中，每个数据元素的数据类型可以不相同，有些字段为字符串类型，有些字段是整型，有些字段是浮点型，有些字段是布尔型。在实际进行大数据分析时主要处理的是数值型数据，非数值型数据更多的是作为分类字段使用，我们需要一种专门存储数值型数据的数据结构，在第三方Numpy库中提供了NdArray数组数据结构，专门解决这个问题。NdArray数组是大数据分析最基本的数据结构，DataFrame数据框结构的底层也是NdArray数组。数组默认的数据类型为浮点型（float）。以将学生的成绩数据存入内存为例，如图2-14所示。

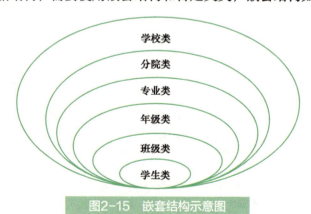

图2-14　多列数组NdArray

3. 嵌套结构与类

嵌套结构常用于表示一些更为复杂的数据结构。以浙江旅游职业学院所有学生数据为例，学校为最大的数据独享，学校内部包含多个分院，每个分院内部包含多个专业，每个专业又包含多个年级，每个年级又包含多个班级，每个班级又包含多名学生，要表示上述嵌套关系的复杂数据结构，需要使用嵌套结构和自定义类，嵌套结构如图 2-15 所示。

图2-15　嵌套结构示意图

根据嵌套结构的包含关系，需要从内向外逐级定义自定义数据结构，使用自定义结构的关键字 class，类名一般首字母大写。

（1）自定义学生类Student，学生信息定义在构造方法__init__()中，如图2-16所示。

（2）自定义班级类BanJi，学生列表students作为参数被包含其中，如图2-17所示。

（3）自定义年级类NianJi，班级列表banjis作为参数被包含其中，如图2-18所示。

（4）自定义专业类ZhuanYe，年级列表nianjis作为参数被包含其中，如图2-19所示。

（5）自定义分院类FenYuan，专业列表zhuanyes作为参数被包含其中，如图2-20所示。

```
In [29]: # 定义学生类
         class Student():
         #     定义类的构造方法,用于初始化实例,参数为各字段的名称
             def __init__(self,xh,bj,xm,yw,sx,yy,bk):
                 '''
                     xh:学号    bj:班级    xm:姓名
                     yw:语文    sx:数学    yy:英语    bk:补考
                 '''
                 self.xh=xh
                 self.bj=bj
                 self.xm=xm
                 self.yw=yw
                 self.sx=sx
                 self.yy=yy
                 self.bk=bk
```

图2-16　自定义学生类Student

```
In [15]: # 定义班级类
         class BanJi():
             def __init__(self,name,students):
                 self.name=name
                 self.students=students
executed in 13ms, finished 09:18:25 2022-07-18
```

图2-17　自定义班级类BanJi

```
In [16]: # 定义年级类
         class NianJi():
             def __init__(self,name,banjis):
                 self.name=name
                 self.banjis=banjis
executed in 7ms, finished 09:18:25 2022-07-18
```

图2-18　自定义年级类NianJi

```
In [17]: # 定义专业类
         class ZhuanYe():
             def __init__(self,name,nianjis):
                 self.name=name
                 self.nianjis=nianjis
executed in 22ms, finished 09:18:25 2022-07-18
```

图2-19　自定义专业类ZhuanYe

```
In [18]: # 定义分院类
         class FenYuan():
             def __init__(self,name,zhuanyes):
                 self.name=name
                 self.zhuanyes=zhuanyes
executed in 11ms, finished 09:18:25 2022-07-18
```

图2-20　自定义分院类FenYuan

（6）自定义学校类School，分院列表fenyuans作为参数被包含其中，如图2-21所示。

```
In [19]: # 定义学校类
         class School():
             def __init__(self,name,fenyuans):
                 self.name=name
                 self.fenyuans=fenyuans
executed in 10ms, finished 09:18:25 2022-07-18
```

图2-21　自定义学校类School

（7）将实例化1班3名学生对象存入students_01列表结构中，将实例化2班4名学生对象存入students_02列表结构中，如图2-22所示。

```
In [44]: # 实例化1班3名学生对象
         stu_01_01=Student(xh='0101',bj='1班',xm='张三',yw=75,sx=86.5,yy=92,bk=False)
         stu_01_02=Student('0102','1班','李四',56,75.5,78,True)
         stu_01_03=Student('0103','1班','王五',93,82.5,58,True)

         # 实例化2班4名学生对象
         stu_02_01=Student('0201','2班','刘备',88,86.5,78,False)
         stu_02_02=Student('0202','2班','关羽',82,75.5,83,True)
         stu_02_03=Student('0203','2班','张飞',55,48,67,True)
         stu_02_04=Student('0204','2班','赵云',78,92,79,True)

         # 将1班3名学生存入列表中
         students_01=[stu_01_01,stu_01_02,stu_01_03]

         # 将2班4名学生存入列表中
         students_02=[stu_02_01,stu_02_02,stu_02_03,stu_02_04]
```

图2-22　实例化学生对象存入列表

（8）实例化创建2个班级对象，将各班学生列表作为参数传入，然后将2个班级对象存入列表banjis中，如图2-23所示。

```
In [21]: # 实例化2个班级,分别传入对应的学生列表
         banji_1=BanJi(name='数会1班',students=students_01)
         banji_2=BanJi(name='数会2班',students=students_02)
         # 将班级数据存入列表
         banjis=[banji_1,banji_2,]
         executed in 4ms, finished 09:18:26 2022-07-18
```

图2-23　实例化班级对象存入班级列表

（9）实例化1个年级对象，将班级列表banjis作为参数传入，然后将年级对象存入列表nianjis中，如图2-24所示。

```
In [22]: # 实例化1个年级,传入该年级的班级信息
         nianji_1=NianJi(name='2025级',banjis=banjis)
         # 将年级数据存入列表
         nianjis=[nianji_1,]
         executed in 5ms, finished 09:18:26 2022-07-18
```

图2-24　实例化年级对象存入年级列表

（10）实例化1个专业对象，将年级列表nianjis作为参数传入，然后将专业对象存入列表对象zhuanyes中，如图2-25所示。

```
In [23]: # 实例化1个专业,传入专业的年级信息
         zhuanye_1=ZhuanYe(name="大数据与会计",nianjis=nianjis)
         # 将专业对象存入列表
         zhuanyes=[zhuanye_1,]
         executed in 5ms, finished 09:18:26 2022-07-18
```

图2-25　实例化专业对象存入专业列表

（11）实例化1个分院对象，将专业列表zhuanyes作为参数传入，然后将分院对象保存到分院类别fenyuans中，如图2-26所示。

```
In [24]: # 实例化1个分院
         fenyuan_1=FenYuan(name='工商管理分院',zhuanyes=zhuanyes)
         # 将分院对象存入列表
         fenyuans=[fenyuan_1,]
         executed in 6ms, finished 09:18:26 2022-07-18
```

图2-26　实例化分院对象存入分院列表

（12）实例化1个学校对象，将分院列表fenyuans作为参数传入，如图2-27所示。

```
In [25]: # 实例化浙江旅游职业学院对象,传入分院对象
         # 次数据结构可以将整个学院所有的学生信息存入一个数据结构中
         tczj=School(name='浙江旅游职业学院',fenyuans=fenyuans)
         executed in 8ms, finished 09:18:26 2022-07-18
```

图2-27　实例化学校对象

（13）通过上述自定义数据类型，即可以表示浙江旅游职业学院所有的分院、专业、年级、班级、学生的数据，访问数据时使用点运算符（.）逐级向内层访问，例如要获取1班第1位学生和2班第2位学生的姓名，访问方式如图2-28所示。

```
In [70]: # 获取1班第1位学生的姓名,2班第2位学生的命名
print(tczj.fenyuans[0].zhuanyes[0].nianjis[0].banjis[0].students[0].xm)
print(tczj.fenyuans[0].zhuanyes[0].nianjis[0].banjis[1].students[1].xm)
executed in 30ms, finished 14:24:16 2022-07-17

张三
关羽
```

图2-28　嵌套结构数据访问方式

上述数据结构均可以将现实世界中的数据以一定的方式保存到计算机中，但这些数据结构并不便于数据交换、数据传输和数据展示。在互联网时代，数据的交换、传输与展示已经变得非常重要了，为此人们又设计开发了其他的数据结构，专门解决这些问题。常见的数据结构有JSON格式和HTML格式。

4．JSON格式：数据交换与传输

JSON（JavaScript Object Notation）格式是一种轻量级的数据交换格式，可以理解为是"序列结构"或"嵌套结构"的字符串形式，它没有列表或字典的行列结构，也不同于普通的字符串，而是具有一定层次结构的字符串，易于阅读和编写，能够有效提升数据在网络间的传输效率，也很容易机器解析生成序列结构或嵌套结构，因而JSON格式在网络数据传输时得到了广泛的应用。从网络上爬取数据时经常会用到JSON格式，因此有必要对JSON格式进行了解。

在Python中可以很容易实现常见数据结构与JSON格式的转换，最常见的是字典dict类型与JSON格式的转换。

（1）Python字典dict类型与JSON格式字符串str。

json.dumps()：将Python字典dict类型转换为JSON格式字符串。

json.loads()：将JSON格式字符串转换为Python字典dict类型。

（2）Python字典dict类型与JSON格式文件。

json.dump()：将Python字典dict类型转换为JSON格式字符串并存入JSON格式的文件中。

json.load()：从JSON格式文件中读取json格式字符串并转换为Python字典dict类型。

例如，将学生信息列表Python数据由字典dict类型转换为JSON格式的字符串形式，然后再将JSON格式字符串形式转换为Python字典dict类型，过程如图2-29所示。

当然也可以将嵌套结构的自定义对象转换为JSON格式字符串，例如将浙江旅游职业学院嵌套结构中的所有数据转换为JSON格式字符串，如图2-30所示。

将数据转换为JSON格式后，就可以很容易地实现数据在网络间的传输和数据交换。

也可以使用json.dump()方法将JSON格式数据直接存入文件中，例如将浙江旅游职业学院所有分院、专业、年级、学生嵌套结构数据写入文件中，如图2-31所示。

使用时再从JSON格式文件中获取数据，通常读取为字典形式，然后通过键访问对应的数据，如图2-32所示。

```
In [4]: import json    #导入JSON模块
        b_dict={
            '学号':['0101','0102','0103'],
            '班级':['1班','1班','1班'],
            '姓名':['张三','李四','王五'],
            '语文':[75,56,93],
            '数学':[86.5,75.5,82.5],
            '英语':[92,78,58],
            '补考':[False,True,True],
        }
        data_json=json.dumps(b_dict,ensure_ascii=False)   # 将字典转换为JSON格式字符串
        print(type(data_json))
        print(data_json)
        print("-"*50)
        c_dict=json.loads(data_json)    # 将JSON格式字符串再转换为字典
        print(type(c_dict))
        print(c_dict)
```
executed in 23ms, finished 22:12:12 2022-10-06

<class 'str'>
{"学号": ["0101", "0102", "0103"], "班级": ["1班", "1班", "1班"], "姓名": ["张三", ... 5, 82.5], "英语": [92, 78, 58], "补考": [false, true, true]}

<class 'dict'>
{'学号': ['0101', '0102', '0103'], '班级': ['1班', '1班', '1班'], '姓名': ['张三', ... 5, 82.5], '英语': [92, 78, 58], '补考': [False, True, True]}

图2-29 字典dict类型与JSON格式字符串结构相互转换

```
In [31]: # 导入JSON模块
         import json
         # 将浙江旅游职业学院对象实例tczj转换为JSON格式字符串,这里先使用匿名函数转换
         tczj_json=json.dumps(tczj,default=lambda obj:obj.__dict__,indent=4,ensure_ascii=False)
         print(tczj_json,)
```
executed in 30ms, finished 09:23:38 2022-07-18

```
{
    "name": "浙江旅游职业学院",
    "fenyuans": [
        {
            "name": "工商管理分院",
            "zhuanyes": [
                {
                    "name": "大数据与会计",
                    "nianjis": [
                        {
                            "name": "2025级",
                            "banjis": [
                                {
                                    "name": "数会1班",
                                    "students": [
                                        {
                                            "xh": "0101",
                                            "bj": "1班",
                                            "xm": "张三",
                                            "yw": 75,
                                            "sx": 86.5,
                                            "yy": 92,
                                            "bk": false
                                        },
```

图2-30 将嵌套结构数据转换为JSON格式字符串

```
In [30]: with open("tczj_json.json", 'w') as f:
             json.dump(tczj_json,f,ensure_ascii=False,indent=4)
```
executed in 20ms, finished 17:22:54 2022-07-31

图2-31 将嵌套结构数据写入文件中

```
In [44]: data_str=json.load(open("tczj_json.json"))    #读取为字符串格式
         data=json.loads(data_str)                      #将字符串形式转化为字典结构
         data
         executed in 40ms, finished 17:50:30 2022-07-31

Out[44]: {'name': '浙江旅游职业学院',
          'fenyuans': [{'name': '工商管理分院',
            'zhuanyes': [{'name': '大数据与会计',
              'nianjis': [{'name': '2025级',
                'banjis': [{'name': '数会1班',
                  'students': [{'xh': '0101',
                    'bj': '1班',
                    'xm': '张三',
                    'yw': 75,
                    'sx': 86.5,
                    'yy': 92,
                    'bk': False},
```

图2-32 读取JSON格式文件并转换为字典类型

5. HTML格式：数据展示

HTML（Hyper Text Markup Language）即超文本标记语言，主要用于在网页中展示数据。在实际工作中我们也经常需要从网页中获取数据，因此也需要对 HTML 标记语言有一定的了解。下面以将学生信息（见图 2-33）保存为 HTML 格式为例进行讲解。

学号	班级	姓名	语文	数学	英语	补考
0101	1班	张三	75	86.5	92	FALSE
0102	1班	李四	56	75.5	78	TRUE
0103	1班	王五	93	82.5	58	TRUE

图2-33 学生信息

新建文本文件，默认后缀名为 .txt，在文本文件中录入下列标签：

```
<table>
    <tr>
        <th> 学号 </th>
        <th> 班级 </th>
        <th> 姓名 </th>
        <th> 语文 </th>
        <th> 数学 </th>
        <th> 英语 </th>
        <th> 补考 </th>
    </tr>
    <tr>
        <td>0101</td>
        <td>1 班 </td>
        <td> 张三 </td>
        <td>75</td>
        <td>86.5</td>
        <td>92</td>
        <td>False</td>
    </tr>
    <tr>
        <td>0102</td>
        <td>1 班 </td>
        <td> 李四 </td>
```

```
            <td>56</td>
            <td>75.5</td>
            <td>78</td>
            <td>True</td>
        </tr>
        <tr>
            <td>0103</td>
            <td>1 班 </td>
            <td> 王五 </td>
            <td>93</td>
            <td>82.5</td>
            <td>58</td>
            <td>True</td>
        </tr>
    </table>
```

将文件的后缀名由 .txt 修改为 .html，然后通过浏览器打开，即可将学生信息在网页中展示出来（见图 2-34），通过 HTML 格式即可实现数据的网络传输。

在 Python 大数据分析中，我们经常需要从上述 HTML 格式的网页源代码中提取数据，此时就需要对 HTML 标记语言进行解析，从中提取我们所需要的数据，这一过程称为数据爬取，这一部分知识我们将在"项目六　网络数据爬取"讲解。

图2-34　网页中展示学生数据

6. 数据类型识别与转换

在 Python 中，定义变量时不需要声明变量的数据类型，变量类型由 Python 解释器自动识别，但在数据分析时我们往往需要了解变量的数据类型，才能进行相应的处理。Python 提供内置函数 Type（变量）来帮助我们识别变量的类型。

在 Python 中，不同数据类型在一定条件下是可以相互转换的，转换函数一般情况下就是对应的数据类型名称，常见的转换函数及相应的转换逻辑见表 2-1。

表2-1　常见的转换函数及相应的转换逻辑

数据类型	类 型 名	转换函数	转 换 逻 辑
字符串型	str	str()	所有类型都可以转换为字符串类型
整型	int	int()	由整数构成的字符串可转换为整型
浮点型	float	float()	由小数构成的字符串可转换为浮点型
布尔型	bool	bool()	空串、0、0.0、空列表、空元组、空字典、空对象 None，均可转换为 False 非空字符串、非 0 整数、非 0.0 小数、非空序列、非空对象，均可转换为 True
列表	list	list()	将可迭代数据转换为列表
元组	tuple	tuple()	将可迭代数据转换为元组
系列	Series	Series	将单行结构转换为单列结构
数据框	DataFrame	DataFrame	将表格结构转换为数据框结构
数组	NdArray	Array	将表格转换为数组结构

例如，先定义如图 2-35 所示变量。

```
In [29]: # 定义变量,不需要声明变量类型
         # 变量赋值用=号,变量名=值
         a="123"        #字符串
         b="不忘初心,牢记使命,振兴中华"    #字符串
         c=99           #整型
         d=3.14         #浮点型
         e=0            #整型
         f=0.0          #浮点型
         g=[]           #空列表
         h=None         #空对象
         executed in 10ms, finished 09:18:26 2022-07-18
```

图2-35 定义变量

利用 type() 函数判断数据类型，如图 2-36 所示。

```
In [34]: # Type()函数识别变量类型
         print(type(a))
         print(type(b))
         print(type(c))
         print(type(d))
         print(type(e))
         print(type(f))
         print(type(g))
         print(type(h))
         executed in 20ms, finished 09:50:11 2022-07-18
         <class 'str'>
         <class 'str'>
         <class 'int'>
         <class 'float'>
         <class 'int'>
         <class 'float'>
         <class 'list'>
         <class 'NoneType'>
```

图2-36 利用type()函数判断数据类型

几种数据类型转换如图 2-37 ～图 2-40 所示。

```
In [35]: print(int(a))    #将字符串"123"转换为数值123
         executed in 20ms, finished 09:52:00 2022-07-18
         123
```

图2-37 字符串转换为整数

```
In [36]: print(list(b))   #将字符串可迭代对象转换为列表
         executed in 30ms, finished 09:53:06 2022-07-18
         ['不','忘','初','心',',','牢','记','使','命',',','振','兴','中','华']
```

图2-38 字符串转换为单行列表

```
In [38]: print(str(d))    #将浮点型3.14转换为字符串
         print(type(str(d)))
         executed in 20ms, finished 09:54:55 2022-07-18
         3.14
         <class 'str'>
```

图2-39 浮点型转换为字符串

```
In [39]: # 判断变量是否为空,0、0.0、空列表、空元组、空字典、空对象等
         print(bool(a))
         print(bool(e))
         print(bool(f))
         print(bool(g))
         print(bool(h))
         executed in 30ms, finished 09:56:57 2022-07-18
         True
         False
         False
         False
         False
```

图2-40　将数据类型转换为布尔型

任务二　数据标识与运算

在任务一中我们学习了数据类型，解决了如何将不同结构的数据以对应的数据类型存入内存的问题。将数据存入内存的同时，还需要给数据自定义名称，即"标识符"，在数据访问、数据运算、数据分析时，都必须通过数据的名称标识符进行。

1. 标识符的命名规则

标识符是数据在内存中的名字，用于对变量、函数、类、模块等的命名，是可以自由命名的，但必须遵守一定的规则。标识符有以下特定的规则：

（1）区分大小写。Python是大小写敏感的编程语言，name和Name是不同的名称。

（2）第一个字符必须是字母或下划线，不能以数字开头，后面的字符可以是字母、数字、下划线，不能包含特殊字符，可以使用中文汉字，但一般不建议使用。

（3）不能使用Python内置的关键字，如if、or、while等。

（4）以双下划线开头和结尾的名称通常有特殊含义，尽量避免这种写法。例如，"_init_"是类的构造函数。

（5）Python不支持常量，因为Python中没有修饰符对变量进行限定，无法从语法规则限制常量保存的内存地址不可变。我们只能约定常量的命名规则，以及在程序的逻辑上不对常量的值进行修改，实际上Python中常量也是可变的，常量在命名时一般约定全部使用大写字母，多字母时用下划线连接，如SPEED、MAX_SPEED。

（6）习惯性约定，一般在变量名后面用下划线连接具体的数据类型，这样通过变量名称即可获取对应的数据类型，以便对数据进一步处理。例如，将多名同学的年龄存入列表变量中，可以定义为age_list。

标识符命名规则见表2-2。

表2-2　标识符命名规则

类　　型	规　　则	举　　例
模块和包名	全小写字母，尽量简单，多个单词之间用下划线隔开	math、os、random、numpy、pandas
变量名	全小写字母，多个单词使用下划线隔开；通常将类型符用下划线连接在后面	name、age_list、name_dict
常量名	全大写字母，多个单词使用下划线隔开	SPEED、MAX_SPEED
类名	首字母大写。多个单词时，采用驼峰原则，每个实意单词首字母大写，其余小写	Student、MyClass
函数名	全小写字母，多个单词之间用下划线隔开；通常以动词开头	sum、set_name、get_age

标识符应用示例如图 2-41 所示。

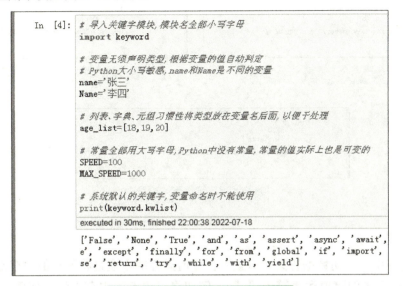

图2-41 标识符应用示例

在将数据存入计算机内存自定义名称标识符后,即可通过标识符对数据进行各种运算。

2. 算术运算

数值型数据之间的加、减、乘、除、取余等常用的算术运算,见表 2-3。

表2-3 算术运算

运算符	说明	示例	结果
+	加法	3+2	5
−	减法	30−5	25
*	乘法	3*6	18
/	浮点数除法	8/2	4.0
//	整数除法	7//2	3
%	取余(模)	7%4	3
**	幂	2**3	8

算术运算举例如图 2-42～图 2-48 所示。

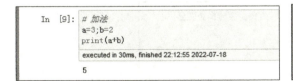

图2-42 加法运算　　图2-43 减法运算

图2-44 乘法运算　　图2-45 浮点数除法运算

```
In [13]: # 整数除法
         a=7;b=2
         print(a//b)
         executed in 30ms, finished 22:15:41 2022-07-18
         3
```

图2-46 整数除法运算

```
In [14]: # 取余
         a=7;b=2
         print(a%b)
         executed in 20ms, finished 22:16:02 2022-07-18
         1
```

图2-47 取余运算

```
In [15]: # 幂
         a=2;b=3
         print(a**b)
         executed in 20ms, finished 22:16:22 2022-07-18
         8
```

图2-48 幂运算

3. 赋值运算

在 Python 中，一切数据皆为"对象"，赋值运算的本质是将数据的内存地址赋值给变量标识符。最基本的赋值运算符为"="，例如将对象 5 的内存地址（使用 id 函数获取）赋值给变量 a，如图 2-49 所示。

```
In [16]: print(id(5))
         executed in 30ms, finished 22:19:15 2022-07-18
         8791404259232

In [17]: a=5
         print(id(a))
         executed in 30ms, finished 22:19:34 2022-07-18
         8791404259232
```

图2-49 赋值运算的本质

Python 运行时对象 5 分配内存地址 8791404259232，当执行赋值运算 a=5 时，会将该地址赋值给变量 a，此时输出 a 对应的内存地址即为对象 5 的内存地址，通过标识符 a 即可操作内存中的对象 5，这是标识符的本质。

在实际数据处理时还经常使用链式赋值和系列解包赋值，实现一次性为多个变量赋值，具体如图 2-50 所示。

```
In [5]: # 链式赋值:一次性将数据赋值给多个变量
        a=b=c=5
        print("a=", a)
        print("b=", b)
        print("c=", c)
        # 系列解包赋值:同时给多个变量对应赋值
        m, n, k=1, 2, 3
        print("m=", m)
        print("n=", n)
        print("k=", k)
        executed in 30ms, finished 21:19:54 2022-07-19
        a= 5
        b= 5
        c= 5
```

图2-50 链式赋值和系列解包赋值

赋值符"="还可以与算术运算符+、-、*、/、//、%、*等结合，构成"增强型赋值运算符"（见表2-4），赋值前先进行算术运算，并将运算后的结果再赋值给变量，如图2-51～图2-57所示。

表2-4 增强型赋值运算

运算符	例子	等价
+=	a+=2	a=a+2
-=	a-=2	a=a-2
*=	a*=2	a=a*2
/=	a/=2	a=a/2
//=	a//=2	a=a//2
**=	a**=2	a=a**2
%=	a%=2	a=a%2

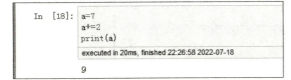

图2-51 增强型加法赋值运算符　　　　图2-52 增强型减法赋值运算符

 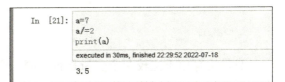

图2-53 增强型乘法赋值运算符　　　图2-54 增强型浮点数除法赋值运算符

图2-55 增强型整数除法赋值运算符　　　图2-56 增强型取余赋值运算符

图2-57 增强型幂赋值运算符

4. 比较运算

比较运算比较的是数据对象的值，而不是对象的内存地址id，返回值为逻辑值True或False。常用的比较运算符见表2-5。

表2-5 常用的比较运算符

运 算 符	描 述
==	等于 - 比较对象的值是否相等
!=	不等于 - 比较两个对象的值是否不相等
>	大于 - 返回 x 是否大于 y
<	小于 - 返回 x 是否小于 y
>=	大于等于 - 返回 x 是否大于等于 y
<=	小于等于 - 返回 x 是否小于等于 y

比较运算符应用示例如图 2-58 所示。

```
In [18]: a, b, c=10, 15, 10
         print("a==c", a==c)
         print("a!=b", a!=b)
         print("a>=b", a>=b)
         print("b>=c", b>=c)
         executed in 30ms, finished 21:33:24 2022-07-19
         a==c True
         a!=b True
         a>=b False
         b>=c True
```

图2-58 比较运算符应用示例

5. 身份运算

身份运算用于比较两个变量是否是同一个对象，比较的是变量的内存地址 id，而不是数据对象的值，返回值也为逻辑值 True 或 False。这里需要注意 Python 的内存驻留机制，-5～256 之间的数据，Python 运行时不会重复创建对象，此范围之外的数据将会多次创建。常用的身份运算符见表 2-6。

表2-6 常用的身份运算符

运 算 符	描 述
is	判断两个标识符是否引用同一个对象
is not	判断两个标识符是否引用不同的对象
isinstance（数据，类）	判断数据是否是对应类的对象

这里需要区分身份运算符 is 与比较运算符 == 的区别，is 用于判断两个变量引用对象是否为同一个，比较的是对象的地址（id）；== 用于判断两个变量引用对象的值是否相等，比较的是对象的值（value）。二者的使用举例如图 2-59 和图 2-60 所示。

6. 逻辑运算

逻辑运算用来表示日常交流中的"并且""或者""非"等思想，用于多条件复杂逻辑的判断。Python 逻辑运算符可以用来操作任何类型的表达式，不管表达式是不是 bool 类型；逻辑运算的结果也不一定是 bool 类型，也可以是任意类型。常见的逻辑运算符见表 2-7。

项目二　Python 大数据基础

```
In [31]: a=256
         b=256
         print("a",id(a))
         print("b",id(b))
         print("a is b",a is b )
         print("a == b",a == b )
         print("a is not b",a is not b)
         print("a是整数型int",isinstance(a,int))
         executed in 30ms, finished 21:56:29 2022-07-19
         a 8791381919488
         b 8791381919488
         a is b True
         a == b True
         a is not b False
         a是整数型int True
```

图2-59　-5~256以内的数据身份运算

```
In [32]: print("*"*50)
         m=257
         n=257
         print("m",id(m))
         print("n",id(n))
         print("m is n",m is n )
         print("m == n",m == n )
         print("m is not n",m is not n)
         print("m是浮点型float",isinstance(a,float))
         executed in 30ms, finished 21:57:15 2022-07-19
         **************************************************
         m 141665040
         n 141664368
         m is n False
         m == n True
         m is not n True
         m是浮点型float False
```

图2-60　-5~256以外的数据身份运算

表2-7　常见的逻辑运算

运算符	描　述	举　　例	Python 中的 False	Python 中的 True
and	与关系 a and b	a 为 True，则返回 b 的值（不一定为逻辑值） a 为 False，则返回 a 的值（不一定为逻辑值）	整数 0 浮点数 0.0 空字符串 "" 空列表 [] 空元组 () 空字典 {} 空对象 None	整数中非 0 浮点数中非 0.0 非空字符串 非空列表 非空元组 非空字典 非空对象
or	或关系 a or b	a 为 True，则返回 a 的值（不一定为逻辑值） a 为 False，则返回 b 的值（不一定为逻辑值）		
not	非 not a	a 为 True，则返回 False；a 为 False，则返回 True		

逻辑运算示例如图 2-61～图 2-65 所示。

```
In [29]: print((5>3) and 0)
         executed in 20ms, finished 21:55:17 2022-07-19
         0
```

图2-61　逻辑与运算1

```
In [30]: print((5>3) or 0)
         executed in 30ms, finished 21:55:43 2022-07-19
         True
```

图2-62　逻辑或运算1

```
In [33]: print((5<3) and 100)
         executed in 30ms, finished 21:58:56 2022-07-19
         False
```

图2-63　逻辑与运算2

```
In [35]: print((5<3) or 100)
         executed in 10ms, finished 21:59:34 2022-07-19
         100
```

图2-64　逻辑或运算2

```
In [36]: print(5>3)
         print(not 5>3)
         executed in 30ms, finished 22:00:53 2022-07-19
         True
         False
```

图2-65 逻辑非运算

7. 成员运算

成员运算用于包含关系的判断，常用于序列（字符串、列表、元组、字典等），见表2-8。

表2-8 成员运算

运算符	描述	举例
in	如果包含在序列中，返回True，否则返回False	1 in [1,2,3] 返回 True
not in	如果不包含在序列中，返回True，否则返回False	2 not in [1,2,3] 返回 False

成员运算示例如图2-66所示。

```
In [40]: a="abcdefgh"
         b='cd'
         c='ak'
         print('b in a:',b in a)
         print("c in a:",c in a )
         print("c not in a:",c not in a)
         executed in 20ms, finished 22:06:30 2022-07-19
         b in a: True
         c in a: False
         c not in a: True
```

图2-66 成员运算示例

8. 对齐运算、补齐操作与轴向运算

Python中之前所讲的运算均为基本数据类型变量之间的普通运算，无法实现数据的批量运算，从而限制了其在大数据分析中的应用，大数据分析时通常使用"向量运算"或"矩阵运算"，因此大数据分析时通常将Python基本类型数据转换为Numpy中的Array数组、Pandas中的Series系列或DataFrame数据框，这些第三方数据类型支持"对齐运算""补齐操作"和"轴向运算"，可以对数据进行批量运算，避免使用循环，从而大大提高了数据运算的效率，这也是Python大数据分析主要使用这些数据类型的原因。

（1）对齐运算。对齐运算是指两个形状相同的数组，相同位置上的数据可以进行同步运算，返回运算后的结果数组，如图2-67所示。

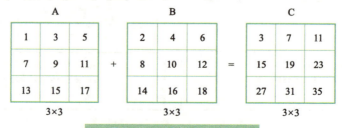

图2-67 对齐运算示例

A数据为3行3列，B数据也是3行3列，形状相同可以直接执行对齐运算，对应位置上的数据直接运算，结果放在相同的位置。

两个形状不同的数组，在进行补齐操作后如果形状相同，也可以执行对齐运算，如果补齐操作也无法实现数据形状相同，则不能执行对齐运算。

（2）补齐操作。补齐操作是指两个形状不同的数组，如果对其中的一个数组进行横向或纵向的补充扩展，扩展以后实现形状相同，从而可以执行对齐运算。补齐操作需要满足一定的条件，下列情况1）~3）可以执行补齐操作，4）不可以。

1）A、B两个数组，其中B为单个数据，则可以执行补齐操作，如图2-68所示。

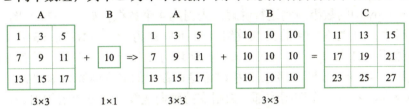

图2-68 补齐操作

A为3行3列，B为1行1列，B可以补齐为3行3列，形状相同则可以执行对齐运算。

2）A、B两个数组，列数相同，其中一个数组行数为1，则可以执行补齐操作，如图2-69所示。

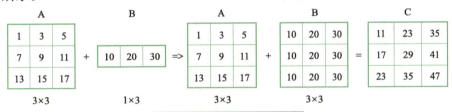

图2-69 补齐操作

A为3行3列，B为1行3列，B进行竖向补齐操作，补齐为3行3列，执行对齐运算。

3）A、B两个数组，行数相同，其中一个数组列数为1，则可以执行补齐操作，如图2-70所示。

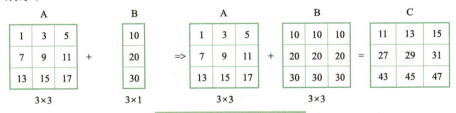

图2-70 补齐操作

A为3行3列，B为3行1列，B进行横向补齐操作，补齐为3行3列，执行对齐运算。

4）A、B两个数组，行数或列数相同，列数或行数不同，但不为1，则不能执行补齐操作，也就不能执行对齐运算，如图2-71所示。

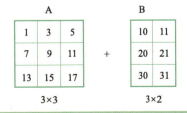

图2-71 不能进行补齐操作

A为3行3列，B为3行2列，这种情况则无法进行补齐操作，不能执行对齐运算。

补齐操作的规律如下：

假如有 A、B 两个数组，这里以三维数组为例，如果 A 为 a*b*c 结构，B 为 m*n*k 结构，在满足下列条件时可以执行补齐操作：

1）匹配方向：从后向前逐级两两匹配，即 c 与 k、b 与 n、a 与 m 依次匹配。

2）匹配规则：若 c=k、b=n、a=m，则 A、B 形状相同，可以直接执行对齐运算；若 c≠k 或者 b≠n 或者 a≠m，以 c 与 k 为例，当 c≠k 时，如果 c 或 k 其中一个为 1 时，也可以执行补齐操作，如果 c≠k 且 c 与 k 均不为 1，则不能执行补齐操作。

这里以 numpy 中的数组为例进行讲解。先创建 4 个数组，如图 2-72～图 2-75 所示。

上述数组中，n1 为 3*2*4 的三维数组，n2 可以视为 1*1 的数组，n3 为 1*4 的数组，n4 为 2*1 的数组，n1 与 n2、n1 与 n3、n1 与 n4 均可以执行补齐操作，补齐后即可随数据进行批量运算。Python 中进行大数据分析时都是以数组的对齐运算为基础的。

3）轴向运算。在同一个数组内部，数组支持轴向运算，通过数组的轴 axis 参数控制，以最常用的二维数组为例，轴编码与轴向运算的规则如图 2-76 所示。

```
In [3]: import numpy as np
        n1=np.arange(24).reshape((3,2,4))
        n1
executed in 30ms, finished 16:47:35 2022-07-21
Out[3]: array([[[ 0,  1,  2,  3],
                [ 4,  5,  6,  7]],

               [[ 8,  9, 10, 11],
                [12, 13, 14, 15]],

               [[16, 17, 18, 19],
                [20, 21, 22, 23]]])
```

图2-72　创建3*2*4三维数组

```
In [4]: n2=2              # 1 行 1 列，可以执行补齐操作
        print(n1*n2)
executed in 10ms, finished 16:48:46 2022-07-21
[[[ 0  2  4  6]
  [ 8 10 12 14]]

 [[16 18 20 22]
  [24 26 28 30]]

 [[32 34 36 38]
  [40 42 44 46]]]
```

图2-73　与1*1数组进行对齐运算

```
In [5]: n3=np.array([1,2,3,4])    # 1 行 4 列，可以执行补齐操作
        print(n1*n3)
executed in 30ms, finished 16:50:50 2022-07-21
[[[ 0  2  6 12]
  [ 4 10 18 28]]

 [[ 8 18 30 44]
  [12 26 42 60]]

 [[16 34 54 76]
  [20 42 66 92]]]
```

图2-74　与1*4数组进行对齐运算

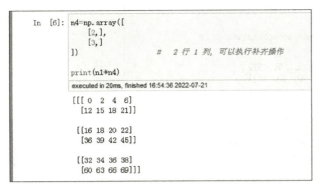

图2-75 与2*1数组进行对齐运算

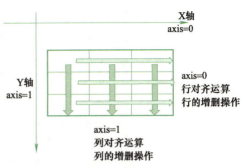

图2-76 轴编码与轴向运算规则

以二维数组求和为例，先创建二维数组，如图2-77所示。

对数组求和，轴参数设置为axis=None，则先将二维数组转换为一维数组，然后再求和，即对所有数组元素求和，如图2-78所示。

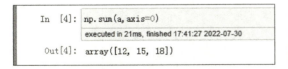

图2-77 创建二维数组　　　　　　　　图2-78 轴参数axis=None

对数组求和，轴参数设置为axis=0，则对数组的每一行数据进行对齐运算，返回每一列数据的和的一维数组，如图2-79所示。

对数组求和，轴参数设置为axis=1，则对数组的每一列数据进行对齐运算，返回每一行数据的和的一维数组，如下图2-80所示。

图2-79 轴参数axis=0　　　　　　　　图2-80 轴参数axis=1

在numpy数组和DataFrame数据框中进行轴向操作时，axis参数的含义均如此，在进行大数据处理时需要根据实际需求灵活选择。

9. 矩阵运算

除对齐运算、补齐操作、轴向运算外，Python还支持矩阵运算。矩阵运算的规则为：假如A矩阵结构为（a，b），B矩阵结构为（m，n），在满足A矩阵的列数与B矩阵的行数相等时，即b=m时，A矩阵与B矩阵可以执行矩阵运算，结果的结构为（a，n）。

数组的矩阵运算，使用dot()函数，语法为np.dot（a，b），如图2-81～图2-83所示。

```
In [9]: A=np.arange(12).reshape((3,4))
        A
        executed in 30ms, finished 17:21:13 2022-07-21
Out[9]: array([[ 0,  1,  2,  3],
               [ 4,  5,  6,  7],
               [ 8,  9, 10, 11]])
```

图2-81 创建A矩阵

```
In [10]: B=np.arange(8).reshape((4,2))
         B
         executed in 20ms, finished 17:21:17 2022-07-21
Out[10]: array([[0, 1],
                [2, 3],
                [4, 5],
                [6, 7]])
```

图2-82 创建B矩阵

```
In [11]: # 矩阵运算
         C=np.dot(A,B)
         C
         executed in 30ms, finished 17:22:49 2022-07-21
Out[11]: array([[ 28,  34],
                [ 76,  98],
                [124, 162]])
```

图2-83 矩阵运算结果

矩阵运算可以进行高等数学中的线性规划求解，如求解三元一次方程组，如图2-84所示。

```
In [30]: # 求解三元一次方程组
         # 5x + 8y + 3z=56
         # 2x + 4y - z =42
         # 3x - 5y + 4z=28

         # 用矩阵表示
         A=np.array([
             [5,8,3],
             [2,4,-1],
             [3,-5,42]
         ])
         # B=np.array[x, y, z].T
         C=np.array([[56,],[42,],[28,]])

         # 上述三元一次方程组可以表述为 A * B =C
         # 求解 B=C/A

         B=np.linalg.solve(A,C)
         B
         executed in 30ms, finished 17:41:29 2022-07-21
Out[30]: array([[-116.49056604],
                [  73.16981132],
                [  17.69811321]])
```

图2-84 三元一次方程组求解

任务三　数据运算流程控制

Python 程序由语句构成，语句是 Python 程序最基本的构造单元，程序执行时语句将按照一定的结构执行，常见的执行结构有以下几种：

1. 顺序结构

顺序结构是指程序运行时从模块的第一行开始，向下逐行解释运行。顺序结构是最基本的程序运行结构，也是程序运行的必然结构，如图 2-85 所示。

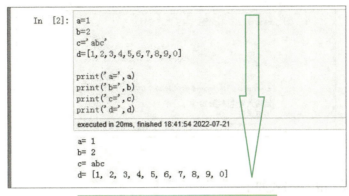

图2-85　顺序结构运行过程

2. 选择结构

选择结构是在顺序结构的基础上增加判断条件，根据判断结果选择执行不同的分支。根据判断条件的情形，又分为单分支结构、双分支结构、多分支结构三种情况。

选择结构运行过程如图 2-86 所示。

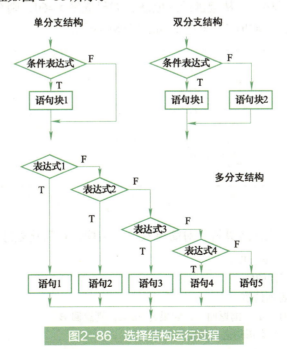

图2-86　选择结构运行过程

在选择结构中，必然涉及逻辑判断，需要掌握条件表达式的值为 False 的情况，详见表2-7。

（1）单分支结构语法格式如下：

if 条件表达式：
语句 / 语句块
当条件表达式为 True 时，执行语句 / 语句块；为 False 时则跳过

以学生成绩判断为例，从键盘录入学生成绩，此时需要调用 Python 内置的交互输入函数 input()，如果成绩 >=60，则在控制台中输出"通过考试"，如图 2-87 所示。

图2-87　单分支结构举例

（2）双分支结构语法格式如下：

if 条件表达式：
语句 1/ 语句块 1
else：
语句 2/ 语句块 2
当条件表达式为 True 时，执行语句 1/ 语句块 1，跳过语句 2/ 语句块 2
当条件表达式为 False 时，跳过语句 1/ 语句块 1，执行语句 2/ 语句块 2

完善学生成绩判断功能：从键盘录入成绩，如果成绩 >=60，则在控制台中输出"通过考试"，否则在控制台中输出"挂科"，如图 2-88 所示。

图2-88　双分支结构举例

（3）Python 提供了三元运算符，对简单双分支结构进行简化处理，语法格式如下：

A　if（条件表达式）　else B
A：条件为 True 时返回的值
B：条件为 False 时返回的值
如果 if 条件表达式为 True，则返回 A；如果为 False，则返回 B
条件语句写在中间，注意语句之间用空格间隔

上述双分支结构可以简化，如图 2-89 所示。

```
In [7]: a=int(input("请输入考生成绩："))
        b="考试通过" if a>=60 else "挂科"
        print(b)
        executed in 3.72s, finished 19:00:12 2022-07-21
        请输入考生成绩:45
        挂科
```

图2-89　简化双分支结构举例

（4）多分支结构语法格式如下：

if 条件表达式 1：
语句 1/ 语句块 1
elif 条件表达式 2：
语句 2/ 语句块 2
……
elif 条件表达式 n：
语句 n/ 语句块 n
[else:
语句 n+1/ 语句块 n+1
]

当条件表达式为 True 时，执行条件下面的语句 / 语句块，跳过 if 结构中后续的所有代码

当条件表达式为 False 时，则跳过，继续进行 elif 条件表达式的判断，如果所有 elif 条件判断均为 False，则执行最后 else 后面的语句 / 语句块

继续以学生成绩判断为例：从键盘录入成绩，如果成绩 >=90，则在控制台中输出"优秀"；如果成绩 >=80，则在控制台中输出"良好"；如果成绩 >=70，则在控制台中输出"合格"；如果成绩 >=60，则在控制台中输出"及格"；否则在控制台中输出"挂科"。

如图 2-90 所示：

```
In [8]: a=int(input("请输入考生成绩："))
        if a>=90:
            print("优秀")
        elif a>=80:
            print("良好")
        elif a>=70:
            print("合格")
        elif a>=60:
            print("及格")
        else:
            print("挂科")
        print("--------------")
        executed in 2.35s, finished 19:01:18 2022-07-21
        请输入考生成绩:89
        良好
        --------------
```

图2-90　多分支结构举例

3. 循环结构

循环结构用来重复执行一条或多条语句。如图 2-91 所示，如果条件表达式为 True，则执行循环体里的语句。执行完后再次判断条件表达式是否为 True，如果为 True 则重复执行循环体里的语句；如果为 False，则跳出循环体。

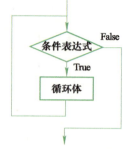

图2-91 循环结构

循环范围可以是一个元素数量确定的可迭代对象，也可以是数据数量不确定的条件区域。当数据数量不确定时，循环体里面的语句至少应该包含改变条件表达式的语句，以使循环趋于结束；否则就会变成一个死循环。

Python 中常见的循环方式有三种情况：

for 索引循环：适用于索引序列（字符串、列表、元组）。

for 元素循环：适用于所有序列，包含索引序列和非索引序列（集合、字典、迭代器、生成器等）。

while 循环：不定次循环。

在 Python 中可以被循环遍历的数据结构称为可迭代对象。Python 中常见以下几种可迭代对象：

1）有序序列：字符串、列表、元组。
2）无序序列：集合、字典。
3）迭代器对象（iterator）。
4）生成器函数（generator）。
5）文件对象

（1）for索引循环，通过索引进行循环，仅适用于有序列表，不能用于无序列表，语法格式如下：

```
for 索引变量 in 索引列表
    循环体语句   # 循环体中通过位置索引访问每一个元素
```

例如，打印输出"不忘初心，牢记使命"字符串中的每一个字，元素索引如图 2-92 所示。

位置索引默认从 0 开始，使用 range(9) 正好产生 0~8 的整数序列，分别对应每一个字的位置索引，访问有序列表中每一个元素使用中括号[]，如图 2-93 所示。

不	忘	初	心	，	牢	记	使	命
0	1	2	3	4	5	6	7	8

图2-92 字符串元素索引

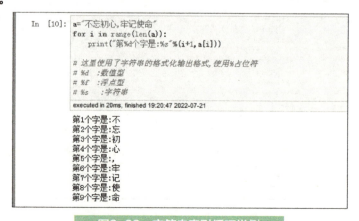

图2-93 字符串索引循环举例

for 索引循环不适用于无序列表的遍历，在必要时可以通过枚举对象 enumerate() 函数将无序列表转换为有序列表，再进行循环变量。以字典为例，可以使用下列方式对无序列表进行循环遍历，如图 2-94 所示。

```
In [20]: # 定义字典,字典是无序序列
         a={'a':1,'b':2,'c':3}

         # 使用内置函数将无序列表转换为枚举对象
         b=enumerate(a)
         print(type(b))

         # 将枚举对象转换为列表
         c=list(b)
         print('c=',c)

         # 遍历列表
         for i in range(3):
             print(a[c[i][1]])
         executed in 30ms, finished 22:19:15 2022-07-21

         <class 'enumerate'>
         c= [(0, 'a'), (1, 'b'), (2, 'c')]
         1
         2
         3
```

图2-94　无序字典索引循环举例

（2）for 元素循环，既适用于有序序列，也适用于无序序列，语法格式如下：

for 变量 in 序列:
　　循环体语句

使用 for 元素循环打印输出"不忘初心，牢记使命"，如图 2-95 所示。

```
In [18]: a="不忘初心,牢记使命"

         for s in a:
             print(s)
         executed in 20ms, finished 22:11:43 2022-07-21

         不
         忘
         初
         心
         ,
         牢
         记
         使
         命
```

图2-95　for元素循环举例

（3）while 循环，语法格式如下：

while 条件表达式:
　　循环体语句
　　　循环变量调整

例如，打印输出小于等于 100000000 以内的正整数和，如图 2-96 所示。

```
In [23]: n=0           #循环变量初值
         sum=0          #和变量
         while n<=100000000:    # 循环条件
             sum +=n    # 计算累加和
             n +=1      #循环变量调整,没有该语句即为死循环
         print(sum)
         executed in 20.7s, finished 22:24:04 2022-07-21

         5000000050000000
```

图2-96　while循环求和举例

4. 嵌套结构

顺序结构、选择结构和循环结构可以相互嵌套，从而实现复杂的业务逻辑处理。以打印输出九九乘法表为例，这里使用双层 for 循环，如图 2-97 所示。

```
In [25]: for i in range(1,10):
             for j in range(1,i+1):
                 print("%d * %d =%d"%(j,i,j*i),end=" ")
             print()
executed in 30ms, finished 22:27:01 2022-07-21
1 * 1 =1
1 * 2 =2   2 * 2 =4
1 * 3 =3   2 * 3 =6   3 * 3 =9
1 * 4 =4   2 * 4 =8   3 * 4 =12   4 * 4 =16
1 * 5 =5   2 * 5 =10  3 * 5 =15   4 * 5 =20   5 * 5 =25
1 * 6 =6   2 * 6 =12  3 * 6 =18   4 * 6 =24   5 * 6 =30   6 * 6 =36
1 * 7 =7   2 * 7 =14  3 * 7 =21   4 * 7 =28   5 * 7 =35   6 * 7 =42   7 * 7 =49
1 * 8 =8   2 * 8 =16  3 * 8 =24   4 * 8 =32   5 * 8 =40   6 * 8 =48   7 * 8 =56   8 * 8 =64
1 * 9 =9   2 * 9 =18  3 * 9 =27   4 * 9 =36   5 * 9 =45   6 * 9 =54   7 * 9 =63   8 * 9 =72   9 * 9 =81
```

图2-97　嵌套循环打印九九乘法表

例如，完善考生成绩等级判断，使用死循环实现重复判断，使循环结构与选择结构嵌套，如图 2-98 所示。

```
In [*]: while True:
            a=int(input("请输入考生成绩:"))
            if a>=90:
                print("优秀")
            elif a>=80:
                print("良好")
            elif a>=70:
                print("合格")
            elif a>=60:
                print("及格")
            else:
                print("挂科")
execution queued 22:30:19 2022-07-21
请输入考生成绩:45
挂科
请输入考生成绩:98
优秀
请输入考生成绩:
```

图2-98　嵌套结构举例

5. 跳转语句

跳转语句指的是在循环体内终止循环或中止循环的语句，常见以下情况：

（1）break语句。break语句可用于while和for循环，用来终止当前循环体，循环体内break语句之后的语句将不会被执行。当有嵌套循环时，break语句只能终止最近一层的循环体，不影响外层循环，如果要终止所有循环，使用return语句。

例如，继续完善成绩判断的功能，实现能够多次录入成绩，当录入"Q"或"q"时，退出判断，如图 2-99 所示。

（2）continue语句。continue 语句用于中止循环体内的本次循环，循环体内当次循环中continue后面的语句将不会被执行，直接进入当前循环体的下一次循环。在嵌套循环中，continue语句也只能中止最近的一层循环。同理，如果要终止所有循环，使用return语句。

例如，打印输出 10 以内的奇数，如图 2-100 所示。

```
In [4]: while True:
            a=input("请输入考生成绩:")           #默认为字符串类型
            if a.upper()=='Q':                 #判断退出条件，a.upper()转为大写字母
                print("退出!")
                break                          #break语句执行后，下面的语句全部不运行，跳出while
            a=int(a)                           #数据类型转换
            if a>=90:
                print("优秀")
            elif a>=80:
                print("良好")
            elif a>=70:
                print("合格")
            elif a>=60:
                print("及格")
            else:
                print("挂科")
        executed in 15.4s, finished 17:11:17 2022-07-22
请输入考生成绩:89
良好
请输入考生成绩:44
挂科
请输入考生成绩:q
退出!
```

图2-99　break语句举例

```
In [5]: n = 0
        while n < 10:
            n += 1
            if n % 2 == 0:        # 如果n是偶数，执行continue语句
                continue
            print(n)              #执行continue语句后，该行语句不执行，跳转到while
        executed in 10ms, finished 17:14:55 2022-07-22
1
3
5
7
9
```

图2-100　continue语句举例

（3）else语句。while、for循环可以附带一个else语句（可选）。如果for、while语句没有被break语句结束，则会执行else语句；如果被break语句跳转，else语句将不执行。语法格式如下：

while 条件表达式:
　　循环体
else:
　　语句块
或者：
for 变量 in 可迭代对象:
　　循环体
else:
　　语句块

例如，模拟银行卡密码登录过程，连续3次录入错误，则锁定银行卡，如图2-101所示。

（4）return语句。return语句也可以作为跳转语句使用，一般放在函数中，它有两种作用：

1）结束函数运行，return后续的语句将不会运行，函数运行彻底结束。

2）带出函数的返回值，跳转到函数的调用位置，只返回一次。

return 语句如图 2-102 所示。

```
In [7]: pwd="abc"          #正确的密码
        i=0                # 计数器变量
        while i<3:
            a=input("第%d次录入:"%(i+1))
            if a==pwd:
                print("密码正确,你可以取钱了!")
                break      # 退出整个循环
            else:
                i+=1       # 计数器自增1
                if i<3:
                    print("第%d次密码录入错误,请重新录入!"%i)
        else:  # 如果3次均录入错误,执行else语句块
            print("你已经连续3次录入错误,请在半小时后再登录!")
executed in 7.76s, finished 18:46:38 2023-03-19

第1次录入:a
第1次密码录入错误,请重新录入!
第2次录入:b
第2次密码录入错误,请重新录入!
第3次录入:c
你已经连续3次录入错误,请在半小时后再登录!
```

图2-101　模拟银行卡密码录入

```
In [7]: def f1():
            print("第1次打印输出")
            return "第1次return返回,程序运行彻底结束,后续代码不会运行"
            print("第2次打印输出")           #此行及后续代码不会被执行
            return "第2次return返回"
            print("第3次打印输出")
            return "第3次return返回"
        a=f1()
        print(a)            #函数的调用位置,函数运行后return依然返回此位置
        print("测试使用return语句")
executed in 20ms, finished 17:26:24 2022-07-22

第1次打印输出
第1次return返回,程序运行彻底结束,后续代码不会运行
测试使用return语句
```

图2-102　return语句

（5）yield语句。yield语句功能与return语句相同,将返回值带回到函数的调用处,并使用cursor指针记录当前位置,后续的代码暂停运行,当调用next()函数时,代码从cursor指针位置继续运行。使用yield语句的结构是一个generator生成器对象,常用于大量数据的迭代处理,而不是将大量数据一次性读入内存,采用用时间换内存空间的策略,如图2-103所示。

```
In [9]: def f2():
            print("第1次打印输出")
            yield "第1次next返回值,程序暂停,记录当前位置,下次next调用时从此次开始"
            print("第2次打印输出")
            yield "第2次next返回值,程序暂停,记录当前位置,下次next调用时从此次开始"
            print("第3次打印输出")
            yield "第3次next返回值,程序暂停,记录当前位置,下次next调用时从此次开始"
        b=f2()
        print(b)            #输出generator生成器对象
        print(next(b))      #第1次调用
        print(next(b))      #第2次调用
        print(next(b))      #第3次调用
executed in 20ms, finished 17:38:32 2022-07-22

<generator object f2 at 0x00000000084A10B0>
第1次打印输出
第1次next返回值,程序暂停,记录当前位置,下次next调用时从此次开始
第2次打印输出
第2次next返回值,程序暂停,记录当前位置,下次next调用时从此次开始
第3次打印输出
第3次next返回值,程序暂停,记录当前位置,下次next调用时从此次开始
```

图2-103　yield语句

6. 异常处理

Python 在执行过程中不可避免可能会出现错误，一旦出现错误，程序会终止执行。Python 中将各种异常和错误也作为数据对象处理，称之为 exception 对象，并提供 try/except 异常处理机制来捕获异常，语法格式如下：

```
try:
    <语句>              # 可能出现异常的语句块
except e :              # e 为捕获的发生的异常对象
    <处理异常语句>      # 如果在 try 块引发异常执行的代码
[else:]
    <语句>              # 如果没有异常执行这块代码
[finally:]
    <语句>              # 无论是否发生异常都将执行最后的代码
```

try 块包含着可能引发异常的代码，except 块则用来捕捉和处理发生的异常。执行时如果 try 块中没有引发异常，则跳过 except 块继续执行后续代码；如果 try 块中发生了异常，则跳过 try 块中的后续代码，跳到相应的 except 块中处理异常；异常处理完后，继续执行后续代码。异常处理结构中可以增加 else 块，如果 try 块中没有抛出异常，则执行 else 块。如果 try 块中抛出异常，则执行 except 块，跳过 else 块。异常处理结构中还可以增加 finally 块，finally 块语句无论是否发生异常都会被执行；通常用来释放 try 块中申请的资源。

我们继续完善考生成绩评定的功能。我们在录入学生成绩时有可能录入错误数据，如录入 abc，此时将无法进行成绩评定，成绩评定过程会因此而引发异常，此时运行异常处理机制，如图 2-104 所示。

```
In [8]: try:
            while True:
                a=input("请输入考生成绩:")
                if a.upper()=='Q':          #判断退出条件
                    print("退出!")
                    break
                a=int(a)
                if a>=90:
                    print("优秀")
                elif a>=80:
                    print("良好")
                elif a>=70:
                    print("合格")
                elif a>=60:
                    print("及格")
                else:
                    print("挂科")
        except BaseException as e:
            print(e.args)
            print("你输入了错误的数据!")
executed in 8.54s, finished 18:33:58 2022-07-22

请输入考生成绩:98
优秀
请输入考生成绩:abc
("invalid literal for int() with base 10: 'abc'",)
你输入了错误的数据!
```

图 2-104　异常处理举例

再如数学中的除法，除数不能为 0，如图 2-105 所示：

```
In [10]: try:
             a = input("请输入一个被除数：")
             b = input("请输入一个除数:")
             c = float(a)/float(b)
         except BaseException as e:    #错误对象 as  变量名（标识符）
             print(e)
         else:
             print(c)
         finally:
             print("finally语句，无论发生异常与否，都执行！")

executed in 6.48s, finished 18:36:20 2022-07-22
请输入一个被除数：5
请输入一个除数:0
float division by zero
finally语句，无论发生异常与否，都执行！
```

图2-105 除数为0时的异常处理

异常处理机制在大数据处理时经常使用，因为在大数据分析过程中有时会出现意想不到的问题，通过异常处理机制可以增强处理过程的健壮性。

任务四　功能封装——函数

1. 函数的概念

函数是对实现一定功能的代码的封装，如果某个功能的实现过程相对独立，或者该功能将多次重复使用，此时可以将该功能的实现过程封装到一个独立的结构中，这种独立的结构称为函数。

函数是一种模块化开发的思想，函数定义时设置函数名称标识符，使用时通过该函数名称标识符调用。函数运行所需要的数据称为函数的参数，参数是函数对外暴露的数据接口和传递通道，函数定义时称为形式参数（形参），函数调用时传入的具体数据称为实际参数（实参）。

函数相当于一个黑匣子，用户在使用函数时无须关注功能的实现细节，只需要关注所需要传入的数据（参数）即可。数据通过函数运行后，返回用户所需要的结果。函数封装模型如图2-106所示：

图2-106 函数封装模型

函数封装的目的包括：简化程序结构；便于功能的重复利用；增强函数的安全性和灵活性；模块化开发，提高编程效率。

Python中函数分为以下几类：

（1）内置函数。内置函数是Python的基础函数，Python运行时，所有的内置函数已自动加载，可以直接使用，无须导入。我们前面使用的print()、input()、int()、str()、list()、tuple()、set()、dict()、len()等都是内置函数，可以使用dir(__builtins__)查询所有的内置函数，其中dir()也是内置函数，可以使用help()查看函数帮助文档，如图2-107所示。

图2-107 查看内置函数及函数帮助文档

（2）标准库函数。标准库函数在Python程序安装时已经自动下载，使用前无须下载安装，但使用前需要使用import语句导入，常用的标准库如下：

1）math库：数据运算函数库。

2）os库：操作系统交互函数库，如os.path子库用来处理文件路径及信息。

3）random库：随机数函数库。

4）time库：时间计算函数库。

5）datetime库：是基于time库进行封装，对日期的处理函数。

（3）第三方库函数。Python社区也提供了很多高质量的第三方库，这些函数在Python程序安装时不会自动下载，在使用前需要先使用pip命令下载安装，使用时通过import语句导入，然后才能使用，常用的第三方库有：

1）re库：正则表达式库，用于文本字符串的搜索、提取、替换操作。

2）BeautifulSoup4库："美味汤"库，用于HTML页面元素的搜索、提取、替换操作。

3）Request库：向服务器发送请求。

4）Numpy库：数组操作库。

5）Pandas库：表格结构数据操作库。

6）Matplotlib库：数据可视化库。

7）Seaborn库：数据可视化库。

8）Pyechart库：数据可视化库。

（4）自定义函数。自定义函数是用户根据自身需求自定义的函数，也是我们学习的重点。Python中自定义函数的语法格式如下：

```
def 函数名([参数列表]):
    '''文档字符串'''
    函数体/若干语句
```

例如，自定义求最大值函数并调用该函数，如图2-108和图2-109所示。

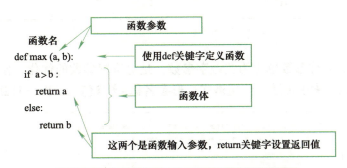

图2-108 自定义求最大值的函数图

```
In [4]: # 自定义求最大值的函数
        def max(a,b):                #a,b为形参
            '''返回两个中的较大值
               a:第一个数据
               b:第二个数据
            '''
            if a>b:
                return a
            else:
                return b

        # 调用求最大值的函数
        print(max(3,5))    # 3,5为实际参数,3对应形参a,5对应形参b
        executed in 30ms, finished 20:26:14 2022-07-22
        5
```

图2-109　自定义函数定义与调用

2. 数据传递

在 Python 程序运行时，数据是在函数之间、模块之间不断传递的，传递的常见方式有两种，一种是通过函数的参数传递，另一种是通过变量的作用域传递。

（1）通过函数的参数传递。

1）位置参数。位置参数为默认参数类型，必须按照位置索引序号顺序传入，传入顺序不能错乱，且实参数量必须与形参数量完全一致。下面以直线法计提固定资产折旧为例，自定义函数的定义与调用，如图2-110和图2-111所示。

```
In [11]: # 函数定义,默认为位置索引参数
         # 位置索引   1    2    3
         def SLN(cost,saverate,life):
             zhejiu=cost*(1-saverate)/life/12
             return zhejiu
         executed in 21ms, finished 20:47:55 2022-07-22
```

图2-110　自定义直线法计提折旧函数

```
In [12]: # 函数调用,默认按照形参位置索引序号顺序逐个传入,顺序不能错乱
         # 10000->cost,
         # 0.1->saverate,
         # 10->life
         # 位置索引       1    2    3
         print(SLN(100000,0.1,10))
         executed in 20ms, finished 20:48:04 2022-07-22
         750.0
```

图2-111　自定义函数的调用

2）名称参数。名称参数也称为关键字参数，是对位置参数的优化，使用时传入顺序可以不按照参数的位置索引传递，传递格式：形参名称=实参值，如图2-112所示。

```
In [13]: print(SLN(life=10,cost=100000,saverate=0.1))
         executed in 30ms, finished 20:50:51 2022-07-22
         750.0
```

图2-112　名称参数的调用

3）默认值参数。在定义函数时可以为参数设置默认值，但具有默认值的参数必须在参数列表最后面，如图2-113所示。

```
In [ ]:  # life参数设置为默认值参数,默认值为10,必须放在非默认值参数的后面
         def SLN(cost,saverate,life=10):
             zhejiu=cost*(1-saverate)/life/12
             return zhejiu
```

图2-113　默认值参数的调用

函数调用时，如果为默认值参数传入具体数据，则按照传入的实际数据运行；如果未传入具体数据，则按照默认值运行，如图2-114所示。

```
In [15]: # 传递参数时life默认值参数传入具体数据20,按20运算
         print(SLN(100000,0.1,20))
         # 传递参数时life默认值参数不传入具体数据,按默认值10运算
         print(SLN(100000,saverate=0.1))
         executed in 20ms, finished 20:52:48 2022-07-22
         375.0
         750.0
```

图2-114　默认值参数的传值

4）可变数量参数：在定义函数时，如果不能确定参数的具体数量，可以在参数前面加上一个"*"，加了"*"的参数会以元组（tuple）的形式导入，如果要对元组中的数据进行操作，需要用到循环操作，如图2-115所示。

```
In [16]: # 可变数量参数和默认值参数
         def get_sum(a,b,*c):
             sum=a+b
             for i in c:
                 sum += i
             return sum
         executed in 30ms, finished 20:54:03 2022-07-22
```

图2-115　可变数量参数的定义

函数调用时，如果不指定参数c，c为一个空元组；如果指定参数c，此时元组中可以存储多个可变数据，如图2-116所示。

```
In [17]: print(get_sum(1,2))
         # 参数: a=1,b=2,c=()    c为空元组

         print(get_sum(1,2,3,4,5))
         # 参数: a=1,b=2,c=(3,4,5)
         executed in 20ms, finished 20:54:53 2022-07-22
         3
         15
```

图2-116　可变数量参数的调用

5）可变名称参数：可变名称参数是对可变数量参数的优化，定义参数时在参数前面加上"**"，加了"**"的参数必须以字典（dict）的形式传入，如果要对字典中的数据进行操作，同样需要在字典中对数据进行循环，如图2-117所示。

```
In [18]: def get_sum2(a,b,**c):
             sum = a + b
             for k,v in c.items():
                 sum +=c[k]
             return sum
executed in 20ms, finished 20:56:38 2022-07-22
```

图2-117　可变名称参数的定义

函数调用时，如果不指定参数c，c为一个空字典；如果指定参数c，则必须以字典key=value格式传入，如图2-118所示。

```
In [19]: print(get_sum2(1,2))
         # 参数：a=1,b=2,c={}    c为空字典

         print(get_sum2(1,2,m=3,n=4,k=5))
         # 参数：a=1,b=2,c= {'m': 3, 'n': 4, 'k': 5}
executed in 20ms, finished 20:57:06 2022-07-22
3
15
```

图2-118　可变名称参数的调用

可变数量参数与可变名称参数也可以混合使用，可变数量参数必须定义在可变名称参数之前，如图2-119所示。

```
In [21]: def get_sum3(a,b,*c,**d):
             sum = a + b
             for x in c:
                 sum += x
             for k,v in d.items():
                 sum +=d[k]
             return sum

         print(get_sum3(1,2,3,4,5,m=6,n=7,k=8))
         # 参数：a=1,b=2,c=(3,4,5),d= {'m': 6, 'n': 7, 'k': 8}
executed in 33ms, finished 20:59:03 2022-07-22
36
```

图2-119　可变数量参数与可变名称参数的混合调用

6）强制参数。Python支持强制参数，用"*"标识。"*"之后的参数必须使用名称参数，不能使用位置参数；"*"之前的参数可以使用位置参数或名称参数。Python3.8之后还支持"/"强制标识，"/"之前的参数必须使用位置参数，不能使用名称参数；"/"之后的参数可以使用位置参数或名称参数，如图2-120所示。

```
In [22]: # a,b必须使用位置参数
         # c,d可以为位置参数,也可为名称参数
         # e,f必须为名称参数
         def f(a, b, /, c, d, *, e, f):
             print(a, b, c, d, e, f)

         f(10, 20, 30, d=40, e=50, f=60)
executed in 50ms, finished 21:03:51 2022-07-22
10 20 30 40 50 60
```

图2-120　强制参数的定义与调用

（2）通过变量的作用域传递。

变量的作用域，也就是变量的传值范围。根据变量的传值范围，变量分为局部变量和全局变量两种类型。

1）局部变量包括：

函数的形参变量：传值范围是函数代码块，从冒号开始到函数代码块结束为止。

函数内部定义的变量：从定义位置开始到函数代码块结束为止。

代码块中定义的变量：从定义位置开始到代码块结束为止。

2）全局变量：在模块内部顶格定义的变量为全局变量，作用域为从定义位置开始，到整个模块结束，可传值到整个模块中的所有语句，如图 2-121 所示。

```
In [28]: def test(a):        # 形参a->局部变量：作用域从：开始
             b=100            # 函数内部定义的变量->局部变量
             print(a)         # 局部变量的值
         #形参a,局部变量b的作用域结束

         a = 1                #全局变量a
         test(a)              #将全局变量a作为参数传递到函数内部

         executed in 40ms, finished 21:16:24 2022-07-22
         1
```

图2-121　局部变量与全局变量

如果要将全局变量数据传递到函数黑匣子内部，则需要使用 global 关键字声明变量，如图 2-122 所示。

```
In [26]: a = 10              #全局变量
         def test():
             global a         #使用global关键字声明a为全局变量a
             a = a + 1        #没有global语句，此处将报错
             print(a)
         test()

         executed in 30ms, finished 21:12:43 2022-07-22
         11
```

图2-122　使用global关键字声明变量

如果函数内部定义了与全局变量重名的局部变量，则按照"就近原则"，优先使用局部变量，如图 2-123 所示。

```
In [27]: a = 10              #全局变量a
         def test():
             a=1000           #局部变量a,与全面变量a重名
             a = a + 1        #就近原则,优先使用a=1000
             print(a)
         test()

         executed in 20ms, finished 21:13:35 2022-07-22
         1001
```

图2-123　就近原则的使用

3. 匿名函数

使用 def 关键字定义的函数为命名函数，在定义时设置函数的名称标识符，使用函

时通过函数名称调用，可以多次调用，提高了代码的重用性，这也是函数封装的目的，也便于进行模块化开发。

如果函数功能比较简单，且定义后只使用1次，后续不需要多次重复调用，此时就不需要为该函数设置函数名，使用匿名函数即可，Python中使用lambda关键字创建匿名函数，语法格式如下：

lambda 形参列表：表达式

匿名函数的使用方法：

（1）直接使用匿名函数。将匿名函数整体放在（）内，后面再跟括号（），括号内传入实参数据，如图2-124所示。

```
In [29]: print((lambda x,y:x+y)(3,5))
executed in 20ms, finished 21:20:57 2022-07-22
8
```

图2-124 直接使用匿名函数

（2）将匿名函数赋值给变量，通过变量调用匿名函数，如图2-125所示。

```
In [30]: a=lambda x,y:x+y    #将匿名函数赋值给变量a，赋值给变量后可重复使用
         print(a(3,5))        #通过变量a执行函数
         print(a(100,500))

executed in 10ms, finished 21:21:37 2022-07-22
8
600
```

图2-125 通过变量调用匿名函数

4. 高阶函数

（1）高阶函数的概念。在Python中将函数作为参数的函数称为高阶函数，多用于对大量数据的批量处理。高阶函数的参数列表中除了函数参数外，还必须有数据参数。高阶函数运行时先将数据参数传递给函数参数，最后将函数参数的运行结果作为高阶函数的返回值。例如自定义高阶函数add()，它包括3个参数，其中x和y为数据参数，f为函数参数，调用时可以将求绝对值函数abs作为参数传入，实现求两个数的绝对值之和的功能，如图2-126所示。

```
In [31]: # 自定义高阶函数
         def add(x,y,f):       #x,y为数据参数，f为函数参数
             return f(x)+f(y)

         print(add(-3,-5,abs))
         #x=-3, y=-5 f=abs  abs为内置的求绝对值函数

executed in 20ms, finished 21:28:17 2022-07-22
8
```

图2-126 自定义高阶函数

（2）常用高阶函数。Python内置的高阶函数有map()、reduce()、filter()、sorted()，这四个高阶函数在大数据分析时经常使用，下面详细介绍内置高阶函数的用法。

1）map() 函数，为映射函数，语法格式如下：

map(函数参数，数据参数1，数据参数2，……)

map() 函数第一个参数必须是函数参数，后续参数为数据参数，数据参数一般为单行列表，如果为 Series 单列结构，则需要使用 list() 函数或者 Series 对象的 tolist 方法转换为单行列表。map() 函数运行时会将各个数据参数的对应元素依次传递给函数参数进行处理，返回处理后的数据，返回值为 map 类型，例如计算两个列表对应项的乘积，如图 2-127 所示。

```
In [35]: def f(x,y):
             return x*y
         a=[1,3,5,7,9]
         b=[2,4,6,8,10]
         result=map(f,a,b)    # f为函数参数，a,b为数据参数
         print(type(result))
         print(list(result))
         executed in 20ms, finished 21:39:14 2022-07-22
         <class 'map'>
         [2, 12, 30, 56, 90]
```

图2-127　计算两个列表对应项的乘积

2）reduce() 函数，为累计计算函数，语法格式如下：

reduce(函数参数，数据参数)

reduce() 函数必须接收两个参数，第一个参数是函数参数，第二个是数据参数。reduce() 函数运行时先把数据参数的第 1 个元素和第 2 个元素传值给函数参数，然后将运行结果与数据参数的第 3 个元素传值给函数参数，依此类推，直到数据参数的最后一个元素为止，并将最后的运算结果作为 reduce 函数的返回值，返回值是一个数据，而不是一个序列。

在 Python3 中 reduce() 函数已经被移到 functools 模块里，如果我们要使用，需要引入 functools 模块来调用 reduce() 函数，例如求一组数的累加和，如图 2-128 所示。

```
In [37]: from functools import reduce    #先从函数库中导入reduce()函数
         def add(x,y):                   #自定义函数，计算两个数据和
             return x+y
         a=[1,2,3,4,5,6,7,8,9]           #数据参数
         result=reduce(add,a)
         print(result)
         executed in 20ms, finished 21:46:22 2022-07-22
         45
```

图2-128　求一组数的累加和

使用匿名函数计算 1～100 之内的数据累加和，如图 2-129 所示。

```
In [38]: from functools import reduce
         print(reduce((lambda x,y:x+y),range(1,101)))
         executed in 20ms, finished 21:47:43 2022-07-22
         5050
```

图2-129　使用匿名函数计算数据累加和

3）filter() 函数，为序列筛选函数，语法格式如下：

　　filter(函数参数 , 数据参数)

filter() 函数用于列表数据过滤，其第一个参数是函数参数，第二个参数是数据参数，一般为列表类型。filter() 函数运行时先把函数参数依次作用于序列的每个元素，当返回值为 True 时保留该元素，返回值为 False 时则丢弃该元素，最终返回所有 True 对应的数据 filter 对象，可以使用 list() 函数转换为列表，实现列表元素的条件筛选，例如求 1～100 中平方根是整数的数，如图 2-130 所示。

```
In [2]: import math             #平方根函数在math数学函数标准库中
        def get_sqr(x):         #自定义函数，返回值为True/False
            return math.sqrt(x) % 1 == 0   #整数的判断，除以1余数为0
        a= range(1, 101)        #range(1, 101)，返回1到100之间的整数

        #过滤1-100平方根为整数的数据
        list(filter(get_sqr,a))
        executed in 24ms, finished 22:27:35 2023-04-14
Out[2]: [1, 4, 9, 16, 25, 36, 49, 64, 81, 100]
```

图2-130　求1～100中平方根是整数的数

4）sorted() 函数，为自定义排序函数，语法格式如下：

　　sorted(数据参数 ,key= 函数参数 , reverse=False)

sorted() 函数用于对列表元素的自定义排序，该函数接收三个参数，第一个参数为数据参数，一般为列表；第二个参数为函数参数，对列表中每个元素经函数参数处理后的结果进行排序，返回值为排序后映射到原序列的元素；第三个参数 reverse 为排序规则，reverse = False 为升序（默认），reverse=True 为降序。其应用举例如图 2-131 所示。

```
In [2]: a=[36, 5, -12, 9, -21]
        print(a)                              #输出a列表
        print(list(sorted(a)))                #输出默认升序排序后a列表
        print(list(sorted(a,key=abs)))        #按绝对值排序后的a列表
        print("-"*50)
        b=['bob', 'about', 'Zoo', 'Credit']
        print(b)                              #输出b列表
        print(list(sorted(b,reverse=False)))  #升序，区分大小写
        print(list(sorted(b,key=str.lower)))  #升序，不区分大小写
        print("-"*50)
        students = [('tom', 'A', 10), ('jane', 'C', 5), ('dave', 'B', 8)]
        print(students)                       #输出students元组列表
        print(list(sorted(students, key=lambda x:x[0])))  #名字，升序
        print(list(sorted(students, key=lambda x:x[1])))  #等级，升序
        print(list(sorted(students, key=lambda x:x[2])))  #成绩，升序
        executed in 25ms, finished 12:47:58 2022-10-09

[36, 5, -12, 9, -21]
[-21, -12, 5, 9, 36]
[5, 9, -12, -21, 36]
--------------------------------------------------
['bob', 'about', 'Zoo', 'Credit']
['Credit', 'Zoo', 'about', 'bob']
['about', 'bob', 'Credit', 'Zoo']
[('tom', 'A', 10), ('jane', 'C', 5), ('dave', 'B', 8)]
[('dave', 'B', 8), ('jane', 'C', 5), ('tom', 'A', 10)]
[('tom', 'A', 10), ('dave', 'B', 8), ('jane', 'C', 5)]
[('jane', 'C', 5), ('dave', 'B', 8), ('tom', 'A', 10)]
```

图2-131　sorted( )函数应用举例

课后练习

1. 请将表 2-9 的数据以各种常见的数据结构保存到文件夹中。

表2-9 练习数据

股票代码	股票简称	省　份	行　业	销售净利率
000001	平安银行	广东省	银行	28%
000002	万科 A	广东省	房地产	4%
000004	ST 国华	广东省	生物医药	−115%
000005	ST 星源	广东省	其他	2%
000006	深振业 A	广东省	房地产	13%
000007	全新好	广东省	物业管理	−7%
000008	神州高铁	北京市	轨道交通	−24%
000009	中国宝安	广东省	综合	8%
0000010	美丽生态	广东省	园林工程	3%

2. 根据销售净利率对上述上市公司进行等级评定。销售净利率大于 10% 为绩优股，销售净利率大于 0 且小于 10% 为普通股，销售净利率小于 0 但大于 −10% 为潜亏股，销售净利率小于 −10% 为巨亏股。

3. 将上述上市公司等级评定过程封装为一个函数，然后调用该函数判断上市公司的等级。

◆ 拓展知识 ◆

新技术下财务人员应加强自我学习

在互联网快速普及、物联网加速渗透的背景下，PC、手机、传感设备等全面兴起，推动全球数据呈现倍数增长，这些都为大数据技术的发展奠定了庞大的基础。在大数据时代下，类似 Python 等大数据技术正快速发展，面对时代的变革和技术的更新，企业财务人员应加强自我学习，不断丰富和拓展自身业务相关的知识和技能，学习使用专业的数据分析工具进行有效的数据分析，以更好地胜任企业财会岗位，也为建设数字中国贡献出自己的一份力。

企业财会人员还应树立终身学习的理念，提高自身的核心竞争力，快速掌握与大数据时代相契合的新技能，并将这种新技能应用于工作实践中。

项目三 常用数据结构及应用

任务一 序列统一操作

在用 Python 进行数据分析时,序列是最常用的数据结构,本任务我们将对各种序列数据结构进行深入的学习。序列是一种容器结构,用来存储一系列"并列结构"的数据,Python 提供很多内置函数可以对各种序列结构进行统一的操作。

(1)序列统一操作内置函数。

Python 提供了对序列进行统一操作的内置函数,对所有的序列结构都适用。

1)max()、min() 用于返回列表中所有元素的最大值和最小值。

2)sum() 用于返回数值型列表中所有元素之和。

3)len() 用于返回列表中元素个数。

4)del() 用于删除序列或序列中的某个元素,清除对应的内存空间。

5)enumerate() 枚举函数,将序列元素逐个枚举,返回元素序号与数据的元组组成的 enumerate 可迭代对象,可以使用 list() 转换为列表,多用于 for 循环。

6)zip() 并行迭代函数,用于将多个列表元素相同索引位置元素打包组合为元组,返回这些元组的 zip 对象,可以使用 list() 转换为列表,多用于 for 循环。

常用序列统一操作内置函数应用举例如图 3-1 所示。

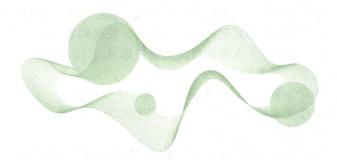

图3-1 常用序列统一操作内置函数应用举例

（2）序列的操作也有共性的地方，一般均包括创建、选取、增加、删除、修改和序列遍历几种情况。

1）创建：各种序列结构具有各自的创建方式，在后面将深入介绍。
2）选取：选取操作是最常见的操作方式，常见以下选取方式：
①序号索引选取：适用于有序序列，如列表、元组等，用于选取单个元素。
②名称索引选取：适用于无序序列，如字典，用于选取单个元素。
③切片选取：用于选取多个元素的有规律选取，通过切片选择器进行选取。
④列表选取：用于选取多个元素的无规律选取，使用列表选择器进行选取。
⑤布尔选取：用于选取多个元素的自定义条件选取。
3）增加：元素追加、元素插入。
4）删除：删除单个元素、删除所有元素、删除序列对象。
5）修改：修改单个元素、批量修改，与选取操作同步。
6）序列遍历：索引遍历、元素遍历。

下面我们将对每种序列结构的各种常用操作进行全面深入的学习。

任务二　列　　表

Python 的列表 list 是大小可变、元素可变、元素可重复、元素有序的数据序列，列表常用操作包括创建、选取、增加、修改、删除、查询、遍历等。

（一）列表创建

1. 中括号[]创建

数据元素在中括号内用逗号间隔，一个中括号表示一行数据，多行数据时使用中括号嵌套格式，创建举例如图 3-2～图 3-4 所示。

```
In [3]: #一维列表—单行
        a = [10, 20, 'xgiscoming']   #一维列表
        b=[1,]                        #单元素列表，必须在元素后面加一个逗号
        c= []                         #空列表
        print(a)
        print(b)
        print(c)
        executed in 30ms, finished 16:11:07 2022-07-23

[10, 20, 'xgiscoming']
[1]
[]
```

图3-2　创建一维列表

```
In [4]: #二维列表
        # 多行多列
        a=[
            [1,2,3],
            [4,5,6],
            [7,8,9]
        ]
        print(a)
        executed in 20ms, finished 16:11:56 2022-07-23

[[1, 2, 3], [4, 5, 6], [7, 8, 9]]
```

图3-3　创建二维列表

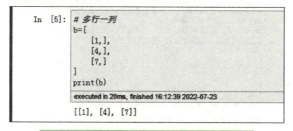

图3-4　创建多行一列二维列表

2. list()函数创建

使用 list() 函数可以将任何可迭代的数据转换成一维列表，如字符串、range 对象、zip 对象、enumerate 对象、Series 系列等，将字符串转换为一维列表如图 3-5 所示。

```
In [6]: a = list()                        #创建空列表
        b = list("为中华之崛起而读书")      #将字符串转换为列表
        print(a)
        print(b)
executed in 20ms, finished 16:13:52 2022-07-23
[]
['为', '中', '华', '之', '崛', '起', '而', '读', '书']
```

图3-5 list()函数将字符串转换为一维列表

3. range()函数创建整数列表

range() 函数可以非常方便地创建整数列表，并将其作为序列的索引使用，语法格式如下：

range([start=0,] end [,step=1])

start 参数：可选，表示起始数字，默认是 0

end 参数：必选，表示结尾数字，但不包含 end 值

step 参数：可选，表示步长，默认为 1

返回值：包含 start 但不包含 end 的整数列表，藏头露尾

Python3 中 range() 函数返回的是一个 range 对象，而不是列表，可以通过 list() 函数将其转换成一维列表，如图 3-6 所示。

```
In [7]: a=list(range(10))          #start=0, end=10, step=1
        print(a)

        b=list(range(1,10,2))
        print(b)

        c=list(range(10,0,-1))
        print(c)
executed in 20ms, finished 18:17:10 2022-07-23
[0, 1, 2, 3, 4, 5, 6, 7, 8, 9]
[1, 3, 5, 7, 9]
[10, 9, 8, 7, 6, 5, 4, 3, 2, 1]
```

图3-6 list()函数与range对象

4. 列表推导式

列表推导式使用中括号[]，结合 for 循环及判断条件，用于快速生成列表，常见格式如下：

（1）基本格式：[表达式for变量in列表]。

（2）单条件格式：[表达式for变量in列表if条件]，for后的if语句不能加else语句。

（3）双条件格式：[表达式1 if条件else表达式2 for变量in列表]，for之前的if语句可加else语句。

（4）嵌套循环格式：[表达式for变量in列表1 if条件for变量in列表2 if条件]。列表推导式在实际工作中使用非常方便，也非常灵活，如图3-7所示。

```
In [8]: #0-9的平方列表
        a=[x**2 for x in range(10)]
        print(a)
        #1-9之间偶数的立方列表
        a = [ i**3 for i in range (1,10) if i%2==0]
        print(a)
        #0-9之间偶数平方,奇数倒数的列表
        a=[i**2 if i%2==0 else round(1/i,2) for i in range(10)]
        print(a)
        #嵌套循环列表,前面为外层循环,后面为内层循环
        b = [x+y for x in ["A","B"] for y in ["1","2"]]
        print(b)
        #嵌套循环构建多维列表
        b = [[x,y] for x in ["A","B"] for y in ["1","2"]]
        print(b)
        # 嵌套循环多维条件列表
        b = [(i,j)for i in range(5)if i %2!=0 for j in range(5) if j%2==0]
        print(b)
executed in 20ms, finished 18:20:08 2022-07-23

[0, 1, 4, 9, 16, 25, 36, 49, 64, 81]
[8, 64, 216, 512]
[0, 1.0, 4, 0.33, 16, 0.2, 36, 0.14, 64, 0.11]
['A1', 'A2', 'B1', 'B2']
[['A', '1'], ['A', '2'], ['B', '1'], ['B', '2']]
[(1, 0), (1, 2), (1, 4), (3, 0), (3, 2), (3, 4)]
```

图3-7 列表推导式举例

（二）列表选取

列表类型支持索引选取、切片选取（仅针对行，不针对列）和高阶函数选取，列表类型不支持对数据元素进行列表选取和布尔选取。

（1）索引选取：用于单个元素的选取，元素索引从0开始，索引放在中括号[]中，使用说明见表3-1。

表3-1 索引选取使用说明

维 数	索 引 选 取	说 明
一维列表	a[i]	一维列表的第i个元素
二维列表	a[i]	二维列表的第i行所有元素
二维列表	a[i] [j]	二维列表的第i行第j个元素
三维列表	a[i]	三维列表的第i块所有元素
三维列表	a[i] [j]	三维列表的第i块第j行所有元素
三维列表	a[i] [j] [k]	三维列表的第i块第j行第k个元素

索引选取举例如图 3-8 和图 3-9 所示。

```
In [9]: a=[1,2,3,4]            #一维列表
        b=[                    #二维列表
            ['a','b'],
            ['c','d']
        ]
        c=[                    #三维列表
            [
                [1,2,3],
                [4,5,6]
            ],
            [
                ['a','b'],
                ['c','d']
            ]
        ]
executed in 30ms, finished 18:27:15 2022-07-23
```

图3-8 创建一维、二维、三维列表

```
In [10]: print(a[0])        #输出a一维列表第1个值
         print(b[0])        #输出b二维列表第1行所有值
         print(b[1][1])     #输出b二维列表第2行第2列的值
         print(c[0])        #输出c三维列表第1块
         print(c[1][1])     #输出c三维列表第2块第2行
         print(c[1][1][1])  #输出c三维列表第2块第2行第2列的值
executed in 30ms, finished 18:28:18 2022-07-23
1
['a', 'b']
d
[[1, 2, 3], [4, 5, 6]]
['c', 'd']
d
```

图3-9 索引选取列表元素

（2）切片选取：通过切片选择器进行列表元素的批量有规律选取，切片选择器的结构如下：

start：end：step

start：开始位置，非必需，默认值为0，从头开始

end：结束位置，必需参数，藏头露尾

step：步长，非必需，默认值为1，必须为整数，大于0时从左向右切片；小于0时从右向左切片

中间用冒号：间隔

注意：切片操作时，start和end不在[0，end-1]这个范围，也不会报错。start小于0则会当作0，end大于"end-1"会被当成"end-1"，几种特殊情况见表3-2。

表3-2 切片操作的特殊情况

格 式	功 能
列表[:]	提取整个列表
列表[start:]	从start开始到end-1
列表[:end]	从0开始到end-1
列表[start:end:step]	从start开始到end-1，隔step提取
列表[::-1]	逆序

列表切片举例如图3-10所示。

```
In [28]: a=list(range(10))
         print(a)
         print(a[:])
         print(a[5:])
         print(a[:8])
         print(a[5:8])
         print(a[1:8:2])
         print(a[::-1])
         print(a[::-2])
executed in 20ms, finished 19:39:00 2022-07-23
[0, 1, 2, 3, 4, 5, 6, 7, 8, 9]
[0, 1, 2, 3, 4, 5, 6, 7, 8, 9]
[5, 6, 7, 8, 9]
[0, 1, 2, 3, 4, 5, 6, 7]
[5, 6, 7]
[1, 3, 5, 7]
[9, 8, 7, 6, 5, 4, 3, 2, 1, 0]
[9, 7, 5, 3, 1]
```

图3-10 列表切片举例

列表是以行为主的结构数据，多维列表只支持第一维的切片选取，不支持多维度的切片选取，这一点与 Numpy 中的数组有很大区别。

（3）高阶函数选取：列表本身不支持自定义条件筛选，可使用高阶函数 filter() 实现自定义条件选取，语法格式如下：

> filter(函数参数，列表数据)

filter 高阶函数会将函数参数作用于每一个列表元素上，返回 True 时保留该元素，返回 False 时抛弃该元素，最终返回 True 对应的元素列表，例如返回 1～10 列表中的偶数，如图 3-11 所示（range 函数取头不取尾）。

```
In [29]: a=list(range(1,10))
         b=filter(lambda x:x%2==0, a)
         print(list(b))
executed in 20ms, finished 19:41:15 2022-07-23
[2, 4, 6, 8]
```

图 3-11　filter 高阶函数返回 1～10 列表中的偶数

（三）列表增加

1. append() 方法

如果参数为基本类型，则直接将参数增加到列表的尾部，在循环操作时经常使用该方法；如果参数为列表，则将参数整体作为一个元素添加到列表的尾部，如图 3-12 所示。

```
In [32]: a=[1,2,3]
         a.append(4)
         print(a)
         a.append([5,6,7])
         print(a)
executed in 10ms, finished 19:49:25 2022-07-23
[1, 2, 3, 4]
[1, 2, 3, 4, [5, 6, 7]]
```

图 3-12　append() 方法添加列表元素

2. extend() 方法

参数只能为列表类型，提取参数列表的所有元素并添加到尾部，如图 3-13 所示。

```
In [35]: a=[1,2,3]
         a.extend([4])
         print(a)
         a.extend([5,6,7])
         print(a)
executed in 30ms, finished 19:56:32 2022-07-23
[1, 2, 3, 4]
[1, 2, 3, 4, 5, 6, 7]
```

图 3-13　extend() 方法添加列表元素

3. insert()方法

在列表的指定索引位置插入指定的数据，列表中后续元素的索引均向后移动 1 位，如图 3-14 所示。

```
In [36]: a=[1,2,3]
         a.insert(1,'xgiscoming')
         print(a)
         executed in 20ms, finished 19:59:00 2022-07-23
         [1,'xgiscoming',2,3]
```

图3-14 insert()方法插入列表元素

4. 列表加法（+）

使用加号（+）也可以直接将两个列表元素进行组合，如图 3-15 所示。

```
In [37]: a=[1,2,3]
         b=[5,6,7]
         print(a+b)
         executed in 30ms, finished 21:24:12 2022-07-23
         [1,2,3,5,6,7]
```

图3-15 加法实现列表组合

需要注意的是，列表加法将生产新的列表对象，append() 方法和 extend() 方法是在原列表对象结构上的操作，不产生新的列表对象。

5. 列表乘法（*）

使用乘号（*）可以实现列表的批量复制操作，如图 3-16 所示。

```
In [38]: a=[1,2,3]
         print(a*3)
         executed in 30ms, finished 21:27:59 2022-07-23
         [1,2,3,1,2,3,1,2,3]
```

图3-16 乘法实现列表批量复制

（四）列表修改

列表的数据元素是可变的，修改元素数值时必须先执行选取操作，可以采用各种列表元素选取方法，选取后即可直接修改，如图 3-17 所示。

```
In [43]: a=[1,2,3,4]          #一维列表
         b=[                   #二维列表
             ['a','b'],
             ['c','d']
         ]
         a[1]='abc'
         b[1]=[123,456]
         print(a)
         print(b)
executed in 30ms, finished 21:38:18 2022-07-23

[1, 'abc', 3, 4]
[['a', 'b'], [123, 456]]
```

图3-17 列表元素的修改

（五）列表删除

1. remove()方法

remove(x) 方法删除列表中首次出现的 x 元素，参数不是索引，而是元素自身，该方法无返回值，如图 3-18 所示。

```
In [45]: a=[1,2,3,4,2,3,4]
         a.remove(2)
         print(a)
executed in 20ms, finished 21:42:06 2022-07-23

[1, 3, 4, 2, 3, 4]
```

图3-18 remove()方法删除列表元素

2. pop()方法

pop(index) 方法删除列表索引为 index 的元素，参数为索引，而不是数据元素，该方法有返回值，返回值为被删除的索引为 index 的数据元素，如图 3-19 所示。

```
In [46]: a=[1,2,3,4,2,3,4]
         b=a.pop(2)
         print(a)
         print(b)
executed in 30ms, finished 21:45:02 2022-07-23

[1, 2, 4, 2, 3, 4]
3
```

图3-19 pop()方法删除指定索引元素

3. clear()方法

清空列表中的所有数据元素，列表变为空列表，并不删除列表对象自身，如图 3-20 所示。

项目三 常用数据结构及应用

```
In [48]: a=[1,2,3,4,2,3,4]
         print(a)
         a.clear()
         print(a)
         executed in 20ms, finished 21:47:10 2022-07-23
         [1, 2, 3, 4, 2, 3, 4]
         []
```

图3-20　clear()方法清空列表

4. del()函数

内置函数，删除列表中指定索引的数据元素，如图 3-21 所示。

```
In [50]: a=[1,2,3,4]
         print(a)
         del(a[2])
         print(a)
         executed in 30ms, finished 21:49:08 2022-07-23
         [1, 2, 3, 4]
         [1, 2, 4]
```

图3-21　del()函数删除列表元素

5. del()函数

删除列表对象自身，删除后列表对象为未定义的变量，如图 3-22 所示。

```
In [51]: a=[1,2,3,4]
         print(a)
         del(a)
         print(a)
         executed in 30ms, finished 21:50:13 2022-07-23
         [1, 2, 3, 4]
         NameError: name 'a' is not defined
```

图3-22　del()函数删除列表对象

（六）列表查询

1. index()方法

index(x) 查询列表中 x 元素的索引，如果 x 不存在则抛出异常，如图 3-23 所示。

```
In [1]: a=[1,2,3,4]
        b=a.index(3)      #查找元素3的索引号2
        print(b)
        executed in 30ms, finished 10:33:06 2022-07-24
        2
```

图3-23　index()方法查询列表元素索引

65

2. count()方法

count(x) 方法返回列表中元素 x 出现的次数，如图 3-24 所示。

```
In [2]: a=[1,2,3,4,2,2,4,5,2,5,2,1]
        b=a.count(2)      #计算元素2的数量
        print(b)
        executed in 20ms, finished 10:34:57 2022-07-24
        5
```

图3-24　count()方法查询元素出现次数

3. sort()方法

列表原位排序，参数 reverse=False 默认升序，为 True 则降序，不产生新列表对象，如图 3-25 所示。

```
In [3]: a=[1,2,3,4,2,2,4,5,2,5,2,1]
        print(id(a))
        a.sort(reverse=True)
        print(a)
        print(id(a))      # 原位操作，id不变
        executed in 20ms, finished 10:36:41 2022-07-24
        143258176
        [5, 5, 4, 4, 3, 2, 2, 2, 2, 2, 1, 1]
        143258176
```

图3-25　sort()方法原位排序

4. reverse()方法

列表原位逆序，不产生新的列表对象，如图 3-26 所示。

```
In [4]: a=[1,2,3,4]
        print(id(a))
        a.reverse()
        print(a)
        print(id(a))      # 原位操作，id不变
        executed in 30ms, finished 10:37:39 2022-07-24
        146149440
        [4, 3, 2, 1]
        146149440
```

图3-26　reverse()方法原位逆序

5. sorted()函数

内置函数排序，排序后生成新的列表，原列表保持不变，如图 3-27 所示。

```
In [7]: a=[1,2,3,4,2,2,4,5,2,5,2,1]
        print(id(a))
        b=sorted(a,reverse=True)
        # 内置函数排序，附件操作，生成新的序列，需要变量接收排序后的序列
        print(a)              # 原序列不变
        print(id(a))          # 原序列id不变
        print(b)
        print(id(b))
executed in 30ms, finished 10:42:42 2022-07-24

145669504
[1, 2, 3, 4, 2, 2, 4, 5, 2, 5, 2, 1]
145669504
[5, 5, 4, 4, 3, 2, 2, 2, 2, 2, 1, 1]
146184640
```

图3-27 sorted()函数排序

6. reversed()函数

内置函数逆序，处理后生成新的列表，原列表保持不变，如图 3-28 所示。

```
In [13]: a=[1,2,3,4]
         b=reversed(a)
         # 内置函数排序，附件操作，生成新的序列，需要变量接收排序后的序列
         print(a)              # 原序列不变
         print(id(a))          # 原序列id不变
         print(list(b))
         print(id(b))
executed in 30ms, finished 10:45:39 2022-07-24

[1, 2, 3, 4]
141220224
[4, 3, 2, 1]
138480512
```

图3-28 reversed()函数逆序

（七）列表遍历

列表是有序的，有两种遍历方式——索引遍历和元素遍历，一维列表需要一遍，二维列表需要嵌套遍历，分别如图 3-29 和图 3-30 所示。

```
In [16]: a=[1,2,3,4]
         # 索引遍历
         for i in range(len(a)):
             print(a[i])
         print("*"*50)
         # 元素遍历
         for s in a:
             print(s)
executed in 30ms, finished 10:49:43 2022-07-24

1
2
3
4
**************************************************
1
2
3
4
```

图3-29 一维列表遍历

```
In [18]: b=[[1,2,3],[4,5,6]]
         # 双循环索引遍历
         for i in range(len(b)):
             for j in range(len(b[i])):
                 print(b[i][j])
         print("*"*50)
         # 双循环元素遍历
         for s in b:     # 行遍历
             for t in s:     # 每一行的元素遍历
                 print(t)
         executed in 20ms, finished 10:53:33 2022-07-24

1
2
3
4
5
6
**************************************************
1
2
3
4
5
6
```

图3-30 二维列表遍历

任务三 元 组

Python 的元组 tuple 是大小不可变、元素不可变、元素可重复、元素有序的数据序列，可以起到对数据的保护作用，与列表相比除了没有增加、修改、删除等操作外，其他操作与列表基本相同。

（一）元组创建

1. 小括号()创建

创建方式同列表完全相同，仅仅把列表中括号 [] 换成元组小括号 ()，如图 3-31～图 3-33 所示。

```
In [3]: #一维元组一单行：
        a = (10,20,'xgiscoming')    #一维元组
        b=(1,)                       #单元素元组，一般在元素后面加一个逗号
        c =()                        #空元组
        print(a)
        print(b)
        print(c)
        executed in 30ms, finished 10:59:10 2022-07-24

(10, 20, 'xgiscoming')
(1,)
()
```

图3-31 一维元组创建

```
In [4]: #二维元组
        # 多行多列:
        a=(
            (1,2,3),
            (4,5,6),
            (7,8,9)
        )
        print(a)
        executed in 30ms, finished 11:00:26 2022-07-24

        ((1, 2, 3), (4, 5, 6), (7, 8, 9))
```

图3-32 二维元组创建

```
In [6]: # 多行一列
        a=(
            (1,),
            (4,),
            (7,)
        )
        print(a)
        executed in 10ms, finished 11:01:06 2022-07-24

        ((1,), (4,), (7,))
```

图3-33 特殊二维元组创建

2. tuple()函数创建

可以使用 tuple() 函数将可迭代数据转换为元组，如图 3-34 所示。

```
In [7]: # tuple函数创建
        a = tuple()                              #创建空元组
        b = tuple("为中华之崛起而读书")              #将字符串转换为元组
        print(a)
        print(b)
        executed in 30ms, finished 11:01:44 2022-07-24

        ()
        ('为', '中', '华', '之', '崛', '起', '而', '读', '书')
```

图3-34 tuple()函数创建元组

3. range()函数创建整数元组

可以使用 range() 函数和 tuple() 函数创建整数元组，如图 3-35 所示。

```
In [8]: a=range(10)
        print(tuple(a))
        executed in 20ms, finished 11:02:43 2022-07-24

        (0, 1, 2, 3, 4, 5, 6, 7, 8, 9)
```

图3-35 range()函数创建元组

4. 元组无推导创建方式

元组元素是不可变的，无推导创建方式使用小括号和 for 循环语句创建的数据结构为 generator 生成器，功能类似于使用 yield 暂停语句返回数据的自定义函数，这是元组与列表的一个重要区别，如图 3-36 所示。

```
In [11]: a=(x for x in range(10))
         print(type(a))
         print(next(a))    #第1次调用，输出第0个元素
         print(next(a))
         print(next(a))
         print(next(a))
         print(next(a))    #第5次调用，输出第4个元素
executed in 20ms, finished 11:06:24 2022-07-24
<class 'generator'>
0
1
2
3
4
```

图3-36　无推导创建方式

（二）元组选取

元组结构可以采用索引选取、切片选取和高阶函数选取，选取方法同列表完全相同。

1. 索引选取

选取方式同列表完全相同，将索引放在中括号 [] 内，如图 3-37 所示。

```
In [12]: a=(1,2,3,4)
         b=(
             ('a','b'),
             ('c','d')
         )
         c=(
             (
                 (1,2,3),
                 (4,5,6)
             ),
             (
                 ('a','b'),
                 ('c','d')
             )
         )
         print(a)
         print(a[0])      #选取第一个元素
         print(b)
         print(b[0])      #选取第一行所有元素
         print(b[1][1])
         print(c)
         print(c[0])      #选取第一块所有元素
         print(c[1][1])
         print(c[1][1][1])
```

图3-37　索引选取

2. 切片选取

元组切片选取同列表相同，仅适用于第一维，其他维度不适用，如图 3-38 所示。

```
In [13]: a=tuple(range(10))
         print(a)
         print(a[:])
         print(a[5:])
         print(a[:8])
         print(a[5:8])
         print(a[1:8:2])
         print(a[::-1])
         print(a[::-2])
executed in 30ms, finished 11:17:17 2022-07-24
(0, 1, 2, 3, 4, 5, 6, 7, 8, 9)
(0, 1, 2, 3, 4, 5, 6, 7, 8, 9)
(5, 6, 7, 8, 9)
(0, 1, 2, 3, 4, 5, 6, 7)
(5, 6, 7)
(1, 3, 5, 7)
(9, 8, 7, 6, 5, 4, 3, 2, 1, 0)
(9, 7, 5, 3, 1)
```

图3-38　切片选取

3. 高阶函数选取

元组本身同样不支持条件筛选，需要条件筛选时使用高阶函数 filter()。例如，返回 1～10 元组中的偶数，如图 3-39 所示。

```
In [14]: a=tuple(range(1,10))         #生成元组
         b=filter(lambda x:x%2==0,a)   #调用filter高阶函数
         print(tuple(b))
executed in 30ms, finished 11:19:20 2022-07-24
(2, 4, 6, 8)
```

图3-39　元组高阶函数选取

（三）元组查询和计数

元组不支持对元素的增加、修改、删除、排序等操作，支持查询和计数，使用说明见表 3-3。

表3-3　使用说明

方　　法	要　　点	描　　述
tuple.index(index)	查询指定索引元素	返回第一个 x 的索引位置，若不存在 x 元素抛出异常
tuple.count(x)	元素计数	返回指定元素 x 在列表 list 中出现的次数

元组查询操作举例如图 3-40 所示。

```
In [15]: a=(1,2,3,4,1,3,4,2,4,5,2)
         print(a)
         print(a.index(2))     #第一个2的索引
         print(a.count(2))     #2出现的次数统计
executed in 30ms, finished 11:22:49 2022-07-24
(1, 2, 3, 4, 1, 3, 4, 2, 4, 5, 2)
1
3
```

图3-40　元组查询操作举例

（四）元组遍历

与列表遍历完全相同，支持索引遍历和元素遍历两种方式，如图 3-41 和图 3-42 所示。

```
In [16]: a=(1,2,3,4,5)
         b=(
             (10,20,30),
             ('a','b','c')
             )
         # 索引遍历
         for i in range(5):
             print(a[i],end='\t')
         print()
         print("-"*50)
         for i in range(2):
             for j in range(3):
                 print(b[i][j],end='\t')
         executed in 30ms, finished 11:26:04 2022-07-24
         1    2    3    4    5
         --------------------------------------------------
         10   20   30   a    b    c
```

图3-41　元组索引遍历

```
In [17]: # 元素遍历
         for i in a:
             print(i,end='\t')
         print()
         print("-"*50)
         for i in b:                #遍历每一行
             for j in i:            #在每一行中再遍历每一个元素
                 print(j,end='\t')
         executed in 40ms, finished 11:27:25 2022-07-24
         1    2    3    4    5
         --------------------------------------------------
         10   20   30   a    b    c
```

图3-42　元组元素遍历

任务四　集　　合

Python 的集合（set）是大小可变、元素不可变、元素不可重复、数据无序的数据序列，集合操作包括创建、增加、删除、运算、遍历等。集合的应用场景主要用于数据的去重处理，去重后集合中的每一个元素都是唯一值，且集合是无序的弹性数据容器，数据元素没有位置序号索引，因此集合没有对元素的选取、排序、查询等操作。

（一）创建

1. 大括号{}创建

创建方式同列表完全相同，仅把列表中括号 [] 换成大括号 {}，如图 3-43 所示。

项目三　常用数据结构及应用

```
In [1]: # 大括号创建集合
        a={1,2,3,2,3,1}        #集合
        b={1,}                 #一个元素的集合
        c={}                   #空集合
        print(a)
        print(b)
        print(c)
        executed in 30ms, finished 11:54:03 2022-07-24
        {1, 2, 3}
        {1}
        {}
```

图3-43　大括号创建

2. set()函数创建

可以使用 set() 函数将可迭代数据转换为集合，同时完成去重操作，如图 3-44 所示。

```
In [2]: # set函数创建
        a=[1,2,3,1,3,4]        #a为列表
        b=set(a)               #使用set函数将列表转换为集合,同时去除重复数据
        print(b)
        executed in 30ms, finished 11:54:59 2022-07-24
        {1, 2, 3, 4}
```

图3-44　set()函数创建

3. 推导式创建

集合也可以使用推导式创建，语法格式同列表推导式类似，只是将中括号 [] 换成大括号 {}，如图 3-45 所示。

```
In [3]: # 集合推导式
        a={x for x in range(1,10) }
        b={x for x in range(1, 100) if x % 9 == 0}
        c={x**2 if x%2==0 else x**3  for x in range(1,10) }
        d= {(i,j)for i in range(5) if i %2!=0 for j in range(5) if j%2==0}
        #(i, j)必须为元组,因为集合元素不可变,元组不可变,列表[i,j]将报错
        print(a)
        print(b)
        print(c)
        print(d)
        executed in 30ms, finished 11:57:48 2022-07-24
        {1, 2, 3, 4, 5, 6, 7, 8, 9}
        {99, 36, 72, 9, 45, 81, 18, 54, 90, 27, 63}
        {64, 1, 4, 36, 16, 343, 729, 27, 125}
        {(1, 2), (3, 4), (1, 4), (3, 0), (1, 0), (3, 2)}
```

图3-45　推导式创建

（二）元素增减

1. add()方法

add() 方法增加单个元素，如图 3-46 所示。

73

```
In [4]: a={1,2}
        a.add(2)     #自动去重
        a.add(3)
        a.add(4)
        print(a)
        executed in 20ms, finished 12:01:00 2022-07-24
        {1, 2, 3, 4}
```

图3-46 集合元素单个增加

2. update()方法

update() 方法批量增加，如图 3-47 所示。

```
In [5]: a={1,2}
        b=set(['a','b','c'])
        a.update(b)
        print(a)
        executed in 20ms, finished 12:01:55 2022-07-24
        {1, 2, 'c', 'a', 'b'}
```

图3-47 集合元素批量增加

3. remove()方法

remove(x) 减少元素，如图 3-48 所示。

```
In [6]: a=set(['a','b','c'])
        a.remove('b')     #移除集合元素2
        print(a)
        executed in 30ms, finished 12:03:25 2022-07-24
        ['a', 'c']
```

图3-48 集合元素减少

（三）集合运算

集合运算的使用说明见表 3-4。

表3-4 使用说明

集合运算	方法	运算符	关系图
交集	alist.intersection(blist)	&（且关系）	
差集	alist.difference(blist)	-	
并集	alist.union(blist)	|（或关系）	

（续）

集合运算	方法	运算符	关系图
对称差集	alist.symmetric_difference(blist)	^	
是否父集	alist.issuperset(blist)	>=	
是否子集	alist.issubset(blist)	<=	

集合运算举例如图 3-49 所示。

```
In [7]:  # 集合运算
         a=set([1,2,3,4,5])
         b=set([2,5,7,8])
         c=set([3,5])

         print('交集:', a.intersection(b))
         print('并集:', a.union(b))
         print('差集:', a.difference(b))
         print('对称差集:', a.symmetric_difference(b))
         print('子集判断:', a.issubset(b))
         print('父集判断:', a.issuperset(c))

executed in 30ms, finished 12:05:25 2022-07-24

交集: {2, 5}
并集: {1, 2, 3, 4, 5, 7, 8}
差集: {1, 3, 4}
对称差集: {1, 3, 4, 7, 8}
子集判断: False
父集判断: True
```

图3-49　集合运算举例

（四）集合遍历

集合元素是无序的，数据元素没有默认的位置索引序号，因此无法使用索引来遍历集合，集合的遍历只能通过元素遍历方式实现，如图 3-50 所示。

```
In [9]:  a=set(range(5))
         for i in a:        #集合元素遍历
             print(i)

executed in 20ms, finished 12:09:19 2022-07-24

0
1
2
3
4
```

图3-50　集合的元素遍历

任务五　字　　典

字典（dict）在 Python 中是非常重要的一种数据结构，是大小可变、元素无序的"弹性容器", 与列表、元组、集合等单值元素不同, 字典中数据元素是键值对 (key:value) 双值映射结构, 数据为 value, 键 (key) 为数据 (value) 的自定义标签名称, 通过键 (key) 访问对应的数据 (value), 键 (key) 与值 (value) 之间用冒号连接构成一个字典元素, 键值对之间用逗号间隔。字典中 key 不可重复, value 可以重复, key 重复时将自动覆盖原有数据, 实现 value 的修改操作。每个元素的 key 不可变, value 是可变的。字典支持元素的增加、减少、修改等操作, 但不支持对数据的索引操作, 也不支持排序操作。

字典数据结构内部存在三个序列, 在字典元素遍历时经常使用这三个序列: 键值对集合 items、键集合 keys 和值集合 values。

1. 字典创建

以图 3-51 学生信息为例, 将表格数据用字典结构表示。

(1) 大括号{}创建字典, 如图 3-52 所示。

图 3-51 学生信息

图 3-52 大括号创建字典

(2) dict()函数创建字典。dict()函数可以将 key=value 格式转换为{key:value}字典格式, dict()函数中关键字 key 不能加引号, 如图 3-53 所示。

图 3-53 dict()函数创建字典

(3) zip()函数并行迭代创建字典。使用 zip()函数并行迭代, 再结合 dict()函数, 可以快速将列表转换为字典, 如图 3-54 所示。

图 3-54 zip()函数并行迭代创建字典

（4）fromkeys()函数创建字典。fromkeys()函数可以创建"键"为指定的列表，"值"为None的字典，如图3-55所示。

```
In [4]: a = dict.fromkeys(['姓名','性别','年龄'])
        print(a)

        #录入单行数据
        a['姓名']='张三'
        a['性别']='男'
        a['年龄']=18
        print(a)

        #录入多行数据
        a['姓名']=['张三','李四','王五']
        a['性别']=['男','女','男']
        a['年龄']=[18,17,19]
        print(a)

        executed in 30ms, finished 12:31:50 2022-07-24

        {'姓名': None, '性别': None, '年龄': None}
        {'姓名': '张三', '性别': '男', '年龄': 18}
        {'姓名': ['张三','李四','王五'], '性别': ['男','女','男'], '年龄': [18, 17, 19]}
```

图3-55　fromkeys()函数创建字典

（5）推导式创建字典。推导式使用大括号{}和for循环可以快速创建字典，格式同列表推导式相同，只是将数据元素由单值结构转换为双值结构，在实际工作中经常使用推导式创建字典，如图3-56～图3-58所示。

```
In [6]: # 字典推导式
        keys=['姓名','性别','年龄']
        values=['张三','男',18]

        a={k:v for k,v in zip(keys,values)}
        print(a)

        v1=['张三','李四','王五']     #第1列[姓名]->行列表
        v2=['男','女','男']           #第2列[性别]->行列表
        v3=[18,17,19]                 #第3列[年龄]->行列表
        b={k:v for k,v in zip(keys,[v1,v2,v3])}
        print(b)

        executed in 30ms, finished 12:35:21 2022-07-24

        {'姓名': '张三', '性别': '男', '年龄': 18}
        {'姓名': ['张三','李四','王五'], '性别': ['男','女','男'], '年龄': [18, 17, 19]}
```

图3-56　推导式创建字典1

```
In [7]: # 将两个列表合并为一个字典
        k=['姓名','性别','年龄','家庭地址']
        v=['张三','男',18]
        a={k[i]:v[i] for i in range(min(len(k),len(v)))}
        print(a)

        # 提取字典中目标数据再存入字典结构中
        dict={'华为':1000,'苹果':1500,'小米':800,'三星':600}
        a={k:v for k,v in dict.items() if v>=1000}
        print(a)

        executed in 30ms, finished 12:37:08 2022-07-24

        {'姓名': '张三', '性别': '男', '年龄': 18}
        {'华为': 1000, '苹果': 1500}
```

图3-57　推导式创建字典2

```
In [5]: # 字符计数统计
        str="为中国人民谋幸福，为中华民族谋复兴"
        a={k:str.count(k) for k in str}
        print(a)

        # 运行结果
        {'为': 2, '中': 2, '国': 1, '人': 1, '民': 2, '谋': 2,
         '幸': 1, '福': 1, '，': 1, '华': 1, '族': 1, '复': 1, '兴': 1}

        executed in 6ms, finished 21:07:54 2023-04-17
```

图3-58　推导式创建字典3

2. 字典元素选取

字典是无序可变序列，无法通过索引选取数据，但可以通过键获取对应的值，格式同列表相同，中括号 [] 内录入键名字符串，即可获取该键对应的值，若键不存在，则抛出异常，如图 3-59 所示。

```
In [9]: a={'姓名':'张三','性别':'男','年龄':18}
        print(a['姓名'])
        print(a['班级'])    #键不存在，抛出异常
executed in 40ms, finished 12:41:23 2022-07-24

张三
KeyError: '班级'
```

图3-59 通过键获取值

字典也可以使用 get() 方法获取值，此时若指定键不存在，返回 None，如图 3-60 所示。

```
In [10]: # 字典的get()方法获取值
         a={'姓名':'张三','性别':'男','年龄':18}
         print(a.get('姓名'))
         print(a.get('班级'))                 #键不存在返回None
         print(a.get('籍贯',"浙江杭州"))       #键不存在返回None
executed in 30ms, finished 12:43:44 2022-07-24

张三
None
浙江杭州
```

图3-60 通过get()方法获取值

3. 字典增加与修改

字典的元素为 key:value 键值对结构，键值对是可以增减的，但每个键值对的键是不可改变的，值是可变的。给字典新增键值对时，如果键已经存在，则覆盖键对应的值，实现修改；如果键不存在，则新增键值对。实现字典元素的增加也可以使用字典 update() 将新字典中所有键值对全部添加到旧字典对象上，如果键有重复，则直接覆盖，如图 3-61 所示。

```
In [13]: a={'姓名':'张三','性别':'男','年龄':18}
         print(a)

         a['姓名']='李四'           #键存在，实现值的修改
         print(a)

         a['班级']='会计1班'        #键不存在，实现键值对的增加
         print(a)

         b={'基础会计':85,'成本会计':72,'年龄':20}
         a.update(b)              #字典更新
         print(a)
executed in 30ms, finished 12:49:40 2022-07-24

{'姓名':'张三','性别':'男','年龄':18}
{'姓名':'李四','性别':'男','年龄':18}
{'姓名':'李四','性别':'男','年龄':18,'班级':'会计1班'}
{'姓名':'李四','性别':'男','年龄':20,'班级':'会计1班','基础会计':85,'成本会计':72}
```

图3-61 字典元素的增加与修改

4. 字典删除

（1）pop()方法。删除指定键值对，并返回对应的值，如图3-62所示。

```
In [14]: a={'姓名':'张三','性别':'男','年龄':18}
         b=a.pop('年龄')        #删除
         print(a)
         print(b)
         executed in 40ms, finished 12:54:00 2022-07-24
         {'姓名': '张三', '性别': '男'}
         18
```

图3-62　pop()方法删除

（2）popitem()方法。随机删除，并返回该键值对元组(key，value)，如图3-63所示。

```
In [15]: a={'姓名':'张三','性别':'男','年龄':18}
         b=a.popitem()         #删除
         print(a)
         print(b)
         executed in 20ms, finished 12:55:09 2022-07-24
         {'姓名': '张三', '性别': '男'}
         ('年龄', 18)
```

图3-63　popitem()方法删除

（3）clear()方法。删除所有键值对，字典变为空字典，字典本身没有删除，如图3-64所示。

```
In [16]: a={'姓名':'张三','性别':'男','年龄':18}
         print(a)
         a.clear()
         print(a)
         executed in 30ms, finished 12:55:55 2022-07-24
         {'姓名': '张三', '性别': '男', '年龄': 18}
         {}
```

图3-64　字典清空

（4）del(字典['键'])。内置函数删除指定的键值对，不返回值，如图3-65所示。

```
In [17]: a={'姓名':'张三','性别':'男','年龄':18}
         print(a)
         del(a['性别'])
         print(a)
         executed in 30ms, finished 12:56:37 2022-07-24
         {'姓名': '张三', '性别': '男', '年龄': 18}
         {'姓名': '张三', '年龄': 18}
```

图3-65　内置函数删除字典元素

（5）del(字典)。内置函数删除整个字典对象，如图3-66所示。

```
In [18]: a={'姓名':'张三','性别':'男','年龄':18}
         print(a)
         del(a)
         print(a)
         executed in 40ms, finished 12:57:06 2022-07-24
         {'姓名': '张三', '性别': '男', '年龄': 18}
         NameError: name 'a' is not defined
```

图3-66　删除字典对象

5. 字典查询

字典的查询主要是在字典的三个集合中进行查询操作。

（1）字典items()方法查询所有键值对。

（2）字典keys()方法查询所有键。

（3）字典values()方法查询所有值。

（4）len()内置函数查询键值对个数。

（5）in运算符检测键是否存在。

字典查询操作举例如图3-67所示。

```
In [19]: a={'姓名':'张三','性别':'男','年龄': 20}
         print(list(a.items()))
         print(list(a.keys()))
         print(list(a.values()))
         print(len(a))
         print('姓名' in a)
         print('张三' in a)

         executed in 30ms, finished 13:00:16 2022-07-24

         [('姓名', '张三'), ('性别', '男'), ('年龄', 20)]
         ['姓名', '性别', '年龄']
         ['张三', '男', 20]
         3
         True
         False
```

图3-67　字典查询操作举例

6. 字典遍历

字典是无序可变序列，不支持索引遍历，只能采用元素遍历。字典内部包含三个集合对象，字典的遍历可以在这三个集合对象中进行。

（1）字典items()方法查询所有键值对。

（2）字典keys()方法查询所有键。

（3）字典values()方法查询所有值。

虽然字典是无序的，但也可以使用enumerate()枚举函数转换为有序列表后再进行遍历。

字典遍历如图3-68～图3-71所示。

```
In [25]: a={'姓名':'张三','性别':'男','年龄':18}
         for item in a:              #单变量遍历时不能使用a.items()方法
             print(item,a[item])
         print('-'*50)

         for k,v in a.items():       #双变量遍历时使用a.items()方法
             print(k,v)
         print('-'*50)

         executed in 17ms, finished 13:07:29 2022-07-24

         姓名 张三
         性别 男
         年龄 18
         --------------------------------------------------
         姓名 张三
         性别 男
         年龄 18
         --------------------------------------------------
```

图3-68　字典的遍历1

```
In [26]: # 遍历字典的键
         for k in a.keys():      #遍历键列表时使用a.keys()方法
             print(k)
         print('-'*50)
         executed in 20ms, finished 13:08:16 2022-07-24
         姓名
         性别
         年龄
```

图3-69 字典的遍历2

```
In [27]: # 遍历字典的值
         for v in a.values():    #遍历键列表时使用a.values()方法
             print(v)
         executed in 30ms, finished 13:08:45 2022-07-24
         张三
         男
         18
```

图3-70 字典的遍历3

```
In [3]: a={'姓名':'张三','性别':'男','年龄':18}
        b=list(enumerate(a))
        print(b)
        for i in range(len(b)):
            print(a[b[i][1]])
        executed in 26ms, finished 15:11:54 2022-10-11
        [(0, '姓名'), (1, '性别'), (2, '年龄')]
        张三
        男
        18
```

图3-71 字典的遍历4

任务六 Array数组

1. 数组概述

数组（Array）不是 Python 的内置数据类型，它是由第三方库 NumPy(Numerical Python) 提供的一种数据结构，该库是一个科学计算基础库，核心类型为多维数组类型 NdArray（别名 Array），它提供大量的科学计算工具包和数学函数库，支持大量维度数组的矩阵运算和向量处理，数据操作非常方便，而且计算速度非常快，是大数据分析的基础库。后续我们将要学习的 Pandas 库也是以 Numpy 库为基础的。

数组主要用于数值类型数据的处理，包括整型、浮点型、布尔型等，不适用于非数值型数据的处理。最常用的数组结构是一维数组和二维数组，数组只支持序号索引，不支持名称索引，行索引和列索引均为从 0 开始的自然数序列，在数组元素选取时常使用序号索引。

数组的常用属性见表 3-5。

表3-5 数组的常用属性

属 性	说 明	举 例
array.ndim	秩 即轴的数量或维度的数量	一维数组，一行 N 列，用 x 轴表示，秩为 1 二维数组，N 行 M 列，用 x 轴和 y 轴表示，秩为 2
array.shape	数组的维度：元组 即数组的行数或列数或块数	一维数组 (n,)　　1 行 n 列 (n,) 二维数组 (n,m)　　n 行 m 列 (n,m)
array.size	数组元素的总个数	一维数组 (n,)　　1*n 二维数组 (n,m)　　n*m
array.dtype	array 对象的元素类型	整型、浮点型、布尔型等数值类型
array.itemsize	array 对象中每个元素的大小，以字节为单位	

2. 数组创建

（1）array()函数创建数组。array()函数用于将序列转换为数组，可以将列表（list）、元组（tuple）和集合（set）转换为数组。在序列结构中元素之间用逗号分割，在数组中元素之间用空格分割。注意数组不能使用中括号[]直接创建。以列表转换为数组为例，如图3-72所示。

```
In [3]: import numpy as np
        a_list=[1,2,3,4]
        a_array=np.array(a_list)
        print(a_list)
        print(a_array)
        print("-"*50)
        b_list=[
            [1,2,3],
            [4,5,6],
            [7,8,9]
        ]
        b_array=np.array(b_list)
        print(b_list)
        print(b_array)
```
executed in 23ms, finished 19:33:00 2022-07-25

```
[1, 2, 3, 4]
[1 2 3 4]
--------------------------------------------------
[[1, 2, 3], [4, 5, 6], [7, 8, 9]]
[[1 2 3]
 [4 5 6]
 [7 8 9]]
```

图3-72　array()函数创建数组

（2）arange()函数创建数组。arange()函数也可以快速创建一维数组，语法格式如下：

numpy.arange(start, stop, step, dtype)

start：起始值，默认为 0

stop：终止值（不包含）

step：步长，默认为 1

dtype：设置元素数据类型，默认为整型

arange() 函数的使用方法与 Python 中内置函数 range() 基本相同，相当于使用 array() 函数将 range() 函数生成的可迭代对象转换为数组类型，如图 3-73 所示。

```
In [4]: a_array=np.arange(10)
        print(a_array)
        print("*"*30)
        b_array=np.arange(2,10,2)
        print(b_array)
        executed in 20ms, finished 19:36:39 2022-07-25
        [0 1 2 3 4 5 6 7 8 9]
        ******************************
        [2 4 6 8]
```

图3-73　arange()函数创建数组

（3）random工具包创建随机数组。使用numpy库中的random工具包，可以生成各种随机数组，如图3-74～图3-76所示。

```
In [12]: # 生成[0.0, 1.0)范围的随机数,包含0,不包含1
         # numpy.random.rand(size=None)
         a_array=np.random.rand(5)
         b_array=np.random.rand(2,3)
         print(a_array)
         print("-"*50)
         print(b_array)
         executed in 30ms, finished 19:44:03 2022-07-25
         [0.03562117 0.49487544 0.21895676 0.21111527 0.69724471]
         --------------------------------------------------
         [[0.13158857 0.39851617 0.81946234]
          [0.89809804 0.0558438  0.65847944]]
```

图3-74　生成随机数组1

```
In [19]: # 生成[low,high]之间的整数数组,low默认值为0,可以缺省,high不可缺省,
         # numpy.random.randint(low, high, size)
         a_array=np.random.randint(1,5,5)
         b_array=np.random.randint(1,10,(3,4))
         print(a_array)
         print("-"*50)
         print(b_array)
         executed in 21ms, finished 19:47:43 2022-07-25
         [1 2 1 2 3]
         --------------------------------------------------
         [[2 1 1 1]
          [7 9 8 3]
          [3 2 1 4]]
```

图3-75　生成随机数组2

```
In [20]: # 生成正态分布（高斯分布）loc: 期望 scale: 方差 ,size 形状
         # np.random.normal(loc, scale, size)
         a_array=np.random.normal(0,1,(3,3))
         print(a_array)
         executed in 20ms, finished 19:49:26 2022-07-25
         [[-0.8927445   0.12531352  0.01585868]
          [-0.84590642 -0.21681371 -0.36228966]
          [-0.70425985 -0.88375534 -0.6131445 ]]
```

图3-76　生成随机数组3

（4）特种数组创建特殊数组。使用numpy中的特种数组，可以生成一些特殊的数组，如图3-77所示。

```
In [51]: # 生成元素全部为0的数组:numpy.zeros(shape) shape-形状元组
         # 生成元素全部为1的数组:numpy.ones(shape)
         # 一维等差数组：
         # np.linspace(start, stop, num=50, endpoint=True, retstep=False, dtype=None)
         # 填充数组
         # np.full(shape, fill_value, dtype=None, order='C')
         import numpy as np
         print(np.zeros((2,3)))
         print(np.ones((2,2)))
         print(np.full((3,3),8))
         executed in 20ms, finished 20:16:40 2022-07-25
[[0. 0. 0.]
 [0. 0. 0.]]
[[1. 1.]
 [1. 1.]]
[[8 8 8]
 [8 8 8]
 [8 8 8]]
```

图3-77 特种数组创建特殊数组

（5）文本文件提取数据到数组。实际工作中经常从文本文件中读取数据到数组中，常见类型为TXT或者CSV格式，提取语法格式如下：

np.loadtxt(fname,delimiter=None,skiprows=0,usecols=None,encoding='bytes')

fname: 文件路径及名称

delimiter=None: 分隔符，默认值为 None 表示无分隔符，一般设置为英文逗号

skiprows=0: 跳过的行数，若含有表头行，则需要设置

usecols=None: 默认值 None 表示使用所有列，使用部分列时以列表形式列示

encoding='bytes': 编码方式，常见编码方式为 utf-8 或 GBK 格式

例如，从成绩.csv 中提取数据到数组中，如图 3-78 所示。

```
In [21]: score=np.loadtxt('成绩.csv',dtype='float',delimiter=',',skiprows=1,encoding='utf-8')
         score
         executed in 30ms, finished 11:23:28 2022-07-31
Out[21]: array([[74.,  7.],
                [49., 48.],
                [31., 48.],
                [10., 47.],
                [61.,  0.],
                [62., 83.],
                [90., 13.],
                [77., 72.],
                [76., 68.],
                [55., 79.],
                [10., 34.],
                [83.,  3.],
                [16., 80.],
                [44., 45.],
                [76., 82.],
                [78., 91.],
                [41., 67.],
                [37., 89.],
                [60., 47.],
                [35., 51.]])
```

图3-78 提取数据到数组中

同时也可以将数组数据保存到文件中，实现数据的物理存储，常用的存储格式也是

TXT 或 CSV 格式，存储语法格式如下：

np.savetxt(fname, X, fmt='', delimiter=' ', newline='\n', header='', encoding=None)
fname：文件名
X：数组
fmt：数据格式
delimiter：数据分隔符，默认逗号
newline='\n'：换行符
header：表头字段列表字符串格式
encoding：编码方式

例如，将成绩数据保存到"成绩.txt"文件中，如图3-79所示。

```
In [24]: np.savetxt('成绩.txt.',score,fmt="%.2f",header="语文,数学")
executed in 30ms, finished 11:32:35 2022-07-31
```

图3-79　存储数组到文本文件中

3. 数组选取

数组支持所有的选取方式：索引选取、切片选取、列表选取、布尔选取以及函数选取。

（1）索引选取：数组行列索引均为序号索引，均从0开始，用于单个元素的选取，格式为"数组[行索引，列索引]"，或者"数组[行索引][列索引]"，如图3-80所示。

```
In [54]: a=np.array([[1,2,3],[4,5,6],[7,8,9]])
print(a)
print(a[1][1])      # a[行索引]第2行,再选取该行的第2个元素
print(a[1,1])       # a[行索引,列索引]，该方式是最常用格式
executed in 30ms, finished 20:29:02 2022-07-25
[[1 2 3]
 [4 5 6]
 [7 8 9]]
5
5
```

图3-80　数组索引选取举例

（2）切片选取：用于数组中规律数据的选取，支持多维切片器。格式为"数组[行切片器，列切片器]"，切片器语法格式如下：

start：end：step
start：开始位置，默认值为0
end：结束位置，不含end自身，藏头露尾
step：步长，非必需，默认值为1

数组的切片选取如图3-81所示。

（3）列表选取：数组元素自定义数据选取，一般用于无规律数据选取。格式为"数组[行索引列表，列索引列表]"，如图3-82所示。

```
In [65]: a=np.array([[1,2,3],[4,5,6],[7,8,9]])
         print(a[1:3])          # 选取第2,3两行
         print("-"*30)
         print(a[:,1:3])         # 选取第2,3两列
         print("-"*30)
         print(a[1:3,1:3])       # 选取 一块连续的区域
executed in 30ms, finished 20:42:13 2022-07-25

[[4 5 6]
 [7 8 9]]
------------------------------
[[2 3]
 [5 6]
 [8 9]]
------------------------------
[[5 6]
 [8 9]]
```

图3-81　数组切片选取示例

```
In [74]: a=np.array([[1,2,3],[4,5,6],[7,8,9]])
         print(a[[0,2]])         # 第1行, 第3行
         print("-"*30)
         print(a[:,[0,2]])       # 第1列, 第3列
         print("-"*30)
         print(a[[0,2],[0,2]])   # 需求(0,0),(2,2)两个元素
executed in 40ms, finished 20:51:30 2022-07-25

[[1 2 3]
 [7 8 9]]
------------------------------
[[1 3]
 [4 6]
 [7 9]]
------------------------------
[1 9]
```

图3-82　数组列表选取示例

（4）布尔选取：数据元素的条件选取，对数组的每一个元素都进行逻辑运算，保留结果为True的数据元素，舍弃结果为False的数据，返回值为一维数组，如图3-83所示。在大数据分析时经常使用布尔选取进行清洗，剔除不合格数据，保留需要的数据进行大数据分析。

```
In [78]: a=np.array([[1,2,3],[4,5,6],[7,8,9]])
         print(a%2==1)           # 对每一个元素进行对齐运算,判断是否为奇数
         print("-"*30)
         print(a[a%2==1])        # 布尔选取所有的奇数
executed in 30ms, finished 21:02:28 2022-07-25

[[ True False  True]
 [False  True False]
 [ True False  True]]
------------------------------
[1 3 5 7 9]
```

图3-83　数组布尔选取示例

除了布尔选取外，Numpy 库中还提供了 extract() 函数，用于提取数组中满足条件的数据元素，返回一维数组，如图 3-84 所示。

```
In [4]: a=np.array([[1,2,3],[4,5,6],[7,8,9]])
        b=np.extract(a%2==1,a)
        b
        executed in 42ms, finished 10:32:40 2022-07-31
Out[4]: array([1, 3, 5, 7, 9])
```

图3-84 数据元素的提取

4. 数组增加

（1）np.append(arr,values,axis=None)，当axis=None时，将数组转换为一维数组后再增加元素；当axis=0时，增加行元素；当axis=1时，增加列元素。np.append()函数可以向数组末尾添加元素。如图3-85～图3-87所示。

```
In [99]: a=np.array([[1,2,3],[4,5,6],[7,8,9]])    # 3*3 数组
         b=np.array([8,8,8])                      # 1*3 数组
         c=np.append(a,b,axis=None)
         print(c)
         executed in 30ms, finished 21:46:23 2022-07-25
         [1 2 3 4 5 6 7 8 9 8 8 8]
```

图3-85 数组的增加示例1

```
In [97]: a=np.array([[1,2,3],[4,5,6],[7,8,9]])    # 3*3 数组
         b=np.array([[8,8,8]])                    # 1*3 数组
         c=np.append(a,b,axis=0)
         print(c)
         executed in 20ms, finished 21:36:52 2022-07-25
         [[1 2 3]
          [4 5 6]
          [7 8 9]
          [8 8 8]]
```

图3-86 数组的增加示例2

```
In [95]: a=np.array([[1,2,3],[4,5,6],[7,8,9]])    # 3*3 数组
         b=np.array([[8],[8],[8]])                # 3*1 数组
         c=np.append(a,b,axis=1)
         print(c)
         executed in 20ms, finished 21:36:39 2022-07-25
         [[1 2 3 8]
          [4 5 6 8]
          [7 8 9 8]]
```

图3-87 数组的增加示例3

（2）np.insert(arr,index,values,axis=None)，np.insert()函数可以实现数组行数据或列数据的插入操作，可以向数组中给定位置添加元素，轴向axis参数含义同上，如图3-88～图3-90所示。

```
In [116]: a=np.array([[1,2,3],[4,5,6],[7,8,9]])
          b=np.array([8,8,8])                    # 一维数组
          c=np.insert(a,1,b,axis=None)
          print(c)
executed in 30ms, finished 22:05:12 2022-07-25
[1 8 8 8 2 3 4 5 6 7 8 9]
```

图3-88　数组的插入示例1

```
In [114]: a=np.array([[1,2,3],[4,5,6],[7,8,9]])
          b=np.array([8,8,8])                    # 一维数组
          c=np.insert(a,1,b,axis=0)              # 第2行前插入1行
          print(c)
executed in 30ms, finished 22:03:52 2022-07-25
[[1 2 3]
 [8 8 8]
 [4 5 6]
 [7 8 9]]
```

图3-89　数组的插入示例2

```
In [115]: a=np.array([[1,2,3],[4,5,6],[7,8,9]])
          b=np.array([8,8,8])                    # 一维数组
          c=np.insert(a,1,b,axis=1)              # 在第2列前插入1列
          print(c)
executed in 30ms, finished 22:04:25 2022-07-25
[[1 8 2 3]
 [4 8 5 6]
 [7 8 8 9]]
```

图3-90　数组的插入示例3

5. 数组删除

np.delete(arr,obj,axis=None)，轴向 axis 参数含义同上，如图 3-91～图 3-93 所示。

```
In [107]: a=np.array([[1,2,3],[4,5,6],[7,8,9]])
          b=np.delete(a,1,axis=None)
          print(b)
executed in 20ms, finished 21:52:40 2022-07-25
[1 3 4 5 6 7 8 9]
```

图3-91　数组的删除示例1

```
In [105]: a=np.array([[1,2,3],[4,5,6],[7,8,9]])
          b=np.delete(a,1,axis=0)                #删除第2行
          print(b)
executed in 30ms, finished 21:52:29 2022-07-25
[[1 2 3]
 [7 8 9]]
```

图3-92　数组的删除示例2

```
In [106]: a=np.array([[1,2,3],[4,5,6],[7,8,9]])
          b=np.delete(a,1,axis=1)              #删除第2列
          print(b)
          executed in 20ms, finished 21:52:35 2022-07-25

          [[1 3]
           [4 6]
           [7 9]]
```

图3-93　数组的删除示例3

6. 数组修改

（1）索引修改。修改数组元组时，先选取对应的数据，然后直接修改即可，如图3-94～图3-96所示。

```
In [4]: a=np.array([[1,2,3],[4,5,6],[7,8,9]])
        # 修改单个元素，下面两种方式均可
        a[1][1]=100           # [行索引][列索引]
        a[2,2]=1000           # [行索引,列索引]
        a
        executed in 23ms, finished 22:26:12 2022-07-27

Out[4]: array([[   1,    2,    3],
               [   4,  100,    6],
               [   7,    8, 1000]])
```

图3-94　修改单个元素

```
In [5]: a=np.array([[1,2,3],[4,5,6],[7,8,9]])
        # 修改第1行
        a[1]=10
        a
        executed in 15ms, finished 22:28:10 2022-07-27

Out[5]: array([[ 1,  2,  3],
               [10, 10, 10],
               [ 7,  8,  9]])
```

图3-95　修改某一行数据

```
In [8]: a=np.array([[1,2,3],[4,5,6],[7,8,9]])
        # 修改第1列
        a[:,1]=10
        a
        executed in 23ms, finished 22:29:53 2022-07-27

Out[8]: array([[ 1, 10,  3],
               [ 4, 10,  6],
               [ 7, 10,  9]])
```

图3-96　修改某一列数据

（2）布尔索引修改。例如，将数组中的奇数修改为100，如图3-97所示。

```
In [9]: a=np.array([[1,2,3],[4,5,6],[7,8,9]])
        # 布尔索引修改
        a[a%2==1]=100
        a
executed in 20ms, finished 22:31:35 2022-07-27

Out[9]: array([[100,   2, 100],
               [  4, 100,   6],
               [100,   8, 100]])
```

图3-97 布尔索引修改数据

（3）np.where()函数修改。该函数具有数据定位与数据替换两个功能：

1）数据定位：np.where(条件判断)，返回判断为True对应元素的行、列索引元组。

2）数据替换：np.where(条件判断,True时替换值,False时替换值)，类似于Excel中IF函数的功能。

数组元素的定位与替换如图3-98所示。

```
In [81]: a=np.array([[1,2,3],[4,5,6],[7,8,9]])
         b=np.where(a%2==1)
         # 返回数组中奇数元素的行索引数组与列索引数组构成的元组
         print(b)
         c=np.where(a%2==1,100,-50)
         # 将满足条件的替换为100,不满足条件的替换为-50,常用语数据清洗
         print(c)
executed in 20ms, finished 21:07:30 2022-07-25

(array([0, 0, 1, 2, 2], dtype=int64), array([0, 2, 1, 0, 2], dtype=int64))
[[ 100  -50  100]
 [ -50  100  -50]
 [ 100  -50  100]]
```

图3-98 数组元素的定位与替换

7. 数组变形

（1）reshape()方法。对数组进行附件操作，返回变形后的新数组，原数组不变，如图3-99所示。

```
In [26]: a=np.arange(6)
         print(a)
         b=a.reshape((3,2)) # 附件操作,变形后返回新数组,a数组不变
         print(a)
         print(b)
executed in 17ms, finished 22:56:06 2022-07-27

[0 1 2 3 4 5]
[0 1 2 3 4 5]
[[0 1]
 [2 3]
 [4 5]]
```

图3-99 reshape()方法进行数组变形

（2）resize()方法。对数组进行原位操作，无返回值，如图3-100所示。

```
In [27]: a=np.arange(6)
         print(a)
         b=a.resize((3,2))    # 原件操作,修改原数组,无返回值
         print(a)
         print(b)
         executed in 15ms, finished 22:57:54 2022-07-27
         [0 1 2 3 4 5]
         [[0 1]
          [2 3]
          [4 5]]
         None
```

图3-100　resize()方法进行数组变形

（3）扁平化处理。

1）flatten() 方法，将多维数组转换为一维数组，返回一份拷贝，对拷贝所做的修改不会影响原始数组，如图 3-101 所示。

```
In [34]: a=np.array([[1,2,3],[4,5,6]])
         print(a)
         b=a.flatten()        # 返回a数组的copy附表,对b所做的修改,不影响a
         b[1]=1000            # 修改副本的值
         print(b)
         print(a)             #不影响a数组
         executed in 8ms, finished 23:19:37 2022-07-27
         [[1 2 3]
          [4 5 6]]
         [   1 1000    3    4    5    6]
         [[1 2 3]
          [4 5 6]]
```

图3-101　flatten()方法数组扁平化

2）ravel() 方法，返回视图（view），对拷贝所做的修改将会影响原始数组，如图 3-102 所示。

```
In [33]: a=np.array([[1,2,3],[4,5,6]])
         print(a)
         b=a.ravel()          # 返回a数组的view附表,对数据的引用不变,修改b时同步修改a
         b[1]=1000            # 修改副本的值
         print(b)
         print(a)             # 影响a数组
         executed in 16ms, finished 23:18:44 2022-07-27
         [[1 2 3]
          [4 5 6]]
         [   1 1000    3    4    5    6]
         [[   1 1000    3]
          [   4    5    6]]
```

图3-102　ravel()方法扁平化操作

（4）数组的转置。transpose()方法实现数组的转置操作，也可以简化为T，如图3-103和图3-104所示。

```
In [41]: a=np.array([[1,2,3],[4,5,6]])
         print(a)
         b=a.transpose()
         print(a)
         print(b)
         executed in 5ms, finished 23:24:59 2022-07-27
         [[1 2 3]
          [4 5 6]]
         [[1 2 3]
          [4 5 6]]
         [[1 4]
          [2 5]
          [3 6]]
```

图3-103　数组的转置

```
In [42]: a=np.array([[1,2,3],[4,5,6]])
         print(a)
         b=a.T
         print(a)
         print(b)
         executed in 10ms, finished 23:25:30 2022-07-27
         [[1 2 3]
          [4 5 6]]
         [[1 2 3]
          [4 5 6]]
         [[1 4]
          [2 5]
          [3 6]]
```

图3-104　数组的转置（简化为T）

（5）数据类型转换。astype()方法可以强制修改数组的数据类型，返回转换后的新数组，并不改变原始数组。在大数据分析时，经常使用该方法进行数据类型的转换，如图3-105所示。

```
In [10]: a=np.array([[1,2,3],[4,5,6]])
         print(a)
         print("-"*30)
         b=a.astype(np.float64)
         print(b)
         print("-"*30)
         print(a)
         executed in 14ms, finished 20:45:35 2022-07-30
         [[1 2 3]
          [4 5 6]]
         ------------------------------
         [[1. 2. 3.]
          [4. 5. 6.]]
         ------------------------------
         [[1 2 3]
          [4 5 6]]
```

图3-105　数据类型的强制转换

8. 数组组合

数组组合用于将多个数组组合成一个数组，用于多表联合，使用说明见表3-6。

表3-6 数组组合使用说明

方　　法	说　　明	举　　例
np.hstack(a_array,b_array)	水平拼接，a_array 在左	增加列
np.vstack(a_array,b_array)	垂直拼接，a_array 在上	增加行
np.concatenate((a1,a2,…),axis)	自定义拼接方向	axis=0: 垂直方向追加行 axis=1: 水平方向追加列

数组组合举例如图 3-106 ～图 3-110 所示。

```
In [6]: a=np.arange(0,6).reshape(2,3)
        b=np.arange(6,12).reshape(2,3)
        print(a)
        print("-"*30)
        print(b)
executed in 40ms, finished 10:46:59 2022-07-31

[[0 1 2]
 [3 4 5]]
------------------------------
[[ 6  7  8]
 [ 9 10 11]]
```

图3-106　创建2个基础数组

```
In [8]: c=np.concatenate((a,b),axis=0)    # 行拼接,增加行
        c
executed in 14ms, finished 10:49:00 2022-07-31

Out[8]: array([[ 0,  1,  2],
               [ 3,  4,  5],
               [ 6,  7,  8],
               [ 9, 10, 11]])
```

图3-107　concatenate函数纵向行合并

```
In [10]: c=np.vstack((a,b))
         c
executed in 40ms, finished 10:52:49 2022-07-31

Out[10]: array([[ 0,  1,  2],
                [ 3,  4,  5],
                [ 6,  7,  8],
                [ 9, 10, 11]])
```

图3-108　vstack函数纵向行合并

```
In [11]: d=np.concatenate((a,b),axis=1)   # 列拼接,增加列
         d
executed in 18ms, finished 10:54:28 2022-07-31

Out[11]: array([[ 0,  1,  2,  6,  7,  8],
                [ 3,  4,  5,  9, 10, 11]])
```

图3-109　concatenate函数横向列合并

```
In [12]: d=np.hstack((a,b))
         d
         executed in 30ms, finished 10:55:50 2022-07-31
Out[12]: array([[ 0,  1,  2,  6,  7,  8],
                [ 3,  4,  5,  9, 10, 11]])
```

图3-110　hstack函数横向列合并

多个数组合并操作时，较多使用 concatenate() 函数，通过控制 axis 轴向参数，更加灵活便捷。

9. 数组拆分

数组拆分用于将一个数组拆分为多个数组，用于数组的分类整理，使用说明见表 3-7。

表3-7　数组拆分使用说明

方　　法	说　　明
np.hsplit(ary, indices_or_sections)	水平方向分割
np.vsplit(ary, indices_or_sections)	垂直方向分割
np.split(ary, indices_or_sections, axis)	自定义方向分割。axis=0，垂直方向减少行；axis=1，水平方向减少列

数组拆分举例如图 3-111 ～图 3-113 所示。

```
In [15]: a=np.arange(54).reshape(6,9)
         a
         executed in 30ms, finished 11:02:20 2022-07-31
Out[15]: array([[ 0,  1,  2,  3,  4,  5,  6,  7,  8],
                [ 9, 10, 11, 12, 13, 14, 15, 16, 17],
                [18, 19, 20, 21, 22, 23, 24, 25, 26],
                [27, 28, 29, 30, 31, 32, 33, 34, 35],
                [36, 37, 38, 39, 40, 41, 42, 43, 44],
                [45, 46, 47, 48, 49, 50, 51, 52, 53]])
```

图3-111　创建6×9数组

```
In [16]: b=np.split(a,2,axis=0)   # 从第3行分割，返回分割后的数组列表
         print(b[0])
         executed in 30ms, finished 11:02:37 2022-07-31
[[ 0  1  2  3  4  5  6  7  8]
 [ 9 10 11 12 13 14 15 16 17]
 [18 19 20 21 22 23 24 25 26]]
```

图3-112　按索引进行行分割

```
In [18]: c=np.split(a,[2,5,7],axis=1)   # 以列索引2,5,7位断点，分割为4份
         print(c[2])
         executed in 30ms, finished 11:07:08 2022-07-31
[[ 5  6]
 [14 15]
 [23 24]
 [32 33]
 [41 42]
 [50 51]]
```

图3-113　按列表进行列分割

10. 数组函数运算

在大数据分析时经常使用数组的统计分析函数，所有的函数均具有轴向运算，使用 axis 参数控制，参数的函数同轴向操作相同。常用的数组运算函数见表 3-8。

以学生成绩清洗为例，初始数据保存在"score.csv"文件中，如图 3-114 所示。

表3-8 常用的数组运算函数

函数	功能
np.sum()	求和
np.prod()	所有元素相乘
np.mean()	平均值
np.std()	标准差
np.var()	方差
np.median()	中数
np.min()	最小值
np.max()	最大值
np.argmin()	最小值的下标
np.argmax()	最大值的下标

数学	英语	物理	化学
86	88	92	63
61	92	61	64
79	56	69	96
	90	63	100
74	80	74	68
82	74		87
61	88	79	72
70		60	96
67	63	89	68
62	73	70	90
76		72	65
75	89	85	96
62	60		90
72	69	69	100
96	70	63	
78	76	61	91

图3-114 成绩初始数据

（1）读取csv文件。csv文件中的数据类型均为文本型，不能直接用于数据分析，导入数组后需要进行类型转换。

（2）数据分析。读取数据后，每列数据均有部分数据为空值，不能用于成绩分析，需要进行数据清洗，这里使用每列的均值来填充缺失值。

（3）数据清洗。综合使用数组的各种方法以及循环处理进行数据清洗，如图3-115和图3-116所示。

```
In [27]: 1  s=np.loadtxt("score.csv",delimiter=",",encoding="GBK",skiprows=1,dtype=str)
         2  s[s==""]=np.nan                  # 布尔索引将空转换为nan,浮点型数据
         3  s1=s.astype(np.float64)          # 数据转换为浮点型数据,csv文件默认是字符串类型
         4                                   # nan本身就是浮点型,nan!=nan
         5
         6  #循环变量数组每一列
         7  for x in range(s1.shape[1]):     # shape形状元组,shape[1]列数
         8      col=s1[:,x]                  # 切片选取每一列数据
         9      no_nan_col=col[col==col]     # 布尔索引获取非nan数据
         10     mean=round(no_nan_col.mean(),2)  #计算非nan数据的均值
         11     col[col!=col]=mean           # nan!=nan,将nan数据替换为均值
         12 print(s1)                        #输出替换后的数据
         13
executed in 30ms, finished 11:45:15 2022-07-31
```

图3-115 数组空值用列均值替换

```
[[86.   88.   85.   63.  ]
 [61.   92.   61.   64.  ]
 [79.   64.   69.   96.  ]
 [73.4  90.   63.   100. ]
 [74.   80.   74.   68.  ]
 [82.   74.   71.43 87.  ]
 [61.   88.   79.   72.  ]
 [70.   76.86 60.   96.  ]
 [67.   63.   89.   68.  ]
 [62.   73.   70.   96.  ]
 [76.   76.86 72.   65.  ]
 [75.   89.   85.   96.  ]
 [62.   60.   71.43 90.  ]
 [72.   69.   69.   100. ]
 [96.   70.   63.   83.47]
 [78.   76.   61.   91.  ]]
```

图3-116 替换后结果

任务七 DataFrame数据框

1. DataFrame数据框概述

DataFrame 数据框不是 Python 内置的数据结构，是 pandas 第三方库提供的一种数据结构，用于二维表格结构的数据处理。与 numpy 数组结构相比，DataFrame 数据框使用更加灵活便捷，以学生成绩数据为例，使用 DataFrame 数据框表示，如图 3-117 所示。

行索引名称 index			列索引名称 columns				列序号索引
			0	1	2	3	
	学号	班级	姓名	语文	数学	英语	补考	列名称索引
0	0101	1班	张三	75	86.5	92	FALSE	
1	0102	1班	李四	56	75.5	78	TRUE	numpy数组
2	0103	1班	王五	93	82.5	59	TRUE	
行序号索引	行名称索引			numpy数组				

图3-117 DataFrame数据框示意图

DataFrame 数据框的主体是 numpy 库中的 NdArray 数组，数据框的每一行和每一列都构成一个 series 系列。由于 NdArray 数组只支持序号索引，不支持名称索引，因此在大数据分析时会带来诸多不便。DataFrame 数据框对数组进行扩展，行列均支持序号索引和名称索引双重索引，序号索引默认从 0 开始，名称索引可自定义，并在此基础上支持多层级索引，从而能够更加方便地表示更为复杂的数据。DataFrame 中包含很多数据分析的工具和方法，使其成为大数据分析的主要工具之一。

2. DataFrame创建

（1）列表创建。语法格式如下：

```
pd.DataFrame(data, index, columns, dtype)
data：数据源，包括二维列表、二维元素、多行字典、数组等
index：行索引，默认自然数，从 0 开始，有序索引，也可以自定义行索引
columns：列索引，列标题，默认自然数，从 0 开始，有序索引，可以自定义列索引
dtype：数据类型设置
```

例如，将列表转换为 DataFrame 数据框，使用默认序号索引，如图 3-118 所示。

也可以使用 index 参数和列索引 columns 参数为行、列自定义名称索引，如图 3-119 所示。

（2）字典创建。使用字典也可以直接转换为 DataFrame 数据框，字典的键将转换为 columns 列名称索引，默认行索引 index 为从 0 开始的自然数序列，如图 3-120 所示。

也可以使用 index 参数自定义行索引，如将行索引分别修改为 a、b、c，如图 3-121 所示。

```
In [2]: import numpy as np
        import pandas as pd    #导入Pandas库
        a_list=[
            [1,2,3],
            [4,5,6],
            [7,8,9]
        ]
        a_pd=pd.DataFrame(a_list)   # 默认行索引0,1,2,默认列索引0,1,2
        print(a_pd)
executed in 30ms, finished 16:17:22 2022-07-31
   0  1  2
0  1  2  3
1  4  5  6
2  7  8  9
```

图3-118　将列表转换为DataFrame数据框

```
In [3]: # 自定义行列索引
        a_pd=pd.DataFrame(a_list,index=['a','b','c'],columns=['A','B','C'])
        print(a_pd)
executed in 30ms, finished 16:18:46 2022-07-31
   A  B  C
a  1  2  3
b  4  5  6
c  7  8  9
```

图3-119　自定义名称索引

```
In [4]: b_dict=dict(姓名=['张三','李四','王五'],性别=['男','女','男'],年龄=[18,17,19])
        b_pd=pd.DataFrame(b_dict)
        print(b_pd)
executed in 30ms, finished 16:21:28 2022-07-31
   姓名 性别 年龄
0  张三  男  18
1  李四  女  17
2  王五  男  19
```

图3-120　字典创建DataFrame

```
In [6]: b_dict=dict(姓名=['张三','李四','王五'],性别=['男','女','男'],年龄=[18,17,19])
        b_pd=pd.DataFrame(b_dict,index=['a','b','c'])
        print(b_pd)
executed in 40ms, finished 16:24:53 2022-07-31
   姓名 性别 年龄
a  张三  男  18
b  李四  女  17
c  王五  男  19
```

图3-121　自定义行名称索引

（3）DataFrame与文件。在实际工作中使用最多的还是DataFrame与文件的读取与保存，本书主要以csv文件和Excel工作簿为例进行讲解。相关语法格式如下：

```
pd.read_csv()        从 csv 文件读取数据
pd.read_excel()      从 Excel 工作簿中读取数据
pd.read_sql()        从数据库读取数据
```

pandas 库中也提供了直接将 DataFrame 数据框保存到文件中的相关方法，相关语法格式如下：

df1.to_csv()	保存到 csv 文件
df1.to_excel()	保存到 Excel 文件
df1.to_dict()	保存为字典格式
df1.to_numpy()	保存 numpy 数组格式
df1.to_json()	保存为 JSON 格式
df1.to_sql()	保存到数据库中

1）从 csv 文件读取数据相关语法格式如下：

pd.read_csv(filepath,sep,delimiter,header,names,skiprows,nrows,usecols,index_col,encoding)
filepath   需要读取的文件及路径
sep / delimiter   列分隔符
header=0   将第 1 行作为表头，header=[0, 1] 表示将前 2 行作为列索引，即层级索引
names   如果 header=None，那么 names 必须指定，否则就没有列的定义
skiprows= 10   跳过前 10 行
nrows = 10   只取前 10 行
usecols=[0，1，2，...]   需要读取的列，序号索引或名称索引
index_col =None   作为行索引的列，默认序号索引，支持多重行索引
encoding='utf-8'   指明读取文件的编码，默认 utf-8，中文常用 GBK

例如，从学生成绩 .csv 中读取数据，存入 DataFrame 数据框中，使用默认序号行索引，如图 3-122 所示。

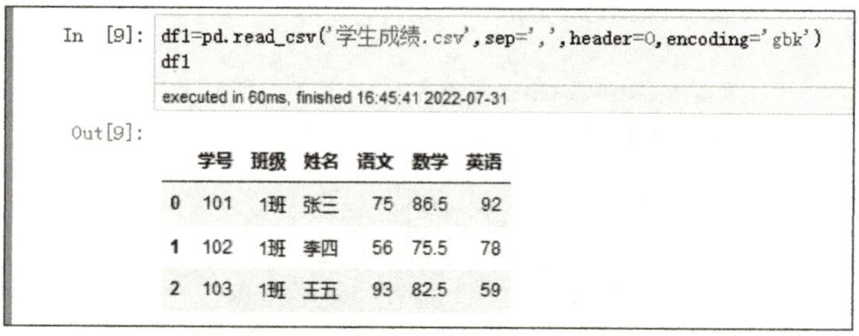

图3-122　从csv文件读取数据示例

也可以自定义行索引，例如将第一列作为行索引，如图 3-123 所示。

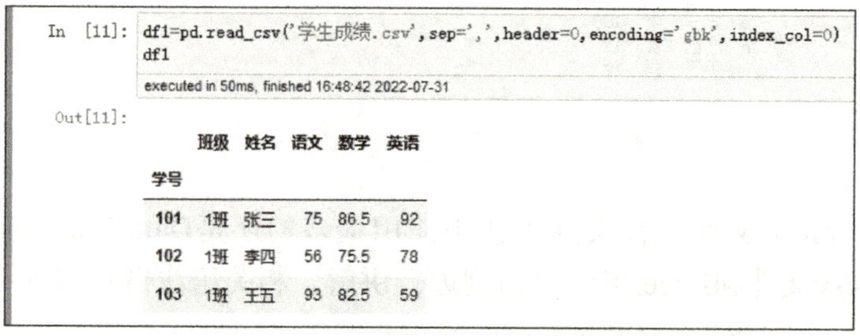

图3-123　从csv文件读取数据并设置行索引

2）从 Excel 工作簿读取数据相关语法格式如下：

```
pd.read_excel(io, sheet_name, header, names, index_col, usecols, skiprows, nrows)
io      Excel 文件的路径及文件名
sheet_name=0   使用工作表的索引号或工作表的名称，工作表索引号从 0 开始
header=0   将第 1 行作为表头，header=[0, 1] 表示将前 2 行作为列索引，即层级索引
names=None   自定义工作表列标题，与 header 互斥
index_col=None   作为行索引的列，默认序号索引，支持多重行索引
usecols=None   要读取的数据列，作为 values
skiprows=None   跳过多少行，默认从第 2 行开始
nrows=None   读取的行数
```

例如，从学生成绩 .xlsx 中读取"Sheet1"工作表中的数据到 DataFrame 中，同时设置列索引为第一行 header=0，行索引为第一列 index_col=0，如图 3-124 所示。

图 3-124　从 Excel 工作簿读取数据到 DataFrame 示例

3. DataFrame 数据框常用的属性

DataFrame 数据框常用的属性见表 3-9。

表 3-9　DataFrame 数据框常用的属性

属 性 名	内 容
index	行索引，index 索引类型，即行分类字段，或维度
columns	列索引，即列标题，index 索引类型
values	值数组，array 类型，不含行索引和列索引
dtypes	返回每一列的数据类型列表
ndim	维度数
shape	数据形状元组（行，列）
size	values 元素的个数，不含行列索引

（1）index 属性返回行索引，默认为序号索引，也可以自定义名称索引，默认为 Series 单列结构，经常使用 to_list() 方法或内置函数 list() 转换为单行列表，如图 3-125 所示。

图 3-125　index 属性

（2）columns属性返回列索引，默认为序号索引，也可以自定义名称索引，默认为Series单列结构，经常使用to_list()方法或者内置函数list()转换为单行列表，如图3-126所示。

```
In [9]: print(df2.columns)
         print(type(df2.columns))
         print(df2.columns.to_list())
executed in 30ms, finished 18:43:56 2022-08-07
Index(['学号', '班级', '语文', '数学', '英语'], dtype='object')
<class 'pandas.core.indexes.base.Index'>
['学号', '班级', '语文', '数学', '英语']
```

图3-126　columns属性

（3）values属性返回DataFrame的值，默认为Numpy数组，可以使用默认的序号索引，也可以用自定义的名称索引来操作数组中的数据元素，如图3-127所示。

```
In [10]: print(df2.values)
         print(type(df2.values))
executed in 30ms, finished 18:45:57 2022-08-07
[[101 '1班' 75 86.5 92]
 [102 '1班' 56 75.5 78]
 [103 '1班' 93 82.5 59]]
<class 'numpy.ndarray'>
```

图3-127　values属性

（4）dtypes属性返回每一列的数据类型Series，经常使用该属性来了解数据的基本特征，如图3-128所示。

```
In [12]: print(df2.dtypes)
         print(type(df2.dtypes))
executed in 30ms, finished 18:48:20 2022-08-07
学号      int64
班级      object
语文      int64
数学      float64
英语      int64
dtype: object
<class 'pandas.core.series.Series'>
```

图3-128　dtypes属性

（5）ndim属性返回DataFrame的维度数，默认为2，shape属性返回DataFrame的形状元组，size属性返回元素的数量，如图3-129所示。

```
In [13]: print(df2.ndim)
         print(df2.shape)
         print(df2.size)
executed in 30ms, finished 18:51:35 2022-08-07
2
(3, 5)
15
```

图3-129　数组的ndim、shape、size属性

4. DataFrame数据框中数据的选取

DataFrame 数据框是大数据分析最常用的数据结构，以"列"为主，每一行或每一列数据提取以后均得到 Series 单列结构。行列既可以设置序号索引（默认），也可以自定义名称索引，数据选取非常灵活方便，支持常见的所有数据选取方式。

（1）单列数据选取。DataFrame数据框是以"列"为主的数据结构，可以采用列表形式和对象形式两种方式选取单列数据。每一列都是一个Series单列结构，语法格式如下：

DataFrame["列标签"]　　　　选取单列，列表形式，列标签用字符串形式
DataFrame.列标签　　　　　　选取单列，对象形式，列标签不能加引号

以学生成绩 .xlsx 中的数据为例，选取过程如图 3-130 和图 3-131 所示。

图3-130　学生成绩DataFrame

图3-131　选取语文成绩单列数据

（2）多列选取。多列选取时DataFrame使用列名称列表，这里不支持列名称切片，返回值仍然是DataFrame结构，语法格式如下：

DataFrame[["列名称 1","列名称 2"…]]

以学生成绩 .xlsx 中的数据为例，选取英语和语文两门课程成绩如图 3-132 所示。

图3-132　选取英语和语文两门课程成绩

（3）单行选取。

1）loc 选择器。DataFrame 数据框为列数据结构，可以通过列标签访问列数据，不能通过行标签直接获取行数据，但可以通过 DataFrame 对象的 loc 选择器选取行数据。需要注意的是，loc 选择器只能使用名称索引，不能使用序号索引，使用名称索引切片时包头包尾，选取的每一行也是 Series 单列结构，可以使用各种选取方式选取每一列数据，语法格式如下：

DataFrame.loc["行标签"]
DataFrame.loc["行标签"][列选取]

以学生成绩 .xlsx 中的数据为例，选取张三成绩操作如图 3-133～图 3-135 所示。

```
In [52]: df2.loc["张三"]
         executed in 20ms, finished 21:49:34 2022-07-31
Out[52]: 学号      101
         班级      1班
         语文      75
         数学      86.5
         英语      92
         Name: 张三, dtype: object
```

图3-133　选取张三单行数据返回Series

```
In [69]: print(df2.loc["张三","语文"])   # 数组形式 loc中只能为名称
         print(df2.loc["张三"][2])       # 列表形式，Series中使用序号索引
         print(df2.loc["张三"]["语文"])   # 列表形式，Series中使用名称索引
         executed in 20ms, finished 22:17:07 2022-07-31
         75
         75
         75
```

图3-134　选取张三的语文成绩

```
In [12]: print(df2.loc["张三"][2:5])
         print(df2.loc["张三"][["语文","数学","英语"]])
         executed in 30ms, finished 13:36:05 2022-08-01
         语文      75
         数学      86.5
         英语      92
         Name: 张三, dtype: object
         语文      75
         数学      86.5
         英语      92
         Name: 张三, dtype: object
```

图3-135　选择张三的所有课程成绩

2）iloc 选择器。iloc 选择器只支持序号索引，不支持标签名称索引，用法与 loc 选择器基本相同，在结合循环时经常使用 iloc 选择器，语法格式如下：

DataFrame.iloc[行序号]
DataFrame.iloc[行序号][列选取]

以学生成绩 .xlsx 中的数据为例，选取张三成绩操作如图 3-136～图 3-138 所示。

图3-136 选取张三成绩的整行数据

图3-137 选取张三的语文成绩

图3-138 选取张三的所有课程成绩

（4）多行选取。可以使用loc选择器，也可以使用iloc选择器，语法格式如下：

DataFrame.loc [行名称选取]　　　　选取多行
DataFrame.iloc ["行序号选取"]　　　选取多行

多行选取举例如图3-139～图3-142所示。

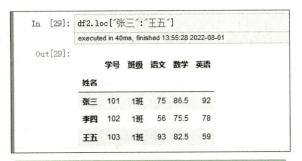

图3-139 loc选择器切片选取（包头包尾）

```
In [31]: df2.iloc[0:3]
executed in 40ms, finished 13:57:42 2022-08-01
Out[31]:
         学号  班级  语文  数学   英语
姓名
张三      101  1班   75  86.5  92
李四      102  1班   56  75.5  78
王五      103  1班   93  82.5  59
```

图3-140　iloc选择器切片选取（藏头露尾）

```
In [30]: df2.loc[["张三","王五"]]
executed in 18ms, finished 13:58:42 2022-08-01
Out[30]:
         学号  班级  语文  数学   英语
姓名
张三      101  1班   75  86.5  92
王五      103  1班   93  82.5  59
```

图3-141　loc选择器列表选取

```
In [33]: df2.iloc[[0,2]]
executed in 30ms, finished 13:58:49 2022-08-01
Out[33]:
         学号  班级  语文  数学   英语
姓名
张三      101  1班   75  86.5  92
王五      103  1班   93  82.5  59
```

图3-142　iloc选择器列表选取

（5）需要注意的是，当行索引index和列索引columns均为默认序号索引时，切片操作是对行的选择，索引操作是对单列数据的选取，当自定义名称索引后，对行的切片选取将不再适用，如图3-143～图3-145所示。

```
In [26]: a_list=[
    [1,2,3],
    [4,5,6],
    [7,8,9]
]
a_pd=pd.DataFrame(a_list)    # 默认行索引0,1,2，默认列索引0,1,2
print(a_pd)
executed in 38ms, finished 18:38:01 2022-08-13
   0  1  2
0  1  2  3
1  4  5  6
2  7  8  9
```

图3-143　默认序号索引

```
In [27]: a_pd[0:2]    # 切片,对行数据的操作
         executed in 31ms, finished 18:38:31 2022-08-13
Out[27]:
            0  1  2
         0  1  2  3
         1  4  5  6
```

图3-144　切片操作选取行

```
In [28]: a_pd[0]    # 索引操作,对单列数据的选取
         executed in 15ms, finished 18:39:46 2022-08-13
Out[28]: 0    1
         1    4
         2    7
         Name: 0, dtype: int64
```

图3-145　索引操作选取列

（6）区块选取。DataFrame数据框中对区块选取，使用loc选择器和iloc选择器，语法格式如下：

　　DataFrame.loc [行名称选取，[列名称选取]]
　　DataFrame.iloc [行序号选取，[列序号选取]]

区块选取如图 3-146 和图 3-147 所示。

```
In [74]: print(df2.loc["张三":"王五",["语文","英语"]])
         executed in 30ms, finished 22:23:03 2022-07-31
              语文  英语
         姓名
         张三   75  92
         李四   56  78
         王五   93  59
```

图3-146　loc选取部分区域

```
In [34]: df2.iloc[0:3,[2,4]]
         executed in 30ms, finished 14:04:29 2022-08-01
Out[34]:
              语文  英语
         姓名
         张三   75  92
         李四   56  78
         王五   93  59
```

图3-147　iloc选取部分区域

（7）条件选取（布尔选取），自定义查询条件，返回条件判断的True对应的数据元素。例如，选取语文成绩大于60分的学生信息，如图3-148所示。

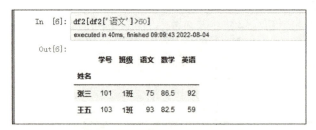

图3-148 布尔索引选取

当存在多重条件时，且关系使用 & 运算符，或关系使用 | 运算符，各条件需放在 ( ) 中进行连接。例如，选取语文成绩大于60分，且英语成绩小于60分的学生，如图3-149所示。

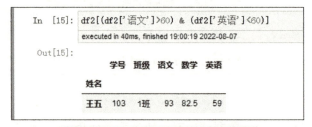

图3-149 多重条件且关系

选取语文成绩小于60分，或者英语成绩小于60分的学生，如图3-150所示。

图3-150 多重条件或关系

对于数值区间的判断，使用 between() 函数，如果 3-151 所示。

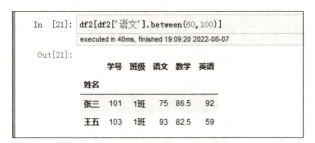

图3-151 区间判断

（8）列表选取，使用 isin() 函数进行包含关系判断选取，注意没有不包含关系判断选取的直接方法，对于不包含排除关系的判断选取，需要使用列表操作，先获取所有数据列表，然后剔除要排除数据元素，再使用 isin() 函数即可，如获取李四和王五的成绩，如图3-152所示。

```
In [34]: df2[df2.index.isin(['李四','王五'])]
         executed in 30ms, finished 19:29:08 2022-08-07
Out[34]:
              学号  班级  语文   数学   英语
         姓名
         李四   102  1班   56  75.5   78
         王五   103  1班   93  82.5   59
```

图3-152　列表包含关系判断

字符串的包含关系判断，调用字符串的方法 str.contains()。

例如，获取姓名中包含"张"字的学生列表，如图 3-153 所示。

```
In [31]: df2[df2.index.str.contains("张")]
         executed in 30ms, finished 19:23:41 2022-08-07
Out[31]:
              学号  班级  语文   数学   英语
         姓名
         张三   101  1班   75  86.5   92
```

图3-153　字符串包含关系判断

字符串不包含关系的判断，可以在判断条件之前加上波浪线"～"，表示取反，如获取姓名中不包含"张"的学生列表，如图 3-154 所示。

```
In [26]: df2[~df2.index.str.contains("张")]
         executed in 29ms, finished 16:06:26 2023-05-15
Out[26]:
              学号  班级  语文   数学   英语
         姓名
         李四   102  1班   56  75.5   78
         王五   103  1班   93  82.5   59
```

图3-154　字符串不包含关系判断

对于更复杂的字符串模糊判断，可以使用 DataFrame 过滤函数 filter()，结合正则表达式实现，格式为 filter(pattern)。总之，在 DataFrame 数据框中，数据的选取非常灵活方便，在数据分析时需要根据需要灵活使用。

5. 行列的增加

DataFrame 数据框中可以使用列标签名称直接在数据结构最右边添加一列，也可以使用 insert() 函数在指定的位置插入列，还可以结合 numpy 中的 insert() 函数插入行，语法格式如下：

DataFrame["列标签"]=values	在末尾添加列
DataFrame.loc['行标签']= values	在末尾添加行
append() 追加行	在末尾追加行
insert() 方法插入列	在指定位置插入列
pd.DataFrame(np.insert(df.values，index，data，axis))	在指定位置插入行

行列的增加举例如图 3-155 ～图 3-158 所示。

```
In  [12]: df2["历史"]=[73,81,68]
          df2
          executed in 40ms, finished 09:24:17 2022-08-03
Out[12]:
```

	学号	班级	语文	数学	英语	历史
姓名						
张三	101	1班	75	86.5	92	73
李四	102	1班	56	75.5	78	81
王五	103	1班	93	82.5	59	68

图3-155　在末尾添加列

```
In  [13]: df2.loc["赵六"]=[104,"1班",88,76,82,79]
          df2
          executed in 40ms, finished 09:30:51 2022-08-03
Out[13]:
```

	学号	班级	语文	数学	英语	历史
姓名						
张三	101	1班	75	86.5	92	73
李四	102	1班	56	75.5	78	81
王五	103	1班	93	82.5	59	68
赵六	104	1班	88	76.0	82	79

图3-156　在末尾添加行

```
In  [62]: df3=pd.DataFrame([[105,"1班",56,67,88,65],[106,"1班",66,87,80,76]],\
                         index=["钱七","孙八"],\
                         columns=["学号","班级","语文","数学","英语","历史"])
          # 续行符\后面不能有空格
          df4=df2.append(df3)
          df4
          executed in 40ms, finished 10:30:25 2022-08-03
Out[62]:
```

	学号	班级	语文	数学	英语	历史
张三	101	1班	75	86.5	92	73
李四	102	1班	56	75.5	78	81
王五	103	1班	93	82.5	59	68
赵六	104	1班	88	76.0	82	79
钱七	105	1班	56	67.0	88	65
孙八	106	1班	66	87.0	80	76

图3-157　append()追加多行

```
In  [65]: df4.insert(3,"物理",[88,76,54,68,85,73])
          df4
          executed in 40ms, finished 10:30:51 2022-08-03
Out[65]:
```

	学号	班级	语文	物理	数学	英语	历史
张三	101	1班	75	88	86.5	92	73
李四	102	1班	56	76	75.5	78	81
王五	103	1班	93	54	82.5	59	68
赵六	104	1班	88	68	76.0	82	79
钱七	105	1班	56	85	67.0	88	65
孙八	106	1班	66	73	87.0	80	76

图3-158　插入列

6. 行列的删除

（1）pop()删除列，并将被删除的列转换为Series返回，如图3-159所示。

```
In  [72]: r=df4.pop("历史")
          r
          executed in 29ms, finished 10:56:49 2022-08-03
Out[72]: 张三    73
         李四    81
         王五    68
         赵六    79
         钱七    65
         孙八    76
         Name: 历史, dtype: int64
```

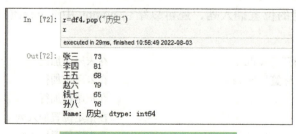

图3-159　pop()删除列

（2）drop()函数删除行或列，语法格式如下：

```
DataFrame.drop(labels, axis=0, level=None, inplace=False, errors='raise')
labels：列标签或行标签
axis 轴编号：默认为 0，axis 为 0 时表示删除行，axis 为 1 时表示删除列
level：层级索引时使用
inplace：True 时原位操作，不返回数据；False 时非原位操作，原数据不变
```

drop() 方法举例如图 3-160 和图 3-161 所示。

```
In [73]: df4.drop("物理",axis=1,inplace=True)
df4
executed in 30ms, finished 10:59:09 2022-08-03
Out[73]:
```

	学号	班级	语文	数学	英语
张三	101	1班	75	86.5	92
李四	102	1班	56	75.5	78
王五	103	1班	93	82.5	59
赵六	104	1班	88	76.0	82
钱七	105	1班	56	67.0	88
孙八	106	1班	66	87.0	80

图3-160　删除物理课程整列数据

```
In [74]: df4.drop("孙八",axis=0,inplace=True)
df4
executed in 40ms, finished 11:00:03 2022-08-03
Out[74]:
```

	学号	班级	语文	数学	英语
张三	101	1班	75	86.5	92
李四	102	1班	56	75.5	78
王五	103	1班	93	82.5	59
赵六	104	1班	88	76.0	82
钱七	105	1班	56	67.0	88

图3-161　删除孙八学生整行数据

7. 数据的修改

DataFrame 中对数据的修改非常简单，通过各种选取数据的方式选择待修改数据，然后直接修改数据即可，如图 3-162 ～图 3-164 所示。

```
In [75]: df4.loc["张三","数学"]=100
df4
executed in 40ms, finished 11:06:12 2022-08-03
Out[75]:
```

	学号	班级	语文	数学	英语
张三	101	1班	75	100.0	92
李四	102	1班	56	75.5	78
王五	103	1班	93	82.5	59
赵六	104	1班	88	76.0	82
钱七	105	1班	56	67.0	88

图3-162　修改单个数据

```
In [76]: df4["数学"]=100
df4
executed in 40ms, finished 11:08:01 2022-08-03
Out[76]:
```

	学号	班级	语文	数学	英语
张三	101	1班	75	100	92
李四	102	1班	56	100	78
王五	103	1班	93	100	59
赵六	104	1班	88	100	82
钱七	105	1班	56	100	88

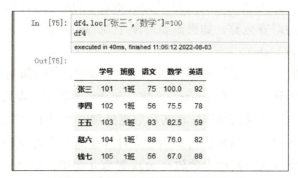

图3-163　修改整列数据

图3-164　修改列数据

8. DataFrame数据元素批量修改

DataFrame 中提供 map、apply、applymap 三个函数，可以对数据元素进行批量修改，语法格式如下：

map: Series 对象的方法，将 func 或 dict 应用于单列 Series 对象
Series.map(func/dict，na_action=None)
apply: Series 对象和 DataFrame 对象均有此方法，将 func 应用于单列 Series 对象
Series.apply(func，args)
DataFrame.apply(func，args，axis)
applymap: DataFrame 对象的方法，func 函数应用于每一个数据元素
DataFrame.applymap(func)

需要注意的是，上述方法只能实现对 DataFrame 中的单列 Series 数据修改，不能实现多列 Series 对象之间的对齐运算，如果需要对多个 Series 对象进行对齐运算，则需要使用 Python 内置的高阶函数 map()。

（1）map()函数的使用。判断语文成绩是否补考，如图3-165和图3-166所示。

（2）apply()函数的使用。相对于map()函数，apply()函数可以设置更为复杂的函数，传递更多的参数，还可以设置轴向操作，在实际数据处理时使用更为广泛。

假如英语成绩占80%，平时成绩占20%，先计算卷面成绩的80%，此时df4['英语']默认为 f 函数的第一个参数，其他参数放在 args 参数元组中，如果只有一个参数，需要加一个"x,"，如图 3-167 和图 3-168 所示。

图3-165　map()函数的使用1

```
In [141]: df4['语文达标']=df4['语文补考'].map({"否":"达标","是":"不达标"})
          df4
          executed in 40ms, finished 20:23:06 2022-08-07
Out[141]:
          学号  班级  语文  数学  英语  语文补考  语文达标
      张三  101  1班   75   55   92     否      达标
      李四  102  1班   56   66   78     是     不达标
      王五  103  1班   93   77   59     否      达标
      赵六  104  1班   88   88   82     否      达标
      钱七  105  1班   56   99   88     是     不达标
```

图3-166　map()函数的使用2

```
In [150]: def f(x,y):
              return x * y
          df4['英语80%成绩']=df4['英语'].apply(f,args=(0.8,))
          df4
          executed in 40ms, finished 20:44:36 2022-08-07
Out[150]:
          学号  班级  语文  数学  英语  语文补考  语文达标  英语平时  英语80%成绩
      张三  101  1班   75   55   92     否      达标      80       73.6
      李四  102  1班   56   66   78     是     不达标     85       62.4
      王五  103  1班   93   77   59     否      达标      85       47.2
      赵六  104  1班   88   88   82     否      达标      90       65.6
      钱七  105  1班   56   99   88     是     不达标     80       70.4
```

图3-167　apply()函数的使用1

```
In [164]: df4['英语平时']=[80,85,85,90,80]
          df4['英语80%成绩']=df4['英语'].apply(f,args=(0.8,))
          df4['英语最终成绩']=df4['英语80%成绩']+df4['英语平时']*0.2
          df4
          executed in 40ms, finished 21:30:44 2022-08-07
Out[164]:
          学号  班级  语文  数学  英语  语文补考  语文达标  英语80%成绩  英语平时  英语最终成绩
      张三  101  1班   75   55   92     否      达标       73.6        80       89.6
      李四  102  1班   56   66   78     是     不达标      62.4        85       79.4
      王五  103  1班   93   77   59     否      达标       47.2        85       64.2
      赵六  104  1班   88   88   82     否      达标       65.6        90       83.6
      钱七  105  1班   56   99   88     是     不达标      70.4        80       86.4
```

图3-168　apply()函数的使用2

如果要对DataFrame数据框中的多列数据同时进行批处理，此时需要对DataFrame数据框使用apply()函数，取出DataFrame中的每一列Series分别调用函数进行处理，例如对语文和数学也同样计算卷面成绩的80%，设置轴向axis=1，如图3-169所示。

（3）applymap()函数的使用。对DataFrame数据框中每一个数据元素执行指定的操作时，需要使用applymap()函数，例如对语文、数学、英语成绩均加上"分"，如图3-170所示。

```
In [165]: df4[["语文80%成绩","数学80%成绩"]]=df4[['语文','数学']].apply(f,args=(0.8,),axis=1)
          df4
          executed in 40ms, finished 21:38:37 2022-08-07
```

Out[165]:

	学号	班级	语文	数学	英语	语文补考	语文达标	英语80%成绩	英语平时	英语最终成绩	语文8折成绩	数学80%成绩
张三	101	1班	75	55	92	否	达标	73.6	80	89.6	60.0	44.0
李四	102	1班	56	66	78	是	不达标	62.4	85	79.4	44.8	52.8
王五	103	1班	93	77	59	否	达标	47.2	85	64.2	74.4	61.6
赵六	104	1班	88	88	82	否	达标	65.6	90	83.6	70.4	70.4
钱七	105	1班	56	99	88	是	不达标	70.4	80	86.4	44.8	79.2

图3-169 apply()函数的使用3

```
In [168]: df4[['语文','数学','英语']].applymap(lambda x: str(x)+"分")
          # df4
          executed in 40ms, finished 21:46:56 2022-08-07
```

Out[168]:

	语文	数学	英语
张三	75分	55分	92分
李四	56分	66分	78分
王五	93分	77分	59分
赵六	88分	88分	82分
钱七	56分	99分	88分

图3-170 applymap()函数的使用

9. 行列索引名称的修改

DataFrame 的 rename() 函数可以修改行索引和列索引的自定义名称，分别通过 index 参数和 columns 参数设置，参数必须为字典键值对形式，其中键为修改之前的名称，值为修改后的名称，例如将列索引"数学"修改为"物理"，使用 columns 参数，如图 3-171 所示。

```
In [169]: df4.rename(columns={"数学":"物理"},inplace=True)
          df4
          executed in 50ms, finished 21:48:35 2022-08-07
```

Out[169]:

	学号	班级	语文	物理	英语	语文补考	语文达标	英语80%成绩	英语平时	英语最终成绩	语文80%成绩	数学80%成绩
张三	101	1班	75	55	92	否	达标	73.6	80	89.6	60.0	44.0
李四	102	1班	56	66	78	是	不达标	62.4	85	79.4	44.8	52.8
王五	103	1班	93	77	59	否	达标	47.2	85	64.2	74.4	61.6
赵六	104	1班	88	88	82	否	达标	65.6	90	83.6	70.4	70.4
钱七	105	1班	56	99	88	是	不达标	70.4	80	86.4	44.8	79.2

图3-171 修改列索引名称

再例如修改行索引"张三"为"张小三"，通过 index 参数，如图 3-172 所示。

```
In [170]: df4.rename(index={"张三":"张小三"},inplace=True)
          df4
          executed in 40ms, finished 21:52:54 2022-08-07
Out[170]:
```

	学号	班级	语文	物理	英语	语文补考	语文达标	英语80%成绩	英语平时	英语最终成绩	语文80%成绩	数学80%成绩
张小三	101	1班	75	55	92	否	达标	73.6	80	89.6	60.0	44.0
李四	102	1班	56	66	78	是	不达标	62.4	85	79.4	44.8	52.8
王五	103	1班	93	77	59	否	达标	47.2	85	64.2	74.4	61.6
赵六	104	1班	88	88	82	否	达标	65.6	90	83.6	70.4	70.4
钱七	105	1班	56	99	88	是	不达标	70.4	80	86.4	44.8	79.2

图3-172　修改行索引名称

DataFrame 数据框使用非常灵活便捷，因此在大数据分析时经常使用该数据结构，这里仅介绍 DataFrame 数据框最基本的用法。

1. 将表 3-10 的数据添加到项目二课后练习的数据结构中。

表3-10　练习数据

股票代码	股票简称	省　份	行　业	销售净利率
000011	深物业 A	广东省	房地产	17%
000012	南玻 A	广东省	玻璃	14%

2. 从任务数据列表中删除股票代码为 000004 的所有数据。
3. 将股票代码 000001 的销售净利率修改为 15%。
4. 在数据结构中添加一列，列标题为"股票等级"，调用高阶函数生成所有上市公司股票等级。

◆　拓展知识　◆

"东数西算"工程

2021 年 5 月 24 日，国家发展改革委、中央网信办、工业和信息化部、国家能源局联合印发了《全国一体化大数据中心协同创新体系算力枢纽实施方案》（发改高技〔2021〕709 号）。文件提出，统筹围绕国家重大区域发展战略，根据能源结构、产业布局、市场发展、气候环境等，在京津冀、长三角、粤港澳大湾区、成渝，以及贵州、内蒙古、甘肃、宁夏等地布局建设全国一体化算力网络国家枢纽节点，发展数据中心集群，引导数据中心集约化、规模化、绿色化发展。国家枢纽节点之间进一步打通网络传输通道，加快实施"东数西算"工程，提升跨区域算力调度水平。2022 年 3 月，提请十三届全国人大五次会议审查的计划报告提出，实施"东数西算"工程。

"东数西算"中的"数"，指的是数据，"算"指的是算力，即对数据的处理能力。"东数西算"是通过构建数据中心、云计算、大数据一体化的新型算力网络体系，将东部算力需求有序引导到西部，优化数据中心建设布局，促进东西部协同联动。简单地说，就是让西部的算力资源更充分地支撑东部数据的运算，更好为数字化发展赋能。

目前我国已经在京津冀、长三角、粤港澳大湾区、成渝、内蒙古、贵州、甘肃、宁夏 8 地启动建设国家算力枢纽节点，并规划了 10 个国家数据中心集群，全国一体化大数据中心体系完成总体布局设计，2023 年 3 月"东数西算"工程从系统布局进入全面建设阶段。数字时代正在召唤一张高效率的"算力网"，"东数西算"是把东部密集的算力需求有序引导到西部，使数据要素跨域流动。打通"数"动脉，织就全国算力一张网，既缓解了东部能源紧张的问题，也给西部开辟一条发展新路，有利于推动区域协调发展，带动相关产业有效转移，促进东西部数据流通、价值传递，延展东部发展空间，推进西部大开发形成新格局。

项目四 字符串操作

在数据处理时使用最多的实际上是字符串类型，字符串的本质是一维字符序列。Python 的字符串是不可变的，相当于一维字符元组，我们无法对原字符串做任何修改，但可以将字符串的一部分复制到新创建的字符串中，达到"看起来修改"的效果。Python 不支持单字符类型，单字符也是作为一个字符串使用的。一维元组所有的操作方法对字符串都适用，另外字符串还有自身特有的方法。

任务一　字符串常规操作

在实际工作中我们打交道最多的是"字符串"而不是"数字"，字符串的本质是字符列表，因此对列表大多数的操作，对字符串均支持。需要注意的是 Python3 中字符默认 16 位 Unicode 编码，对中文的支持并不是很好，因此在读取包含中文的数据时经常需要使用 encoding 参数设置编码格式，以防止出现中文乱码，常见格式有"utf-8"和"gbk"格式。

1. 字符串的创建与提取

（1）字符串的创建。字符串的创建有三种方式，语法格式如下：

```
一对单引号：'字符串'        单行字符串序列
一对双引号："字符串"        单行字符串序列
一对三引号：'''字符串'''    单行或多行字符串序列
Python 中的符号都是英文状态下的符号
引号必须成对出现，单引号、双引号只能表示单行字符串，不能表示多行
三引号可以表示单行字符串，也可以表示多行字符串
空字符串：长度为 0 的字符串，一对单引号或一对双引号
```

字符串创建示例如图 4-1 所示。

```
In [2]: a_str='a'
        b_str="abc"
        c_str='''123
        456
        789
        '''
        print(a_str)
        print('-'*30)
        print(b_str)
        print('-'*30)
        print(c_str)
executed in 20ms, finished 10:00:08 2022-08-04
a
------------------------------
abc
------------------------------
123
456
789
```

图4-1 字符串创建示例

（2）转义字符与原生字符串。在Python字符串中，单引号、双引号、反斜杠等特殊字符均有特殊含义，不能直接使用，如果确实需要使用这些在Python中有特殊含义的字符，解决方案有两种：

1）在字符串内部使用转义字符——\ 特殊字符，常见的转义字符见表4-1。

表4-1 常见的转义字符

转 义 字 符	描　　述
\（在行尾时）	续行符
\\	反斜杠符号
\'	单引号
\"	双引号
\b	退格（Backspace）
\n	换行
\t	横向制表符
\r	回车

转义字符使用示例如图4-2所示。

```
In [4]: a_str='我们的初心和使命是:\n\"为中国人民谋幸福,为中华民族谋复兴\"'
        print(a_str)

        b_str="I\'m a student!\n"\
            "I love my country"
        print(b_str)
executed in 30ms, finished 10:02:39 2022-08-04
我们的初心和使命是:
"为中国人民谋幸福,为中华民族谋复兴"
I'm a student!
I love my country
```

图4-2 转义字符使用示例

2）使用原生字符串 (raw string)。在字符串前加 'r' 关键字，特殊字符将不被解析，使用示例如图 4-3 所示。

```
In [6]: 1  a_str =r'我们的初心和使命是:"为中国人民谋幸福,为中华民族谋复兴"'
        2  print(a_str)
        3
        4  b_str=r"I'm a student!\n"\
        5      "I love my country"
        6  print(b_str)
executed in 30ms, finished 10:04:18 2022-08-04
我们的初心和使命是:"为中国人民谋幸福,为中华民族谋复兴"
I'm a student!\nI love my country
```

图4-3　原生字符串使用示例

（3）字符串的提取。字符串的提取有两种方式：

1）精确提取：可以采用索引选取和切片选取两种方式，如图4-4所示。

```
In [8]: 1  a_str ='为中国人民谋幸福,为中华民族谋复兴'  # 字符串类型
        2
        3  print(a_str[0])                    # 第一个字符
        4  print(a_str[5])                    #选取索引为5的元素
        5  print(a_str[len(a_str)-1])         # 最后一个字符
        6  print(a_str[2:5])                  #选取索引为2,3,4的元素,藏头露尾
        7  print(a_str[:])                    #选取全部
        8  print(a_str[::-1])                 #逆序
        9
executed in 40ms, finished 10:07:41 2022-08-04
为
谋
兴
国人民
为中国人民谋幸福,为中华民族谋复兴
兴复谋族民华中为,福幸谋民人国中为
```

图4-4　字符串的提取

2）模糊提取：字符串的模糊提取需要用到正则表达式（re库），在下一任务重点讲解。

2. 字符串常用函数

（1）字符判断。常用字符判断函数见表4-2。

表4-2　常用字符判断函数

函　　数	说　　明
in	成员运算符　包含关系判断
not in	不包含关系判断
str.startswith("T")	判断是否以T开头
str.endswith("T")	判断是否以T结束
isalnum()	是否为字母或数字
isalpha()	检测字符串是否只由字母组成（含汉字）
isdigit()	检测字符串是否只由数字组成
isspace()	检测是否为空白符
isupper()	检测是否为大写字母
islower()	检测是否为小写字母

字符判断函数示例如图4-5所示。

```
In [9]: a_str ='abcdABCD'  # 字符串类型
        print('A' in a_str )
        print('G' not in a_str )
        print(a_str.startswith('a'))
        print(a_str.endswith('D'))
        print(a_str.isalnum())    #是否为字母或数字
        print(a_str.isalpha())    #是否只由字母组成(含汉字)
        print(a_str.isdigit())    #是否只由数字组成
        print(a_str.isspace())    #是否为空白符
        print(a_str.isupper())    #是否大写字母
        print(a_str.islower())    #是否小写字母
executed in 50ms, finished 10:10:18 2022-08-04
```

图4-5 字符判断函数示例

（2）字符统计与定位函数。常用字符统计与定位函数见表4-3。

表4-3 常用字符统计与定位函数

函 数	说 明
len(str)	字符串长度
str.count("T")	统计字符串中指定字符出现的次数
str.find(substr)	正序查找，不包含返回-1，也可以判断字符是否存在
str.rfind(substr)	逆序查找，不包含返回-1
str.index("T")	返回第一个指定字符的位置索引，无则返回错误
str.rindex("T")	返回最右一个指定字符的位置索引

字符统计与定位函数示例如图4-6所示。

```
In [11]: a_str ='为中国人民谋幸福,为中华民族谋复兴' # 字符串类型
         print(len(a_str))           #字符串长度
         print(a_str.count('谋'))    #统计字符串中指定字符出现的次数
         print(a_str.find('民'))     # 正序第一个民的位置
         print(a_str.rfind('民'))    # 倒序第一个民的位置,返回正序索引
         print(a_str.index('民'))    # 返回正序第一个民的位置
         print(a_str.rindex('民'))   # 倒序第一个民的位置,返回正序索引
executed in 30ms, finished 10:14:39 2022-08-04
17
2
4
12
4
12
```

图4-6 字符统计与定位函数示例

（3）字符串整理与清洗函数。常用字符串整理与清洗函数见表4-4。

表4-4 常用字符串整理与清洗函数

函 数	说 明
str.replace(old,new)	字符串替换操作，常用于数据清洗
str.lower()	全部转换为小写
str.upper()	全部转换为大写
str.capitalize()	字符串的第一个单词首字母大写，其他小写
str.title()	字符串的每一个单词首字母大写，其他小写
str.strip("")	移除字符串两端的指定字符，默认空格
str.lstrip("")	移除字符串左边的指定字符，默认空格

（续）

函　数	说　　明
str.rstrip("")	移除字符串右边的指定字符，默认空格
str.center(n,"*")	总长度为n，不足以*补充，str居中
str.ljust(n,"*")	总长度为n，不足以*补充，str左对齐
str.rjust(n,"*")	总长度为n，不足以*补充，str右对齐
str.zfill(n)	字符串左边用0（zero）填充至指定宽度，同str.rjust(n,"*")

字符串整理与清洗函数示例如图4-7所示。

```
In [12]: # coding=utf-8        #设置字符编码格式
         a_str =' aB cD  E   fGH '   # 字符串类型
         print(a_str.upper())   #大写
         print(a_str.lower())   #小写
         print(a_str.lstrip())  #去除左边空格
         print(a_str.rstrip())  #去除右边空格
         print(a_str.strip())   #去除两端空格
         print(a_str.replace(" ",""))  #替换掉所有的空格
         print(a_str.replace('D','China'))  #替换

         b_str ='爱我中华'        # 字符串类型
         print(b_str.center(10,'*'))
         print(b_str.ljust(10,'*'))
         print(b_str.rjust(10,'*'))
         executed in 30ms, finished 10:17:30 2022-08-04

          AB CD  E   FGH
          ab cd  e   fgh
         aB cD  E   fGH
          aB cD  E   fGH
         aB cD  E   fGH
         aBcDEfGH
          aB cChina  E   fGH
         ***爱我中华***
         爱我中华******
         ******爱我中华
```

图4-7　字符串整理与清洗函数示例

（4）字符串拼接与分割函数，用法如下：

1）+号拼接，a_str+b_str，要求都必须为字符串类型，必要时使用str()函数转化。
2）*号重复操作，"-"*30，意为将 - 重复30次。
3）连接符.join（列表）：将列表元素用指定"连接符"连接为一个字符串。
4）str.split（分隔符）：将str字符串用指定的分隔符分割成一维字符列表。

字符串拼接与分割函数示例如图4-8所示。

```
In [13]: # coding=utf-8        #设置字符编码格式
         a_str ='abc'          # 字符串类型
         b_int = 123           # 整型

         c_str = a_str + str(b_int)  # +号连接，数据类型都必须为str类型
         print(c_str)
         print("-" * 30)  # *号将"-"重复30次
         a_list = ['12', '34', '56', '78']  # 一维列表
         d_str = "-".join(a_list)   # 用"-"连接列表元素
         print(d_str)
         b_list=d_str.split('-')    #将d_str用"-"空格分割成列表
         print(b_list)
         executed in 40ms, finished 10:20:53 2022-08-04

         abc123
         ------------------------------
         12-34-56-78
         ['12', '34', '56', '78']
```

图4-8　字符串拼接与分割函数示例

3. 字符串的格式化输出

字符串的格式化输出用于字符与变量的混合格式化输出，常见有三种方式：

（1）%占位符：str%（变量列表），其中str字符串中可以包含多个%占位符，每个占位符对应一个变量，在字符串结尾用%标识，后面用括号()按顺序传入对应的变量，如图4-9所示。

```
In [3]: a=5
        b="苹果"
        c=9.80
        a_str="我买了%d斤%s,每斤%.2f元,一共花了%.2f元"%(a,b,c,a*c)
        print(a_str)
        executed in 16ms, finished 17:22:12 2023-04-18
        我买了5斤苹果,每斤9.80元,一共花了49.00元
```

图4-9 %占位符应用示例

（2）{:}占位符：需要结合字符串的format()函数，可以实现更加复杂的格式控制，如图4-10所示。

```
In [4]: a=5
        b="苹果"
        c=9.80
        a_str="我买了{:d}斤{:s},每斤{:.2f}元,一共花了{:.2f}元".format(a,b,c,a*c)
        print(a_str)
        executed in 32ms, finished 17:24:14 2023-04-18
        我买了5斤苹果,每斤9.80元,一共花了49.00元
```

图4-10 {:}占位符应用示例

（3）f-string格式：f-string格式是Python3.6之后推出的字符串格式化输出格式，是当前最佳的拼接字符串形式，使用简单方便，而且性能最高，常常结合字典一起使用，如图4-11所示。

```
In [5]: a=5
        b="苹果"
        c=9.80
        a_str=f"我买了{a}斤{b},每斤{c}元,一共花了{a*c}元"
        print(a_str)
        executed in 13ms, finished 17:28:57 2023-04-18
        我买了5斤苹果,每斤9.8元,一共花了49.0元
```

图4-11 f-string格式应用示例

任务二 字符串模糊处理

1. 正则表达式概述

正则表达式是对字符串操作的一种逻辑公式，是用事先定义好的一些特定字符及这些特定字符的组合，组成一个规则字符串，这个规则字符串用来表达对字符串的一种过滤逻辑（可以用来做查找、提取或者替换操作）。正则表达式遵循一定的语法规则，使用非常灵活，功能强大，常用于验证登录、网络爬虫解析等场景。

Python 标准库中的 re 模块支持正则表达式，re 模块提供了对字符串进行查找、提取、替换、分割等常用操作相关的函数，这些函数相对比较固定。正则表达式常用函数见表 4-5。

表4-5　正则表达式

功　能	函　数	参　数　说　明
从头查找与提取1个	match(pattern,string,flags=0)	根据pattern从string的头部开始匹配字符串，只返回第一次匹配成功的对象；否则，返回None
任意位置查找与提取1个	search(pattern,string,flags=0)	根据pattern在string中匹配字符串，只返回第一次匹配成功的对象。如果匹配失败，返回None
查找与提取所有	findall(pattern,string,flags=0)	根据pattern在string中匹配字符串。如果匹配成功，返回包含匹配结果的列表；否则，返回空列表。当pattern中有分组时，返回包含多个元组的列表，每个元组对应一个分组。flags表示规则选项，规则选项用于辅助匹配
替换	sub(pattern,repl,string,count=0)	根据指定的正则表达式，替换源字符串中的子串。pattern是一个正则表达式，repl是用于替换的字符串，string是源字符串。如果count等于0，则返回string中匹配的所有结果；如果count大于0，则返回前count个匹配结果
分割	split(pattern,string,maxsplit=0)	根据pattern分隔string，maxsplit表示最大的分隔数
编译	compile(pattern,flags=0)	编译正则表达式pattern，返回一个pattern的对象

正则表达式的用法也比较固定，使用前使用 import 导入，语法格式如下：

import re　　# 导入正则表达式模块
返回值 =re. 函数（pattern 规则字符串，正则字符串，其他参数）

2. 匹配规则及应用

正则表达式的重点和难点是"pattern 规则字符串"的设计，规则字符串是对字符串操作的一种逻辑公式，是用事先定义好的一些特定字符及字符的组合，来表达对字符串的一种过滤逻辑。

正则表达式的 pattern 规则字符串是由"特定符号"和"实义字符"，按照一定的规则组合而成的文本字符串。

（1）字符通配符。这里以 match() 函数为例，经正则表达式模糊匹配后，返回满足匹配模式的match对象，通过match对象即可获取所需要的数据。字符通配符使用说明见表4-6。

表4-6　字符通配符使用说明

符　号	说　明
.	匹配任意1个字符（除了\n）
\w	匹配任意1个字母、数字、下划线，即a~z, A~Z, 0~9
\W	匹配任意1个非字母、数字、下划线
\s	匹配任意1个空白字符，即空格
\S	匹配任意1个非空白的字符
\d	匹配任意1个数字，即0~9
\D	匹配任意1个非数字的字符

字符通配符应用示例如图 4-12～图 4-16 所示。

```
In [8]:  1  s='hello python'
         2  pattern='hello'              # 实义字符
         3  v=re.match(pattern, s)       # 返回匹配结果match对象
         4  print(v)                     # 打印match对象详情
         5  print(v.group())             # 返回match匹配结果
         6  print(v.span())              # 返回匹配结果在字符串中的位置
         executed in 21ms, finished 14:51:10 2022-08-04

         <re.Match object; span=(0, 5), match='hello'>
         hello
         (0, 5)
```

图4-12　字符通配符应用示例1

```
In [10]: 1  pattern='.'      #匹配换行符\n 以外的所有字符
         2  s='a'
         3  # s='C'
         4  # s='_'
         5  # s='\n'
         6  v=re.match(pattern, s)
         7  print(v)
         executed in 21ms, finished 14:55:11 2022-08-04

         <re.Match object; span=(0, 1), match='a'>
```

图4-13　字符通配符应用示例2

```
In [13]: pattern='\d'
         # pattern='\D'
         s='9'
         # s='4'
         # s='a'
         # s='_'
         v=re.match(pattern, s)
         print(v)
         executed in 23ms, finished 14:57:20 2022-08-04

         <re.Match object; span=(0, 1), match='9'>
```

图4-14　字符通配符应用示例3

```
In [17]: pattern='\s'
         # pattern='\S'
         s=' '
         # s='\t'
         # s='\n'
         # s='_'
         v=re.match(pattern, s)
         print(v)
         executed in 24ms, finished 15:00:41 2022-08-04

         <re.Match object; span=(0, 1), match=' '>
```

图4-15　字符通配符应用示例4

```
In [18]: pattern='\w'
         # pattern='\W'
         s='a'
         # s='_'
         # s='5'
         # s='A'
         # s='#'
         v=re.match(pattern, s)
         print(v)
         executed in 22ms, finished 15:02:21 2022-08-04
         <re.Match object; span=(0, 1), match='a'>
```

图4-16 字符通配符应用示例5

（2）数量限定符。常用的数量限定符使用说明见表4-7。

表4-7 常用的数量限定符使用说明

符　号	说　明
*	*前面的字符出现0次或多次，可有可无
+	+前面的字符出现一次或多次，至少一次
?	?前面的字符出现0次或1次
[ ]	[]内的任意1个字符，或关系
[^]	非[^]内的任意1个字符，且关系，取反操作
{m}	{}前紧挨着的字符串重复出现m次
{m,n}	{}前紧挨着的字符重复m次到n次，最小m次，最多n次
{m,}	{}前紧挨着的字符重复至少m次
{,n}	{}前紧挨着的字符重复最多n次

数量限定符应用示例如图4-17～图4-24所示。

```
In [24]: pattern='\d*'  # 0次或多次
         # s='123abc'
         s='abc'  #这时候不是 None 而是''，因为 abc 前面默认有空
         v=re.match(pattern, s)
         print(v)
         executed in 23ms, finished 15:08:33 2022-08-04
         <re.Match object; span=(0, 0), match=''>
```

图4-17 数量限定符应用示例1

图4-18 数量限定符应用示例2

```
In [26]: pattern='\d?'   #0 次或 1 次
         # s='123abc'
         s='abc'  #这时候是空
         v=re.match(pattern,s)
         print(v)
```
executed in 18ms, finished 15:10:04 2022-08-04

<re.Match object; span=(0, 0), match=''>

图4-19　数量限定符应用示例3

```
In [31]: pattern='\d{3}'    #出现 3 次
         # pattern='\d{2}'  #出现 2 次
         # pattern='\d{4}'  #出现 4 次
         s='123abc'
         v=re.match(pattern,s)
         print(v)
```
executed in 19ms, finished 15:11:40 2022-08-04

<re.Match object; span=(0, 3), match='123'>

图4-20　数量限定符应用示例4

```
In [36]: pattern='\d{3,}'     #出现至少 3 次
         # pattern='\d{2,4}'  #出现 2 到 4 次
         # pattern='\d{,5}'   #出现最多 5 次
         s='1234567abc'
         v=re.match(pattern,s)
         print(v)
```
executed in 20ms, finished 15:13:51 2022-08-04

<re.Match object; span=(0, 7), match='1234567'>

图4-21　数量限定符应用示例5

```
In [37]: pattern='1[345789]\d{9}'     #匹配手机号
         s='131234567891234'
         v=re.match(pattern,s)
         print(v)
```
executed in 25ms, finished 15:16:08 2022-08-04

<re.Match object; span=(0, 11), match='13123456789'>

图4-22　数量限定符应用示例6

```
In [79]: pattern='1[^12]\d{9}'     #匹配手机号
         s='131234567891234'
         v=re.match(pattern,s)
         print(v)
```
executed in 26ms, finished 15:50:20 2022-08-04

<re.Match object; span=(0, 11), match='13123456789'>

图4-23　数量限定符应用示例7

```
In [41]:  # 匹配出一个字符串首字母为大写字符,后边都是小写字符,这些小写字母可有可无
          pattern='[A-Z][a-z]*'
          s='Hello world'
          # s='HEllo world'
          v=re.match(pattern,s)
          print(v)
          executed in 22ms, finished 15:19:32 2022-08-04

          <re.Match object; span=(0, 5), match='Hello'>
```

图4-24　数量限定符应用示例8

（3）位置匹配符。常用的位置匹配符使用说明见表4-8。

表4-8　常用的位置匹配符使用说明

匹配符	说明
^	^后面的字符必须在字符串的开头
$	$前面的字符必须在字符串的结尾
\b	匹配单词的边界
\B	匹配非单词的边界
^与[^]的含义不同	
^字符	位置匹配符,^后的字母必须在字符串的开始
[^字符串]	数量匹配符,表示非字符串中的任意1个

位置匹配符应用示例如图4-25～图4-29所示。

```
In [2]:  #匹配 qq 邮箱, 5-10 位
         pattern = '^[1-9]\d{4,9}@qq.com$'
         s='12345@qq.com'
         # s='a12345@qq.comabc'
         v = re.match(pattern,s)
         print(v)
         executed in 28ms, finished 20:45:39 2022-10-12

         <re.Match object; span=(0, 12), match='12345@qq.com'>
```

图4-25　位置匹配符应用示例1

```
In [68]:  pattern = r'.*\bab'      # ab为左边界,ab左边必须为空
          s='123 abcd'
          # s='123abcd'
          # s=123ab cd'
          v = re.match(pattern,s)
          print(v)
          executed in 15ms, finished 15:42:30 2022-08-04

          <re.Match object; span=(0, 6), match='123 ab'>
```

图4-26　位置匹配符应用示例2

```
In [71]: pattern = r'.*ab\b'    #ab 为右边界,ab右边必须为空
         # s='123 abcd'
         # s='123abcd'
         s='123ab cd'
         v = re.match(pattern, s)
         print(v)
         executed in 13ms, finished 15:44:13 2022-08-04
<re.Match object; span=(0, 5), match='123ab'>
```

图4-27　位置匹配符应用示例3

```
In [75]: #ab 不为左边界
         pattern = r'.*\Bab'
         s='123 abcd'
         # s='123abcd'
         # s='123ab cd'
         v = re.match(pattern, s)
         print(v)
         executed in 25ms, finished 15:47:42 2022-08-04
None
```

图4-28　位置匹配符应用示例4

```
In [78]: #ab 不为右边界
         pattern = r'.*ab\B'
         # s='123 abcd'
         # s='123abcd'
         s='123ab cd'
         v = re.match(pattern, s)
         print(v)
         executed in 17ms, finished 15:48:59 2022-08-04
None
```

图4-29　位置匹配符应用示例5

（4）匹配模式。正则表达式在进行字符串匹配时，默认按照从左向右的顺序进行匹配，返回满足匹配规则的最长字符串，称为贪婪模式，也可以在数量匹配符后面加上"?"，则返回满足规则的最短字符串，此时为非贪婪模式。常用的匹配模式使用说明见表4-9。

表4-9　常用的匹配模式使用说明

字　　符	说　　明
*	贪婪模式，*前面的字符出现0次或多次，越长越好
*?	非贪婪模式，*前面的字符出现0次
+	贪婪模式，+前面的字符出现1次或多次，越长越好
+?	非贪婪模式，+前面的字符出现1次
{m,n}	{}前的字符出现m次到n次，越长越好
{m,n}?	{}前的字符出现m次到n次，越短越好

贪婪模式匹配和非贪婪模式匹配分别如图4-30和图4-31所示。

（5）分组匹配。正则表达式中可以使用小括号()实现分组匹配，()内的规则作为一个整体。正则表达式中各种常见括号的含义见表4-10。

```
In [90]: s='abc123abc456abc789'
         #以a开头,以数字结束,中间任意多字符串
         pattern = 'a.*\d'         # 贪婪模式
         v = re.match(pattern, s)
         print(v)
         executed in 16ms, finished 16:04:17 2022-08-04
         <re.Match object; span=(0, 18), match='abc123abc456abc789'>
```

图4-30 贪婪模式匹配

```
In [89]: s='abc123abc456abc789'
         #以a开头,以数字结束,中间任意多字符串
         pattern = 'a.*?\d'        # 非贪婪模式
         v = re.match(pattern, s)
         print(v)
         executed in 21ms, finished 16:04:14 2022-08-04
         <re.Match object; span=(0, 4), match='abc1'>
```

图4-31 非贪婪模式匹配

表4-10 各种常见括号的含义

形 式	说 明
[abc]	a,b,c 中间的任意 1 个
(ab)	ab 作为一个整体
(A(B|C))	AB 或 AC

以提取字符串中的所有邮箱地址为例，如图 4-32 所示。

```
In [91]: 1  s='张三的邮箱地址是23455@qq.com,李四的邮箱地址是lisi@sina.cn,王五的号码是wangwu@souhu.com'
         2  pattern=r'([0-9a-zA-Z]+@[0-9a-zA-Z]+.(com|cn))'
         3
         4  r_list=re.findall(pattern,s)
         5  print(type(r_list))
         6  print(r_list)
         executed in 19ms, finished 16:15:46 2022-08-04
         <class 'list'>
         [('23455@qq.com', 'com'), ('lisi@sina.cn', 'cn'), ('wangwu@souhu.com', 'com')]
```

图4-32 提取所有邮箱地址

（6）正则表达式替换。在正则表达式中可以使用sub()函数直接将满足规则的字符串替换为指定的内容，从而完成字符串的批量修改，如图4-33所示。

```
In [92]: s='abc123abc456abc789'
         pattern = 'a.*?\d'        # 非贪婪模式
         v = re.sub(pattern,'显哥来了',s)
         print(v)
         executed in 21ms, finished 16:20:51 2022-08-04
         显哥来了23显哥来了56显哥来了89
```

图4-33 正则表达式替换

（7）正则表达式分割。在正则表达式中可以使用split()函数对字符串按照匹配模式进行分割，返回分割后的字符列表，如图4-34所示。

图4-34 正则表达式分割

正则表达式主要用于字符串的模糊处理,主要的应用场景是从网络中爬取 HTML 文档后,从 HTML 文档中快速提取所需要的数据,关于这方面的应用我们将在项目六中进行详细介绍。

课后练习

1. 字符串有哪些方法?它们的特点分别是什么?
2. 什么是正则表达式,正则表达式主要应用于什么场景?

◆ 拓展知识 ◆

数字经济助推共同富裕

推动数字经济健康发展,这是以习近平同志为核心的党中央,为全面建设社会主义现代化强国,推动实现高质量发展而做出的重大战略决策。2022年1月,国务院印发《"十四五"数字经济发展规划》,对"十四五"时期各地区、各部门推进数字经济发展做出了整体性部署。在党的二十大报告当中,"数字经济"与"共同富裕"又被多次提及。

(1)数字产业化规模持续扩大,创造大量新增就业。当前,数字经济已经成为各国把握新一轮科技革命和产业变革的战略选择。2022年,我国数字经济总量已经跃居世界第二位,数字经济规模达到50.2万亿元,占GDP比重达到41.5%。大数据产业规模达1.57万亿元。数字产业规模的持续扩大创造了大量新增就业岗位,持续吸纳着新增的社会劳动力。同时,数字技术也催生出互联网经济领域的创业新模式,衍生出众多就业新形态,为自由职业者提供了更多就业创业机会。

(2)数字经济赋能乡村振兴,提升农民收入。数字经济赋能乡村全面振兴,是通过培育现代农业以及壮大乡村旅游、农村电商等富民产业来实现的。例如,通过搭建产业带直播基地等电商平台,利用"线上+线下"销售模式革新农业零售体系,拓宽特色农产品营销渠道,提高农民收入水平。

为继续发挥好数字经济在高质量发展中促进共同富裕的作用,要加快数字核心技术攻关,加大基础研究投入力度,加强高层次人才培育及普惠性人力资本投入,推进数字技术与实体经济深度融合,不断完善数字经济相关的法律法规建设,健全市场准入和退出、公平竞争审查监管等制度,建立全方位、多层次监管体系,防范数字经济领域的垄断等问题。我们应该充分发挥数字经济在促进人力资本积累、知识外溢、产业转型升级等方面的积极作用,降低落后地区的后发劣势,进而促进实现区域间的平衡发展和共同富裕。

项目五 文件、目录与路径操作

在 Python 大数据分析时,我们经常需要与文件进行交互,涉及文件操作、文件夹操作、路径操作等相关方法,这些方法一般存放在 os 库中,使用前需要使用 import os 语句导入 os 库,本项目中我们将学习这些方法的应用。

任务一 文件操作

在 Python 中,一切皆为对象,文件与目录也是对象。文件与目录的常用属性或方法见表 5-1。

表5-1 文件与目录常用属性或方法

属性或方法	描述
f.name	返回文件的名字
f.mode	返回文件的打开模式
f.closed	若文件被关闭则返回 True
os.remove(path)	删除指定的文件
os.rename(src, dest)	重命名文件或目录
os.stat(path)	返回文件的所有属性

Python 文件操作一般分三个步骤:
(1)打开/创建文件对象:open()。
(2)读取/写入数据:read()/write()。
(3)关闭文件对象:close()。

文件操作常见以下两种方式:
(1)with 上下文管理器。文件处理完毕后会自动关闭文件对象,语法格式如下:

```
with open(r"filename1","r") as f1:      #f1 一般本地文件
    result =f1.read(1024)               # 读取 filename1
    with open(r"filename2","w") as f2:
        f2.writelines(result)           # 写入 filename2
```

（2）异常处理格式。由于文件处理时可能会出现各种异常状况，因此在操作文件时，可以结合异常处理语句进行，语法格式如下：

```
try:
    f = open(r"filename","a")  #f是硬盘文件资源在内存中的资源对象
    pass
except BaseException as e:
    pass
finally:
    f.close()
```

文件操作实例：

1. 文件打开或创建

文件操作的第一步是打开文件或创建文件，这里要使用 Python 内置函数 open()，打开本地文件或在本地创建文件，基本语法格式如下：

```
open(file, mode='r', encoding=None) as f:
file: 文件名
mode: 打开模式
encoding: 编码方式
f: 自定义的文件对象标识符
```

（1）file：指的是文件的全路径，在Python中路径分为绝对路径和相对路径，路径的设置方法如下：

1）绝对路径：如 D:\Python 基础与大数据分析 \5. 文件与目录 \ttt.txt。

2）相对路径：以当前 py 文件为基础引起的跟其他文件的路径关系。

① / 表示根目录，即项目所在的盘符，如 D:/ 文件名。

② [./] 表示当前 py 文件所在的目录，引用同级文件时使用，可以省略。

③ ../ 表示当前 py 文件的上一级父目录。

④ ../../ 表示当前 py 文件的上一级的上一级父目录。

如果该文件不存在，则自动创建文件；如果该文件已存在，则在内存中打开该文件资源。

（2）mode：打开模式，可以字符方式读写，也可以二进制方式读写，见表5-2。

表5-2　文件的打开模式

模式	描述
r	读 read 模式，适用于文本文件
w	写 write 模式，适用于文本文件 如果文件不存在则创建； 如果文件存在，则先清空后写入
a	追加 append 模式，适用于文本文件 如果文件不存在则创建； 如果文件存在，则在文件末尾追加内容
b	二进制 binary 模式，适用于非文本文件 （可与其他模式组合使用，如 rb、wb、ab）

（3）encoding：编码方式。Python中默认的编码方式为Unicode编码，可以根据需要

设置为utf-8格式或者GBK格式，解决中文乱码问题。

（4）f：自定义的文件对象标识符。

2. 文件读写

文件读写操作常用方法，见表5-3。

表5-3 文件读写操作常用方法

操 作	方 法	描 述	应 用 场 景
读取 文件→内存	1. read([size])	从文件中读取size个字符，并作为结果返回 如果没有size参数，则读取整个文件 读取到文件末尾，会返回空字符串	文本文件 二进制文件
	2. readline()	读取一行内容作为结果返回 读取到文件末尾，会返回空字符串	文本文件
	3. readlines()	读取整个文件所有行，每一行作为一个字符串存入列表中，返回该列表	文本文件
写入 内存→文件	1. write(a)	把a写入文件中	文本文件 二进制文件
	2. writelines(b)	把字符串列表写入文件中，不添加换行符	文本文件

当read()方法设置参数时，表示读取指定长度的字符。以读取静夜思.txt文件的前8个字符为例，读取过程如图5-1所示。

当read()方法不设置参数时，表示读取文档中的所有字符，如图5-2所示。

图5-1 读取txt文件指定长度的字符

图5-2 读取所有字符

也可以使用readline()方法，该方法每次只读取一行，需要结合while循环读取文档中所有行数据，读取到最后一行后将返回None，以此标识控制循环结束，如图5-3所示。

也可以使用readlines()方法一次性读取所有行数据存入列表中，然后遍历列表即可，如图5-4所示。

图5-3 逐行读取文本字符

图5-4 读取所有行存入列表

也可以一边读取文件，一边写入另一个文件，实现文件的复制功能，如图 5-5 所示。

```
In [5]: with open("静夜思.txt",'r') as f1:    # 读取数据
            r=f1.read()
            with open("静夜思1.txt",'w') as f2:   # 覆盖式写入
                f2.write(r)
            with open("静夜思2.txt",'a') as f3:   # 追加式写入
                f3.write(r)
executed in 32ms, finished 14:31:19 2023-04-19
```

图5-5　边读边写

上述操作均是对文本文件的操作，实际上对二进制文件也同样适用，只需要将读写方式改为二进制方式即可，以图片文件为例，如图 5-6 所示。

```
In [21]: 1  with open("吉祥如意.jpg",'rb') as f1:    # 二进制读取数据
         2      r=f1.read()
         3  with open("吉祥如意1.jpg",'wb') as f2:   # 覆盖式写入
         4      f2.write(r)
         5  with open("吉祥如意2.jpg",'ab') as f3:   # 追加式写入
         6      f3.write(r)
executed in 20ms, finished 12:07:40 2022-08-05
```

图5-6　二进制文件的读写

3. 文件的重命名与删除

文件的重命名与删除需要使用 os 模块，且必须确保在文件资源处于关闭状态时才能重命名或删除，如图 5-7 所示。

```
In [22]: 1  import os
         2  os.rename("吉祥如意1.jpg","abc.jpg")    # 重命名吉祥如意1为abc
         3  os.remove("吉祥如意2.jpg")               # 删除文件
executed in 30ms, finished 12:11:25 2022-08-05
```

图5-7　文件的重命名与删除

4. csv文件操作

在 Python 数据分析过程中，使用最多的文件类型是 csv，因为 csv 文件可以与 Python 中常用的数据结构灵活转换，下面学习一下 csv 文件的操作方法，在 Python 中 csv 文件的相关操作保存在 csv 模块中，使用前需要导入 csv 模块。

（1）列表与csv文件读写操作。

1）将列表数据写入 csv 文件，如图 5-8 所示。

```
In [5]: import csv  # 导入csv
        header=["姓名","年龄","身高"]
        values=[
            ["张三",18,167],
            ["李四",20,180],
            ["王五",25,176]
        ]
        with open("人员信息1.csv", 'w', encoding="gbk", newline="") as f:
            a=csv.writer(f)         # 创建与文件f对应的writer写入对象
            a.writerow(header)       #写入表头单行数据
            a.writerows(values)      #写入多行记录数据
executed in 30ms, finished 22:31:05 2022-08-05
```

图5-8　列表数据写入csv文件

2）读取 csv 文件数据到列表中，如图 5-9 所示。

```
In [8]: with open("人员信息1.csv","r",encoding="gbk") as f:
            a=csv.reader(f)    # 以列表形式读取，返回迭代器对象
        #   next(a)            #迭代器行指针移动一行，跳过标题行
            for x in a:        #遍历列表迭代器
                print(x)
        executed in 40ms, finished 22:33:59 2022-08-05

        ['姓名', '年龄', '身高']
        ['张三', '18', '167']
        ['李四', '20', '180']
        ['王五', '25', '176']
```

图5-9　读取csv文件数据到列表

（2）字典与cvs文件读写操作。

1）将字典数据写入 csv 文件，如图 5-10 所示。

```
In [4]: header = ["姓名","年龄","身高"]
        values = [
            {"姓名":"张三","年龄":18,"身高":180},
            {"姓名":"李四","年龄":20,"身高":190},
            {"姓名":"王五","年龄":25,"身高":160},
            {"姓名":"赵六","年龄": 55,"身高": 155}
        ]
        with open("人员信息2.csv", 'w', encoding="gbk", newline="") as f:
            a = csv.DictWriter(f,header)
            a.writeheader()          #写入标题行，不会自动写入表头，
            a.writerows(values)      #写入多行记录数据，字典列表格式
        executed in 30ms, finished 22:29:27 2022-08-05
```

图5-10　字典数据写入csv文件

2）读取 csv 文件数据到字典中，如图 5-11 所示。

```
In [10]: with open("人员信息1.csv","r",encoding="gbk") as f:
             a=csv.DictReader(f)    # 以字典形式读取
             for x in a:            # 遍历字典
                 print(x)
         executed in 40ms, finished 22:36:13 2022-08-05

         {'姓名':'张三','年龄':'18','身高':'167'}
         {'姓名':'李四','年龄':'20','身高':'180'}
         {'姓名':'王五','年龄':'25','身高':'176'}
```

图5-11　读取csv文件数据到字典

（3）数组与csv文件读写操作。

1）数组数据写入 csv 文件，如图 5-12 所示。

```
In [8]: np.savetxt("人员信息3.csv",a,fmt='%s',delimiter=',',encoding='gbk')
        executed in 20ms, finished 14:28:11 2022-08-06
```

图5-12　数组数据写入csv文件

2）读取 csv 文件数据到数组，如图 5-13 所示。

```
In [3]: import csv
        import numpy as np

        a=np.loadtxt("人员信息1.csv",delimiter=',',encoding='gbk',dtype='str',)
        # 这里使用str类型,否则将报错
        print(a)
        executed in 30ms, finished 14:24:14 2022-08-06

        [['姓名' '年龄' '身高']
         ['张三' '18' '167']
         ['李四' '20' '180']
         ['王五' '25' '176']]
```

图5-13 读取csv文件数据到数组

（4）DataFrame与csv文件读写操作。

1）DataFrame 数据写入 csv 文件，如图 5-14 所示。

```
In [15]: df1.to_csv("人员信息4.csv",encoding='gbk',index=False)
         # index=False 忽略默认行索引
         executed in 20ms, finished 14:34:51 2022-08-06
```

图5-14 DataFrame数据写入csv文件

2）读取 csv 文件数据到 DataFrame，如图 5-15 所示。

```
In [13]: import csv
         import pandas as pd
         # 先运行上述代码

         df1=pd.read_csv("人员信息1.csv",encoding='gbk')
         print(df1)
         executed in 30ms, finished 14:32:11 2022-08-06

            姓名  年龄  身高
         0  张三   18  167
         1  李四   20  180
         2  王五   25  176
```

图5-15 读取csv文件数据到DataFrame

任务二 目录与路径操作

目录即文件夹，文件夹的常见操作包括增、删、改、查、遍历等。文件夹操作的常用函数见表 5-4。

路径操作主要包括路径判断、路径切分、路径连接、文件夹递归遍历等操作，常用函数见表 5-5。

表5-4 文件夹操作的常用函数

函　数	描　述
os.mkdir(path)	创建文件夹
os.makedirs(path1/path2/path3/…)	创建多级文件夹
os.rmdir(path)	删除文件夹
os.removedirs(path1/path2…)	删除多级文件夹
os.rename(src.dest)	重命名文件或目录
os.getcwd()	返回当前工作目录：current work dir
os.chdir(path)	把 path 设为当前工作目录
os.listdir(path)	返回 path 目录下的文件和目录列表
os.walk()	遍历目录树
os.sep()	当前操作系统所使用的路径分隔符

表5-5 路径操作的常用函数

函　　数	描　　述
os.isabs(path)	判断 path 是否为绝对路径
os.isdir(path)	判断 path 是否为目录
os.isfile(path)	判断 path 是否为文件
os.exists(path)	判断指定路径的文件是否存在
os.getsize(filename)	返回文件的大小
os.abspath(path)	返回绝对路径
os.dirname(p)	返回目录的路径
os.getatime(filename)	返回文件的最后访问时间
os.getmtime(filename)	返回文件的最后修改时间
os.walk(top,func,arg)	递归方式遍历目录
os.join(path,*paths)	连接多个 path
os.split(path)	对路径进行分割，以列表形式返回
os.splitext(path)	从路径中分割文件的扩展名

文件夹操作实例：

（1）创建新文件夹及嵌套文件夹，如图5-16所示。

```
In [23]: 1  import os
         2  #在当前目录下创建文件夹a
         3  os.mkdir('a')
         4
         5  #在当前目录下创建文件夹b,在文件夹b内创建文件夹c,在c内创建d
         6  os.makedirs('b/c/d')
         7
executed in 308ms, finished 13:10:31 2022-08-05
```

图5-16　新建文件夹及嵌套文件夹

（2）删除文件夹及嵌套文件夹，要求文件夹内不能有文件存在，否则不能删除，如图5-17所示。

```
In [27]: #删除文件夹a,要求文件夹必须为空
         os.rmdir('a')

         #删除文件夹'b/c/d',要求文件夹必须为空,从内层开始
         os.removedirs('b/c/d')
executed in 20ms, finished 13:14:25 2022-08-05
```

图5-17　删除文件夹及嵌套文件夹

（3）获取当前路径及当前路径下的资源列表，如图5-18所示。

```
In [8]: print(os.getcwd())  # 获取当前的工作路径
        os.listdir()  # 获取当前路径下的资源列表
executed in 47ms, finished 14:55:16 2023-04-19

E:\Anaconda大数据开发教材资料\5.文件与目录

Out[8]: ['.ipynb_checkpoints',
         '6.文件与目录操作.ipynb',
         'a',
         'abc.jpg',
         'b',
         '人员信息.csv',
```

图5-18　获取当前工作路径及当前路径下的资源列表

（4）获取当前目录下的所有txt文件，如图5-19所示。

```
In [9]: import os
        import os.path
        path = os.getcwd()                      #获取当前路径
        file_list = os.listdir(path)            #获取当前目录下文件和文件夹列表
        for filename in file_list:              #遍历每一个列表元素
            if filename.endswith('txt'):        #如果以txt结尾,则打印输出
                print(filename)
executed in 31ms, finished 14:56:40 2023-04-19

锄禾.txt
静夜思.txt
静夜思1.txt
静夜思2.txt
```

图5-19　获取当前目录下的所有txt文件

（5）获取当前文件夹中所有文件和子文件夹，包含子文件夹内的所有文件，此时需要使用递归算法，使用walk()函数，该函数语法格式如下：

> os.walk() 函数：返回一个3个元素的元组，(dirpath, dirnames, filenames)，
> dirpath：文件夹的路径
> dirnames：文件夹内所有子文件夹的名称列表
> filenames：文件夹内所有文件名称列表

获取当前目录下的所有文件，如图5-20所示。

```
In [11]: import os

         all_files = []              #空列表容器,保存文件使用
         path = os.getcwd()          #获取当前目录
         list_files = os.walk(path)

         for dirpath, dirnames, filenames in list_files:   #循环遍历
             for dir in dirnames:
                 all_files.append(os.path.join(dirpath, dir))
             for name in filenames:
                 all_files.append(os.path.join(dirpath, name))

         for file in all_files:      # all_files列表内保存所有的文件名
             print(file)
executed in 34ms, finished 14:58:22 2023-04-19

E:\Anaconda大数据开发教材资料\5.文件与目录\.ipynb_checkpoints
E:\Anaconda大数据开发教材资料\5.文件与目录\a
```

图5-20　获取当前目录下的所有文件

（6）删除指定路径下的所有文件，包含子文件夹内的所有文件，使用递归算法，如图5-21所示。

```
In [39]:  1  import os
          2
          3  # 自对应递归函数，参数为路径
          4  def del_dir_tree(path):
          5      if os.path.isfile(path):       #判断是否为文件
          6          try:
          7              os.remove(path)        # 如果为文件，直接删除
          8          except Exception as e:
          9              #pass
         10              print(e)
         11      elif os.path.isdir(path):      # 如果为文件夹
         12          for item in os.listdir(path):
         13              itempath = os.path.join(path, item)  # 组合成文件名称
         14              del_dir_tree(itempath)  # 调用函数自身--递归
         15          try:
         16              os.rmdir(path)         # 删除空目录
         17          except Exception as e:
         18              #pass
         19              print(e)
         20
         21  del_dir_tree('test')    # 调用函数
executed in 333ms, finished 13:50:49 2022-08-05
```

图5-21 删除指定路径下的所有文件

课后练习

1. 创建文件夹，命名为"我的文件夹"，然后在该文件夹中创建子文件夹"子文件夹1"。

2. 将《咏鹅》诗句保存到列表中，然后将列表数据写入咏鹅.txt文件中，并将该文件保存在"我的文件夹"目录中。

3. 利用边读边写的方式将咏鹅.txt文件复制一份，保存到"子文件夹1"中。

4. 使用文件与目录操作删除"我的文件夹"。

◆ 拓展知识 ◆

数字中国建设已取得重大成就

党的十八大以来，以习近平同志为核心的党中央系统谋划、统筹推进数字中国建设，取得了显著成就。

1. 数字基础设施实现跨越发展

移动通信技术从"3G突破""4G同步"到"5G引领"，4G基站占全球一半以上，5G基站达到了231.2万个（截至2022年底），5G用户达5.61亿户，所有地级市都全面建成光网城市，行政村实现宽带网络全覆盖，算力规模全球排名第二，IPv6活跃用户数超7亿。

2. 数据资源价值加速释放

2017—2022 年，我国数据产量从 2.3ZB 增加到 8.1ZB，位居世界第二。大数据产业规模从 4700 亿元增加到 1.57 万亿元，省级公共数据开放平台的有效数据集增加至近 25 万个。

3. 数字经济规模全球领先

我国 2022 年数字经济规模达 50.2 万亿元，占国内生产总值的比重达到 41.5%。各领域数字化转型加速推进，为实体经济提质增效、高质量发展提供了有力支撑。

4. 数字政府治理服务效能显著提升

从 2012—2022 年，我国电子政务发展指数国际排名从 78 位上升到 43 位，是上升最快的国家之一。"掌上办""指尖办"已经成为各地政务服务的标配，"一网通办""跨省通办"取得积极进展。

5. 数字便民利民惠民服务加快普及

截至 2022 年 12 月，我国的网民规模达到 10.67 亿，互联网普及率达到 75.6%，建成了全球规模最大的线上教育平台和全国统一的医保信息平台。网络扶贫行动助力打赢脱贫攻坚战，数字乡村建设稳步推进，城乡居民共享数字化的发展成果。

项目六 网络数据爬取

任务一 网络爬虫基础与流程

网络爬虫是数据搜集的一种方式。大数据分析的数据源通常有以下类型：

1）企业自身的数据积累：企业自身的时间序列数据，一般不公开。

2）第三方平台数据购买：如阿里研究院、腾讯大数据等，这些平台往往需要付费。

3）网络爬取：从公开的网络平台中，利用合法的技术手段爬取数据。

本项目我们将重点学习从公开的网络中爬取数据的思路和方法，基本过程如图 6-1 所示。

图6-1 网络爬取基本过程

1. URL基础知识

URL（Uniform Resource Locator，统一资源定位符），俗称为"网址"，是数据资源在互联网上的位置的一种标识方法。URL 有统一的表示格式，以百度 URL 为例：

```
协议://服务器主机域名(或地址):端口/路径/文件名?参数#锚点
http://www.baidu.com:8080/news/sports/index.html?page=1&id=123#name
```

1）协议部分：http 即协议部分，表示超文本传输协议，常用的还有 ftp 文件传输协议，协议后面用冒号（:）和双斜杠（//）分割，http://。

2）服务器主机域名（或地址）：如 www.baidu.com 即百度服务器域名。

3）端口：服务器域名后面用冒号（:）分割，后面为端口号。

4）路径：端口号之后用斜杠（/）分割，后面为路径部分，到最后一个斜杠（/）为止。

5）文件名：最后一个斜杠（/）之后，问号（?）之前的部分为文件名，即最后的资源文件的位置。

6）参数：问号（?）之后井号（#）之前的部分为参数，用于向服务器提交数据，以 key=value 格式设置，多个参数之间用与字（&）符连接。

7）锚点：井号（#）之后部分为锚点，相当于页面中的超链接标记。

URL 为字符串格式，数据爬取时我们只需要按照 URL 的格式要求，构建对应的 URL 字符串，然后向对应的服务器发送请求，即可获取对应的数据。

2. 数据爬取

数据爬取是由用户端的 Python 程序，向网络中的数据服务器发送爬取 requests 对象，网络服务器响应用户请求并向用户返回 response 对象，该对象中包含用户所需要的数据，用户收到 response 对象后从中解析出所需的数据。

3. 爬取方法库

Python 网络数据爬取时最常用的方法库是 requests 库，它主要包含两个对象：requests 对象和 response 对象，通过这两个对象及其相关的属性和方法实现数据爬取，这两个对象常用的属性和方法见表 6-1。

表6-1 requests常用对象及方法

对象	函数/属性	说明
requests	requsts.get(url)	向对应的URL服务器发送GET请求，仅获取数据，不传参数
	requsts.post(url)	向对应的URL服务器发送POST请求，传参数，同时带回服务器处理后的数据
response	response.status_code	请求返回状态码，200表示成功，其他均表示请求失败
	response.encoding	从HTTP的header中猜测的响应内容的编码方式
	response.apparent_encoding	从内容中分析响应内容的编码方式（备选编码方式）
	response.text	爬取的内容，请求成功后获取的文本数据
	response.content	爬取的内容，请求成功后获取的二进制数据，如图片等

以爬取百度网站为例，爬取过程如图 6-2 所示。

4. 数据解析与存储

从网络中获取数据后返回 response 对象，在该对象中包含我们要爬取的数据，通常数据为 HTML 格式或者 JSON 格式，还不能直接用于数据分析，我们需要从 response 对象中解析出所需的数据，常用的数据解析方法有正则表达式、BeautifulSoup 库、XPath 等，提取数据后保存到本地文件中或数据库中，常见的保存格式有 csv 文件或者 Excel 文件。接下来我们将学习如果使用正则表达式和 BeautifulSoup 库解析数据并存储到本地。

```
In [1]: # 导入爬取方法库
        import requests
        # 设置爬取地址url
        url="http://www.baidu.com"
        # 发送爬取请求，返回响应数据，同时设置请求时间
        response=requests.get(url)
        # 判断爬取状态，状态码200表示成功，否则表示失败
        if response.status_code!=200:
            print("爬取失败！")
            exit()
        # 设置编码格式
        response.encoding=response.apparent_encoding
        # 获取爬取结果，文本数据在text属性中，二进制在content属性中
        result=response.text
        # 查看爬取结果
        result

Out[1]: '<!DOCTYPE html>\r\n<!--STATUS OK--><html> <head><meta http-equiv=co
        ble content=IE=Edge><meta content=always name=referrer><link rel=sty
        u.min.css><title>百度一下，你就知道</title></head> <body link=#0000c
```

图6-2　requests库爬取百度网站（部分）

任务二　中国会计网会计科目爬取

本案例实现从"中国会计网"爬取最新会计科目表中所有的会计科目数据，提取后保存到本地 csv 文件中。具体步骤如下：

（1）导入所需模块，如图6-3所示。

```
In [1]: import csv            #导入csv库
        import os              #导入文件操作os库
        import requests        #导入requests库
        import re              # 导入正则表达式库
        executed in 117ms, finished 17:22:43 2022-08-06
```

图6-3　导入所需模块

（2）获取"中国会计网"地址，并向资源服务器发送get请求，判断连接状态，如果连接失败则直接退出，如图6-4所示。

```
In [3]: # 中国会计网静态网页资源地址
        url='http://www.canet.com.cn/kemu/596034.html'

        # 发送get请求，返回response对象，包含要获取的网页的所有数据
        response=requests.get(url)

        if response.status_code!=200:   #连接状态判断，200表示成功
            print('连接失败！')
            exit()            # 如果连接失败，就结束整个程序
        executed in 5.19s, finished 17:26:59 2022-08-06
```

图6-4　发送get请求判断连接状态

（3）设置字符集，从response对象的text属性中获取HTML静态文档，如图6-5所示。

```
In [4]: #设置字符集
        response.encoding=response.apparent_encoding
        #获取爬取内存html格式:
        html=response.text
        print(html)
        executed in 545ms, finished 17:27:00 2022-08-06

        <!DOCTYPE html>
        <html>
        <head>
        <meta charset=gbk>
        <meta name="viewport" content="width=device-width,minimum-scale=1.0
        <meta name="applicable-device" content="pc">
        <link rel="stylesheet" href="/css/style.css">
        <title>最新会计科目表（2022）_中国会计网</title>
        <meta name="keywords" content="最新会计科目表（2022）" />
```

图6-5 设置字符集并提取数据（部分）

（4）设置字符串模糊提取规则，使用正则表达式findall()函数提取所有的科目数据，返回值数据结构为一维列表，如图6-6所示。

```
In [6]: # 以<td>开始，后面是换行符，下一行是若干空格，用\s*
        # 以</td>结束，中间有若干字符，使用(.*?)非贪婪模式
        pattern=r'<td>\s*(.*?)</td>'

        # 使用正则表达式模糊提取数据
        result_list=re.findall(pattern,html)
        print(result_list)
        executed in 30ms, finished 17:28:49 2022-08-06

        ['1', '1001', '库存现金', ' ', '38', '1431', '周转材料',
        '银行专用', '3', '1003', '存放中央银行款项', '银行专用', '40
        451', '损余物资', '保险专用', '5', '1015', '其他货币基金',
```

图6-6 正则表达式提取数据（部分）

（5）使用列表推导式切片，每4个数据提取一行，将一维列表转换为会计科目二维列表，如图6-7所示。

```
In [7]: # 列表推导式将列表分组，4个一行，转为二维列表
        arr=[result_list[i:i+4] for i in range(0,len(result_list),4)]
        print(arr)
        executed in 30ms, finished 17:29:26 2022-08-06

        [['1', '1001', '库存现金', ' '], ['38', '1431', '周转材料',
        '金属', '银行专用'], ['3', '1003', '存放中央银行款项', '银行专用']
        用'], ['41', '1451', '损余物资', '保险专用'], ['5', '1015', '其他
```

图6-7 将一维列表转化为二维列表（部分）

（6）将二维列表数据保存到本地csv文件中，如图6-8所示。

```
In [8]: # 设置表头字段列表
        headers=["序号","编号","会计科目名称","会计科目适用范围"]

        # 保存到本地csv文件，'gbk'防止中文乱码,newline=""不插入空行
        with open('会计科目.csv','w',encoding='gbk',newline="") as f:
            writer = csv.writer(f)    # 创建write对象，写入数据到csv 对象
            writer.writerow(headers)  # 写入单行标题列
            writer.writerows(arr)     # 写入多行（数据），存入所有科目数据
```

图6-8 将二维列表数据保存到本地csv文件

会计科目爬取结果截图如图 6-9 所示。

序号	编号	会计科目名称	会计科目适用范围
1	1001	库存现金	
38	1431	周转材料	建造承包商专用
2	1002	银行存款	
39	1441	贵金属	银行专用

图6-9 会计科目爬取结果截图

任务三 平安银行财务报表数据爬取

平安银行的股票代码为"000001",我们从中商情报网爬取该公司的资产负债表、利润表和现金流量表。

1. 网站分析

(1)打开中商情报网,选择股票,选择"数据库"。
(2)单击"上市企业数据",即可打开所有上市公司数据列表,如图6-10所示。

图6-10 中商情报网上市公司数据列表

(3)单击"平安银行",在左侧"公司财务分析"中可以看见常用的财务报表,如图6-11所示。

图6-11 平安银行的财务报表

（4）打开"资产负债表"，可看到平安银行披露的资产负债数据，在浏览器地址栏中可以看到平安银行资产负债表的网络资源地址，如图6-12所示。

图6-12 资产负债表数据

（5）同理，打开利润表和现金流量表，获取对应的URL地址，并分析URL地址的设计规律，见表6-2。

表6-2 常见报表的URL地址

报 表	请求URL地址
资产负债表	https://s.askci.com/stock/financialreport/000001/
利润表	https://s.askci.com/stock/financialreport/000001/profit/
现金流量表	https://s.askci.com/stock/financialreport/000001/cashflow/
URL格式规律	https://s.askci.com/stock/financialreport/股票代码/报表类型

（6）网页源码分析。在资产负债表页面查看页面源码，可以在页面源码中看到所有的资产负债表数据，如资产负债表的表头信息，均包含在td标签中，如图6-13所示。

据此我们可以得出结论：中商情报网中报表数据是以静态HTML页面数据的形式呈现的，我们可以用爬取静态HTML页面的方式获取报表数据。

图6-13 资产负债表表头信息源码

2. 爬取过程

（1）导入工具包，如图6-14所示。

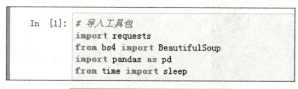

图6-14 导入工具包

（2）设置资产负债表的URL地址，如图6-15所示。

```
In [2]: # 资产负债表URL
        url="https://s.askci.com/stock/financialreport/000001/"
```

图6-15 设置URL地址

(3)向URL地址发送爬取请求,判断连接状态,连接成功后设置编码格式,并提取返回的文本数据,如图6-16所示。

```
In [3]: # 向中商情报网发送请求,获取数据
        res=requests.get(url,timeout=3)
        
        # 判断连接状态,如果连接失败,则提示并退出
        if res.status_code!=200:
            print("连接失败")
            exit()
        
        # 设置编码格式
        res.encoding=res.apparent_encoding
        
        # 提取返回数据HTML格式
        html=res.text
        html
```

图6-16 发送爬取请求

(4)资产负债表数据包含在td标签中,该标签的结构比较复杂,这里使用BeautifulSoup进行解析,显示标签对象的树状结构,如图6-17所示。

```
In [4]: # 使用BeautifulSoup解析
        soup=BeautifulSoup(html,'lxml')
        
        # 显示标签对象的树状结构
        print(soup.prettify())
```

图6-17 解析HTML

(5)在标签树对象中查找所有的td标签对象,返回标签对象列表,如图6-18所示。

```
In [5]: # 提取所有的td标签对象,返回td标签对象列表
        td_list=soup.find_all("td")
        
        td_list
```

图6-18 查找所有的td标签对象

(6)提取td标签对象的内容,首先定义空列表作为容器,然后循环遍历td对象列表,将td标签对象的值逐个添加到空列表容器中,如图6-19所示。

```
In [6]: # 定义空列表,接收标签对象的内容
        a=[]
        
        # 遍历标签对象列表,提取标签内容,清除两端空格后存入列表
        for td in td_list:
            a.append(td.text.strip())
        
        print(a)
```

图6-19 读取所有td标签对象的内容

(7)观察资产负债表、利润表和现金流量表的表结构,我们发现第2行的第1个数据均为"报表核心指标",我们可以根据这一特征得到报表的实际列数,即"报表核心指标"

在列表中的索引，如图6-20所示。

```
In [7]: # 获取报表的实际列数，根据'报表核心指标'的位置索引
        c=a.index('报表核心指标')
        print("总列数为:",c)
        executed in 23ms, finished 19:18:30 2023-05-08
总列数为: 13
```

图6-20 获取有效列数

（8）按照报表实际列数切片，切取第一行表头行，作为资产负债表的表头字段，如图6-21所示。

```
In [8]: # 切片提取表头字段列表
        columnns=a[0:c]
        print(columns)
```

图6-21 切片提取表头列表

（9）使用列表推导式切取每一行数据，由于第2行"报表核心指标"所在行数据均为空，因此提取数据时从第3行开始，因此切片范围为range（2*c, len（a），c），返回二维列表，如图6-22所示。

```
In [9]: # 将一维列表转换为二维列表，跳过第2行,"报表核心指标"均为空
        b=[a[i:i+c] for i in range(2*c,len(a),c)]
        print(b)
```

图6-22 从第3行开始提取数据

（10）将资产负债表二维列表数据转换为DataFrame数据框，同时设置列标题，如图6-23所示。

图6-23 将提取的数据转换为DataFrame数据框（部分）

（11）在当前目录下新建3个文件夹，分别重名为资产负债表、利润表、现金流量表，用来保存上市公司三类财务报表的数据，如图6-24所示。

（12）将平安银行数据保存到资产负债表文件夹中，文件名格式为"000001_平安银行_zcfzb.csv"，为

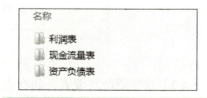

图6-24 报表数据本地文件夹

防止出现中文乱码，设置编码格式为"gbk"，同时删除默认的行索引，如图6-25所示。

```
In [11]: # 将平安银行资产负债表保存到本地csv文件,同时删除默认行索引
         df.to_csv(r'资产负债表\000001_平安银行_zcfzb.csv',encoding='gbk',index=False)
```

图6-25 将数据保存到本地文件夹

3. 功能封装

（1）上述爬取过程具有可重复性，只需要更改上市公司的股票代码、公司名称、报表类型即可爬取任意一家上市公司的报表数据，因此我们可以封装为一个函数，提高代码的可重用性，爬取过程封装如图6-26所示。参数含义：code为股票代码，name为公司名称，leixing为报表类型，在函数内部根据报表类型和URL地址的拼接规律，自动拼接URL地址。

（2）调用上述封装的函数，爬取平安银行的资产负债表、利润表、现金流量表，如图6-27所示。

我们可以利用该函数爬取沪深交易所所有上市公司的财务报表，要实现该功能，我们首先必须要获取在沪深交易所上市的所有上市公司的清单。

```
In [12]: # 将爬取过程封装为函数
         def get_baobiao(code,name,leixing=""):
             basic_url="https://s.askci.com/stock/financialreport/"   # 基础URL地址
             name=name.replace('*','')        # 清除股票名称中可能存在的*号
             if leixing=="":
                 leixing="zcfzb"              # 类型为空时默认爬取资产负债表
                 url=basic_url+code           # 资产负债表爬取URL
                 path="资产负债表"             # 需要新建中商情报网\资产负债表文件夹
             elif leixing=="lrb":              # 爬取利润表
                 url=basic_url+code+"/profit/"
                 path="利润表"                 # 需要新建中商情报网\利润表文件夹
             elif leixing=="xjllb":
                 url=basic_url+code+"/cashflow/"
                 path="现金流量表"             # 需要新建中商情报网\现金流量表文件夹

             res=requests.get(url,timeout=2)  # 爬取数据
             res.encoding=res.apparent_encoding  # 设置编码格式
             html=res.text                    # 读取内容
             soup=BeautifulSoup(html,'lxml')  # 解析内容
             result=soup.find_all("td")       # 提取td标签
             a=[]
             for i in result:
                 a.append(i.text.strip())     # 循环提取td标签内容
             c=a.index('报表核心指标')         # 获取总列数
             columnns=a[0:c]                  # 切片提取表头
             b=[a[i:i+c] for i in range(2*c,len(a),c)]  # 提取内容,跳过第一行空行
             df=pd.DataFrame(b,columns=columnns)   # 存入DataFrame数据框中
             df.to_csv(f"{path}/{code}_{name}_{leixing}.csv",encoding='gbk',index=False)  # 存入本地文件
             print(code,name,leixing,"爬取完毕")   # 提示爬取状态
```

图6-26 爬取过程封装

```
In [13]: get_baobiao("000001","平安银行")
         get_baobiao("000001","平安银行","lrb")
         get_baobiao("000001","平安银行","xjllb")
         executed in 3.08s, finished 19:20:17 2023-05-08

         000001 平安银行 zcfzb 爬取完毕
         000001 平安银行 lrb 爬取完毕
         000001 平安银行 xjllb 爬取完毕
```

图6-27 调用封装后的函数爬取常见报表

任务四　沪深两市上市公司清单爬取

我国沪深两市上市公司的清单在各大财经网站上都可以获取，这里以巨潮资讯网获取为例进行讲解。

（1）导入所需模块，如图6-28所示。

```
In [1]: import json
        import requests
        import pandas as pd
        import re
        executed in 381ms, finished 11:48:25 2023-04-23
```

图6-28　导入所需模块

（2）向巨潮资讯网URL地址发送请求，获取上市公司数据，返回的数据为JSON格式，使用JSON库的loads()方法转换为字典结构，如图6-29所示。

```
In [2]: # 从以下URL中提取所需要的上市企业数据源信息
        url = "http://www.cninfo.com.cn/new/data/szse_stock.json"
        data_json = requests.get(url = url).text
        data_dict=json.loads(data_json)
        print(data_dict)
        executed in 4.12s, finished 11:49:04 2023-04-23

{'stockList': [{'code': '000001', 'pinyin': 'payh', 'category': 'A股',
```

图6-29　获取上市公司数据（部分）

（3）上市公司股票数据为stockList键对应的值，提取数据后转换为DataFrame数据框，如图6-30所示。

```
In [3]: data_list=data_dict['stockList']
        df = pd.DataFrame(data_list)
        df
        executed in 68ms, finished 11:50:25 2023-04-23
```

Out[3]:

	code	pinyin	category	orgId	zwjc
0	000001	payh	A股	gssz0000001	平安银行
1	000002	wka	A股	gssz0000002	万科A
2	000004	stgh	A股	gssz0000004	ST国华

图6-30　提取数据并转换为DataFrame数据框

（4）对股票清单列数据进行自定义排序，如图6-31所示。

```
In [4]: # 列字段自定义排序
        order = ['code','orgId','zwjc','pinyin','category']
        df = df[order]
        df
        executed in 40ms, finished 11:51:11 2023-04-23
```

Out[4]:

	code	orgId	zwjc	pinyin	category
0	000001	gssz0000001	平安银行	payh	A股
1	000002	gssz0000002	万科A	wka	A股
2	000004	gssz0000004	ST国华	stgh	A股

图6-31　自定义排序

（5）重命名列标题，使用rename()函数，参数为字典映射结构，将列标题修改为中文名称，如图6-32所示。

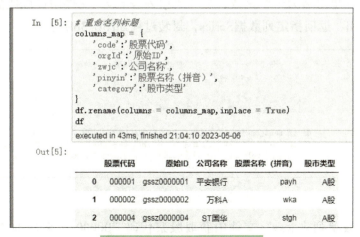

图6-32　重命名列标题

（6）将上市公司数据保存到本地csv文件中，如图6-33所示。

```
In [6]: # 将上市公司数据保存到本地csv文件中,删除默认行索引
        df.to_csv("股票列表.csv",encoding='gbk',index=False)
        executed in 44ms, finished 20:48:30 2023-05-06
```

图6-33　将上市公司数据保存到本地csv文件中

（7）读取"股票列表.csv"文件，同时将"股票代码"转换为字符串类型，如图6-34所示。

```
In [7]: # 读取数据,同时将股票代码列转换为str类型
        df1=pd.read_csv("股票列表.csv",encoding='gbk',converters={"股票代码":str})
        df1
        executed in 70ms, finished 21:04:19 2023-05-06
Out[7]:
           股票代码    原始ID      公司名称   股票名称（拼音）  股市类型
        0  000001  gssz0000001  平安银行      payh        A股
        1  000002  gssz0000002  万科A       wka         A股
        2  000004  gssz0000004  ST国华      stgh        A股
```

图6-34　读取"股票列表.csv"文件

（8）将股票代码列设置为行索引，同时删除默认的序号索引，如图6-35所示。

```
In [8]: # 将股票代码设置为行索引,同时删除默认序号索引
        df1.set_index("股票代码",drop=True,inplace=True)
        df1
        executed in 38ms, finished 21:04:25 2023-05-06
Out[8]:
                    原始ID      公司名称   股票名称（拼音）  股市类型
        股票代码
        000001   gssz0000001  平安银行      payh        A股
        000002   gssz0000002  万科A       wka         A股
        000004   gssz0000004  ST国华      stgh        A股
```

图6-35　重置行索引

（9）函数封装。我们后期经常需要以"股票代码"为行索引，获取公司的其他信息。为了方便处理，这里封装为一个函数，从"股票列表.csv"文件中读取数据，将"股票代码"设置为行索引，返回指定列数据Series，封装过程如图6-36所示。

```
In [9]:  # 将上述过程封装为一个函数，以方便根据股票代码获取其他属性值
         def get_Series(fp,column):
             """
             fp:股票列表.csv文件的路径
             column:需要获取的上市公司的属性名
             """
             df=pd.read_csv(fp,encoding='gbk',converters={"股票代码":str})
             df.set_index("股票代码",drop=True,inplace=True)  #将股票代码设置为行索引
             return df[column]    # 提取column单列Series数据并返回
         executed in 15ms, finished 20:48:50 2023-05-06
```

图6-36 函数封装过程

例如，从"股票列表.csv"文件中获取股票代码"000001"对应的"原始ID"，如图6-37所示。

```
In [10]:  # 根据股票代码获取原始ID
          orgId=get_Series("股票列表.csv","原始ID")
          orgId['000001']
          executed in 53ms, finished 21:04:30 2023-05-06
Out[10]:  'gssz0000001'
```

图6-37 自定义函数的应用1

从"股票列表.csv"文件中获取股票代码"000001"对应的"公司名称"，如图6-38所示。

```
In [11]:  # 根据股票代码获取上市公司中文名称
          cn_name=get_Series("股票列表.csv","公司名称")
          cn_name['000001']
          executed in 74ms, finished 21:04:35 2023-05-06
Out[11]:  '平安银行'
```

图6-38 自定义函数的应用2

任务五 沪深两市上市公司财务报表爬取

任务三中我们封装了爬取单个上市公司财务报表的函数，任务四中我们爬取了沪深两市上市公司清单，并封装了根据股票代码获取上市公司其他信息的函数，在此基础上我们就可以从中商情报网中爬取任意一家上市公司的财务报表数据。

沪深两市上市公司财务数据爬取过程如下：
（1）导入所需模块，如图6-39所示。

```
In [1]: import requests
        from bs4 import BeautifulSoup
        import pandas as pd
        from time import sleep
```

图6-39　导入所需模块

（2）复制任务四中封装的函数，该函数的功能是读取"股票列表.csv"文件，将"股票代码"设置为行索引，返回指定列数据Series，如图6-40所示。

```
In [2]: # 复制任务四中封装的获取上市公司清单的函数
        def get_Series(fp,column):
            df=pd.read_csv(fp,encoding='gbk',converters={"股票代码":str})
            df.set_index("股票代码",drop=True,inplace=True)   #将股票代码设置为行索引
            return df[column]      # 提取column单列Series数据并返回
```

图6-40　复制封装的函数

（3）调用封装的函数，读取"股票列表.csv"文件中"公司名称"列Series，根据股票代码提取对应上市公司名称，该Series的行索引为所有上市公司的股票代码，如图6-41所示。

```
In [3]: # 提取公司名称单列Series数据，行索引为股票代码
        stock_name=get_Series("股票列表.csv","公司名称")
        # 根据股票代码获取上市公司名称
        stock_name["000001"]
        executed in 109ms, finished 20:25:07 2023-05-08
Out[3]: '平安银行'
```

图6-41　提取上市公司名称

（4）从返回值Series的行索引index中提取上市公司股票代码列表，如图6-42所示。

```
In [4]: # 获取上市公司股票代码列表
        code_list=stock_name.index.tolist()
        code_list
```

图6-42　获取上市公司股票代码列表

（5）复制任务三中封装的爬取上市公司财务报表的函数，循环遍历股票代码列表，调用该函数爬取沪深交易所所有上市公司的财务报表。由于各家上市公司在披露财务报表时有可能出现各种异常问题，因此需要对代码进行完善，在代码中添加try…except…异常处理语句，将有可能出现异常的代码放在try后的代码块中，当出现异常时通过except后的代码块输出异常信息，提示对应的股票代码，并且将异常处理过程放在while循环中，在设定的时间内重复爬取，直到超时为止，从而提高爬取成功的概率，在爬取成功后使用break退出，完善后的函数如图6-43所示。

```
In [5]: # 复制任务三中封装的爬取单个上市公司财务报表的函数
        def get_baobiao(code,name,leixing=""):
            basic_url="https://s.askci.com/stock/financialreport/"  # 基础URL地址
            name=name.replace("*","")         # 清除股票名称中可能存在的*号
            if leixing=="":
                leixing="zcfzb"               # 类型为空时默认爬取资产负债表
                url=basic_url+code            # 资产负债表爬取URL
                path="资产负债表"              # 需要新建中商情报网\资产负债表文件夹
            elif leixing=="lrb":              # 爬取利润表
                url=basic_url+code+"/profit/"
                path="利润表"                  # 需要新建中商情报网\利润表文件夹
            elif leixing=="xjllb":
                url=basic_url+code+"/cashflow/"
                path="现金流量表"               # 需要新建中商情报网\现金流量表文件夹
            while True:                       # 循环爬取
                try:                          # 有可能出错,使用异常处理语句
                    res=requests.get(url,timeout=3)  # 爬取数据
                    res.encoding=res.apparent_encoding  # 设置编码格式
                    html=res.text             # 读取内容
                    soup=BeautifulSoup(html,'lxml')   # 解析内容
                    result=soup.find_all("td")        # 提取td标签
                    a=[]
                    for i in result:
                        a.append(i.text.strip())      # 循环提取td标签内容
                    c=a.index("报表核心指标")           # 获取总列数
                    columnns=a[0:c]                   # 切片提取表头
                    b=[a[i:i+c] for i in range(2*c,len(a),c)]  # 提取内容,跳过第一行空行
                    df=pd.DataFrame(b,columns=columns)         # 存入DataFrame数据框中
                    df.to_csv(f"{path}/{code}_{name}_{leixing}.csv",encoding="gbk",index=False)
                    print(code,name,leixing,"爬取完毕")         # 提示爬取状态
                    sleep(2)                                   # 等待2秒
                    break
                except Exception as e:                         # 如果出错,提示错误信息
                    print(e,code)
                    break
```

图6-43 复制任务三封装的函数

（6）遍历股票代码列表，重复调用封装的函数，实现对沪深两市上市公司资产负债表、利润表和现金流量表的爬取，如图6-44所示。

```
In [*]: # 上市公司财务报表爬取
        for code in code_list:
            get_baobiao(code,stock_name[code])
            get_baobiao(code,stock_name[code],"lrb")
            get_baobiao(code,stock_name[code],"xjllb")
            print("-"*50)    # 打印分割线
execution queued 20:25:11 2023-05-08

000001 平安银行 zcfzb 爬取完毕
000001 平安银行 lrb 爬取完毕
000001 平安银行 xjllb 爬取完毕
```

图6-44 沪深两市上市公司财务报表爬取

在爬取过程过程中不可避免会出现各种异常问题，因此爬取数据不尽相同，这些数据将作为大数据分析的基础数据。

任务六　沪深两市上市公司基本档案爬取

沪深两市上市公司的基本档案，我们依然从中商情报网中爬取。

1. 网站分析

（1）打开网站首页，选择"数据库"。

（2）单击"上市企业数据"，即可打开所有上市公司数据列表，如图6-45所示。

图6-45　中商情报网上市公司数据

（3）单击000001平安银行，打开平安银行的资料详情页面，如图6-46所示。

图6-46　平安银行资料详情

（4）右键选择"检查"或按下<F12>键，进入开发者模式，刷新页面后在"标头"中可以看到请求网址、请求方法等信息，如图6-47所示。

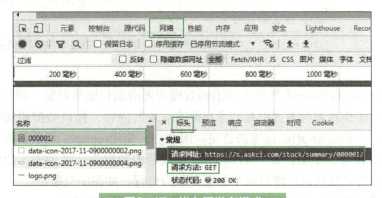

图6-47　进入开发者模式

（5）在"响应"中可以看到服务器返回的数据格式，这里为HTML格式，如图6-48所示。据此我们就可以从响应数据中提取所需要的数据了。

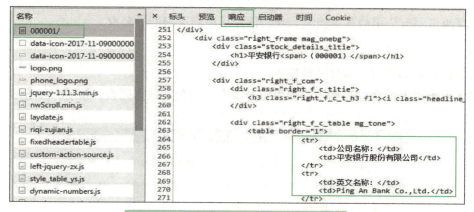

图6-48　服务器返回的数据格式

2. 爬取过程

以平安银行数据为例：

（1）导入所需模块，如图6-49所示。

图6-49　导入所需模块

（2）设置爬取URL，发送爬取请求，如图6-50所示。

图6-50　发送爬取请求

（3）使用BeautifulSoup库的find_all()函数提取所有的td标签对象，得到td标签对象列表，然后遍历td标签对象列表提取每一个td标签对象的内容，提取数据的同时完成简单的字符串清洗工作，使用strip()函数除去首尾两端空格，使用replace()函数替换特殊字符，常见的特殊字符有冒号、空格、\n、\u3000等，提取后的数据为一维列表，使用推导式列表将一维列表转化为二维列表，将每两个数据提取为一行，如图6-51所示。

（4）将二维列表中的数据保存到本地csv文件中，如图6-52所示。

```
In [3]: soup=BeautifulSoup(html,'lxml')    # 创建解析对象
        result_list=soup.find_all('td')    # 获取td对象列表

        a=[]    # 创建空列表
        # 提取td标签的内容，同时完成简单的清洗工作
        # 使用strip除去两端空格，使用replace替换掉中间空格、\n、冒号和\u3000
        for i in range(len(result_list)):
            a.append(result_list[i].text.strip().replace(" ","").replace(":","")\
                    .replace("\u3000","").replace("\n",""))

        # 列表推导式，转换为二维列表，每2个数据转为1行
        data=[a[i:i+2] for i in range(0,len(a),2)]
        data
        executed in 56ms, finished 09:40:34 2023-05-15

Out[3]: [['公司名称', '平安银行股份有限公司'],
         ['英文名称', 'PingAnBankCo.,Ltd.'],
```

图6-51　从HTML中提取数据

```
In [4]: with open("平安银行.csv",'w',newline="") as f:
            writer=csv.writer(f)
            writer.writerows(data)
        executed in 20ms, finished 20:34:43 2023-05-07
```

图6-52　将平安银行基本资料保存到本地csv文件中

（5）上述过程同样具有可重用性，可以封装为一个函数，以便于重复调用。在当前目录下"上市公司基本档案"文件夹作为上市公司基本档案的保存路径。函数封装过程如图6-53所示。

```
In [5]: def get_basicdata(code,stock_name):
            stock_name=stock_name.replace("*","")    # 去除可能的*号
            url=f"https://s.askci.com/stock/summary/{code}/"
            response=requests.get(url,timeout=3)    # 设置时长，3秒获取不到即终止
            response.encoding=response.apparent_encoding
            html=response.text
            soup=BeautifulSoup(html,'lxml')
            result_list=soup.find_all('td')    # 返回td对象列表
            a=[]
            for i in range(len(result_list)):
                a.append(result_list[i].text.strip().replace(" ","")\
                        .replace(":","").replace("\u3000","").replace("\n",""))
            data=[a[i:i+2] for i in range(0,len(a),2)]
            with open(f'上市公司基本档案/{code}_{stock_name}_gszl.csv','w',newline="") as f:
                writer=csv.writer(f)
                writer.writerows(data)
```

图6-53　函数封装过程

（6）调用任务四封装的函数，获取公司名称和股票代码列表，如图6-54所示。

```
In [6]: # 调用已经封装的获取上市公司数据的方法
        def get_Series(fp,column):
            '''
            fp:股票列表csv文件的路径
            column:需要获取的上市公司的属性名
            '''
            df=pd.read_csv(fp,encoding='gbk',converters={"股票代码":str})
            df.set_index("股票代码",drop=True,inplace=True)    # 将股票代码设置为行索引
            return df[column]    # 提取column单列Series数据并返回

        stockname=get_Series("股票列表.csv",'公司名称')    # 获取公司名称Series
        code_list=stockname.index.tolist()    # 股票代码列表
        print(code_list[0])
        print(stockname['000001'])
        executed in 66ms, finished 09:24:10 2023-05-10

        000001
        平安银行
```

图6-54　获取公司名称和股票代码列表

（7）遍历股票代码列表，重复调用封装的函数，爬取沪深交易所全部上市公司的基本资料，保存到"上市公司基本档案"文件夹中。同样，爬取过程中有可能出现各种异常，使用while循环、try…except…异常处理语句和break跳转语句完善代码，如图6-55所示。

```
In [7]: for code in code_list:   # 遍历股票代码列表
            while True:           # 设置在等待期内一直爬取
                try:              # 异常处理语句，如果爬取失败后超时，退出
                    get_basicdata(code,stockname[code])  # 调用爬取函数
                    print(code,stockname[code],"爬取完毕！")  # 爬取进度提示
                    sleep(1)      # 休眠1秒
                    break         # 如果爬取成功，则退出，进入下一次爬取
                except Exception as e:
                    print(e,code) # 如果出错，输出错误信息，股票代码
                    break         # 进入下一次循环
        print("恭喜你,爬取完成！")
        executed in 6.28s, finished 09:43:19 2023-05-15
        000001 平安银行 爬取完毕！
        000002 万科A 爬取完毕！
        000004 ST国华 爬取完毕！
```

图6-55　上市公司基本档案爬取过程

任务七　上海证券交易所证券交易行情数据爬取

上海证券交易所（上交所）每天都会公布在其上市的所有上市公司的交易行情数据。这里我们编写 Python 网络爬虫，快速爬取在上交所上市的所有上市公司的股票交易行情数据，并保存到本地 csv 文件中。上交所公布的数据为 JSON 格式，在网页分析时建议使用谷歌浏览器或者火狐浏览器。

1. 网站分析

（1）网站数据分析。在上交所首页选择"数据"，再选择"行情报表"，如图6-56所示。

图6-56　上交所数据窗口

可以看到每页显示 25 条数据，共有 86 页，共计 2 146 条数据，如图 6-57 所示。

22	600028	中国石化	主板A股	4.08	0.25%	0.01	584449	23782.71	4.07
23	600029	南方航空	主板A股	6.22	0.32%	0.02	234896	14498.10	6.20
24	600030	中信证券	主板A股	19.30	2.44%	0.46	702522	134069.05	18.84
25	600031	三一重工	主板A股	16.50	1.16%	0.19	482725	78927.50	16.31

图6-57　上交所交易行情数据

（2）数据请求分析。上交所网页不是静态HTML页面，而是Ajax异步动态生成的，因此我们在网页源码分析时无法从源码中获取所需要的数据，此时我们需要进入"开发者模式"。在"开发者模式"中执行一次页面"刷新"功能，即可看到向上交所服务器异步发送的各种请求，选择"网络"，即可看到访问上交所网站时发送的get请求列表，逐个分析每一个get请求，观察"响应"中的返回值，返回上市公司交易数据的get请求才是真正发送的数据请求，如图6-58所示。

（3）在"消息头"选项卡中我们可以看到真实的get请求的URL地址，如图6-59所示。

（4）在"响应"选项卡中，可以看到返回的JSONP数据，在list列表参数中包含我们要获取的数据，如图6-60所示。

图6-58　网站分析获取真实数据请求URL地址

图6-59　真实URL地址与相关参数

图6-60　list列表参数

2. 爬取过程

（1）导入所需模块，如图6-61所示。

```
In [35]: import requests
         import json
         import numpy as np
         import pandas as pd
         executed in 20ms, finished 19:58:33 2022-08-06
```

图6-61　导入所需模块

（2）构建URL请求，将end参数从25修改为最大值2 146，时间戳无须修改，向上交所服务器发送get请求，获取上市公司交易数据，如图6-62所示。

```
In [36]: url="http://yunhq.sse.com.cn:32041/v1/sh1/list/exchange/equity\
         ?callback=jsonpCallback37550604&select=code,name,open,high,low,\
         last,prev_close,chg_rate,volume,amount,tradephase,change,amp_rate,\
         cpxxsubtype,cpxxprodusta,&order=&begin=0&end=2146&_=1656991005834"

         # 发起网络请求，返回数据，字符串格式
         result = requests.get(url).text
         print(result)
         executed in 1.85s, finished 20:03:02 2022-08-06

         jsonpCallback37550604({"date":20220805,"time":162851,"total":2146,"beg
         7.1500,7.0900,0.85,22554203,160555049,"E110",0.0600,1.41,"ASH","   D
```

图6-62　发送数据请求获取交易数据（部分）

（3）提取交易数据，返回数据为JSONP格式，真实数据在jsonpCallback37550604()的括号内部，因此需要使用字符串操作去除左边的"jsonpCallback37550604（"和后边的右括号"）"，提取后的数据为JSON格式字符串，如图6-63所示。

```
In [37]: # 修改返回值为JSON格式（字典的字符串形式）
         json_result =result.lstrip("jsonpCallback37550604(").rstrip(")")
         json_result
         executed in 30ms, finished 20:07:35 2022-08-06

Out[37]: '{"date":20220805,"time":162851,"total":2146,"begin":0,"end":2146,
         54203,160555049,"E110",0.0600,1.41,"ASH",   D F N          "],["
```

图6-63　获取JSON格式的数据（部分）

（4）将JSON格式字符串转换为Python中的字典格式，上市公司交易数据为list键对应的值，如图6-64所示。

```
In [38]: # 将JSON字符串格式转换为字典格式
         data_dict = json.loads(json_result)

         # 输出字典数据，其中我们要获取的数据在"list"键中
         print(data_dict)
         executed in 70ms, finished 20:20:32 2022-08-06

{'date': 20220805, 'time': 162851, 'total': 2146, 'begin': 0, 'end': 2146, 'list': [['600000',
```

图6-64　将JSON格式字符串转换为字典格式

（5）提取list键对应的值并转换为DataFrame数据框，设置行索引为1～2 146，列索引为每列数据的名称，如图6-65所示。

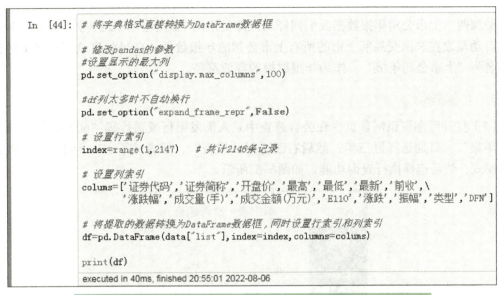

图6-65　提取list键对应的值并转换为DataFrame数据框

（6）转换为DataFrame数据框后的部分数据如图6-66所示。

图6-66　转换为DataFrame数据框后的部分数据

（7）将DataFrame数据框数据保存到本地csv文件中，如图6-67所示。

图6-67　将DataFrame数据框数据保存到本地csv文件中

至此，我们就实现了上交所当日所有上市公司交易行情数据的获取。

任务八　沪深两市上市公司年报爬取

沪深两市上市公司年报数据我们同样从巨潮资讯网中爬取。下面我们将编写 Python 代码，自动爬取在沪深交易所上市的所有上市公司的年报数据。在当前目录下新建文件夹，重命名为"上市公司年报"，作为年报数据的存放路径。

1. 网页源码分析

（1）打开巨潮资讯网首页，在公告速查中录入浦发银行股票代码"600000"，分类选择"年报"，日期选择近三年，然后右键选择"检查"，或者按下<F12>键，进入页面开发者模式，然后选择执行查询功能，如图6-68所示。

图6-68　浦发银行数据查询

（2）在开发者模式中选择"网络"，在下面异步请求中查到query查询请求，在右侧"标头"中即可看到我们真正向巨潮资讯网服务器发送的请求网址，我们可以看到这里发送的是POST请求，如图6-69所示。

图6-69　请求网址及请求方式

（3）在"载荷"中可以看到向巨潮资讯网发送的请求表单数据，即向服务器发送的请求参数，请求数据结构为字典格式，如图6-70所示。

图6-70 查询请求的参数信息

（4）在"预览"中即可看到返回的响应数据，每一份年报为一条记录，如图6-71所示。

图6-71 响应数据源码预览

（5）在响应结果中提取上市公司年报相关数据，即可实现对年报数据的爬取，这里以爬取年度报告（摘要）数据为例进行讲解。

2. 爬虫过程设计

（1）导入所需模块，如图6-72所示。

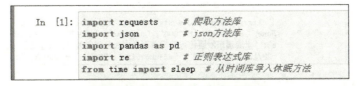

图6-72 导入所需模块

（2）设置请求URL地址，直接复制请求标头中的请求地址，如图6-73所示。

```
In [2]: # 请求的URL地址
        url='http://www.cninfo.com.cn/new/hisAnnouncement/query'
```

图6-73　设置请求URL地址

（3）设置请求参数表单，数据直接从网站中获取，必须将数据转换为字典格式，如图6-74所示。

```
In [3]: # 定义表单数据
data={
    'pageNum': 1,
    'pageSize': 30,
    'column': 'szse',
    'tabName': 'fulltext',
    'plate': '',
    'stock': '600000,gssh0600000',
    'searchkey': '',
    'secid': '',
    'category': 'category_ndbg_szsh',
    'trade': '',
    'seDate': '2020-01-01~2023-04-30',
    'sortName': '',
    'sortType': '',
    'isHLtitle': 'true'
}
```

图6-74　设置请求参数表单

（4）向巨潮资讯网发送POST请求，返回查询结果为JSON格式字符串，如图6-75所示。

```
In [4]: # 提交请求，返回JSON格式字符串
response=requests.post(url,data=data)
result_json=response.text
print(result_json)
executed in 165ms, finished 21:34:04 2023-05-06

{"classifiedAnnouncements":null,"totalSecurities":0,"tota
Code":"600000","secName":"浦发银行","orgId":"gssh0600000
股份有限公司2021年年度报告（全文）","announcementTime":16
```

图6-75　发送请求返回JSON格式字符串数据（部分）

（5）将返回值JSON格式字符串转换为字典格式，可以使用JSON库中的loads()函数，如图6-76所示，也可以使用response对象的json()函数。

```
In [5]: # 将JSON格式转换为字典格式
result_dict=json.loads(result_json)
print(result_dict)
executed in 32ms, finished 21:35:12 2023-05-06

{'classifiedAnnouncements': None, 'totalSecurities': 0, '
None, 'secCode': '600000', 'secName': '浦发银行', 'orgId
e': '上海浦东发展银行股份有限公司2021年年度报告（全文）',
-28/1213175151.PDF', 'adjunctSize': 7506, 'adjunctType':
```

图6-76　将返回值JSON格式字符串转换为字典格式（部分）

（6）字典中"announcements"键对应的值即为年报列表，列表的每一项即为一个年报数据，每一个年报数据均为字典格式，如图6-77所示。

```
In [6]: # 获取字典中'announcements'键对应的值列表
        result_list=result_dict['announcements']
        for item in result_list:
            print(item)
        executed in 33ms, finished 15:01:00 2023-05-10
        {'id': None, 'secCode': '600000', 'secName': '浦发银行', 'orgId':
        浦东发展银行股份有限公司2022年年度报告（摘要）', 'announcementTime
        junctSize': 1388, 'adjunctType': 'PDF', 'storageTime': None, 'col
```

图6-77　获取所有年报数据列表

（7）提取每一份年报数据，其中"announcementTitle"键对应年报的标题，使用正则表达式的search()函数判断标题中是否包含"摘要"二字，当包含"摘要"二字时，获取股票代码secCode、公司名称secName、年报PDF的下载地址adjunctUrl，其中公司名称中有可能包含"*"号，需要使用replace()函数将"*"替换为空。获取这些数据后，使用"http://static.cninfo.com.cn/"与adjunctUrl变量，拼接生成年报文件的真实下载路径，使用f-string格式拼接生成年报文件下载到本地的文件名filename，设置下载到本地后的存放路径filepath，存放在"上市公司年报"文件夹中，使用get请求向PDF真实资源地址发送请求，并将获取的数据写入本地设置的filepath文件中，由于PDF文件为二进制格式，因此指定"wb"二进制写入模式，使用content属性。由于需要多次爬取，在一份年报数据爬取结束后使用sleep()函数休眠1秒，如图6-78所示。

```
In [7]: # 对列表中每一条年报数据进行遍历下载
        for item in result_list:
            # 如果年报标题中包含摘要,则下载
            if re.search('摘要',item['announcementTitle']):
                secCode=item['secCode']        # 获取公司股票代码
                secName=item['secName'].replace('*','')  # 获取股票名称并替换可能的"*"号
                title=item['announcementTitle']  # 获取标题
                adjunctUrl=item['adjunctUrl']  # 获取adjunctUrl,真实下载地址
                down_url='http://static.cninfo.com.cn/'+adjunctUrl #拼接完整下载路径
                filename=f'{secCode}_{secName}_{title}.pdf'#文件名格式:股票代码+股票名称+标题.pdf
                filepath="上市公司年报/"+filename  # 下载到本地"上市公司年报"文件夹中
                r=requests.get(down_url)       # 提交下载请求，下载年报PDF数据
                with open(filepath,'wb') as f: # 用response.content来写入文件信息
                    f.write(r.content)
                print(f'{secCode}_{secName}_{title}.pdf',"爬取完毕!")
                sleep(1)    # 休息1秒
        executed in 14.8s, finished 15:01:20 2023-05-10
        600000_浦发银行_上海浦东发展银行股份有限公司2022年年度报告（摘要）.pdf 爬取完毕!
        600000_浦发银行_上海浦东发展银行股份有限公司2021年年度报告（摘要）.pdf 爬取完毕!
        600000_浦发银行_上海浦东发展银行股份有限公司2020年年度报告(摘要).pdf 爬取完毕!
        600000_浦发银行_2019年年度报告摘要.pdf 爬取完毕!
```

图6-78　浦发银行年报数据爬取

（8）函数封装。上述爬取过程同样适用于其他上市公司，因此可以封装成一个函数。函数代码可以完全从上述代码中复制，只需要将可变数据以参数方式传入，在代码中将可变数据替换为对应的参数名称即可，这里使用f-string格式进行变量替换，如图6-79所示。

```
In [8]: # 将上述爬取过程封装为一个函数，以便于重复调用
        def download_nianbao(code,org_id,seDate='2020-01-01~2023-04-30'):
            '''
            code:股票代码
            org_id:股票的原始Id
            seDate:搜索期间，这里设置为默认值参数
            '''
            url='http://www.cninfo.com.cn/new/hisAnnouncement/query'
            data={
                'pageNum': 1,
                'pageSize': 30,
                'column': 'szse',
                'tabName': 'fulltext',
                'plate': '',
                'stock': f'{code},{org_id}',   #股票代码,股票原始ID
                'searchkey': '',
                'secid': '',
                'category': 'category_ndbg_szsh',
                'trade': '',
                'seDate': seDate,        # 搜索期间
                'sortName':'',
                'sortType': '',
                'isHLtitle': 'true'
            }
            response=requests.post(url,data=data)
            result_json=response.text
            result_dict=json.loads(result_json)
            result_list=result_dict['announcements']
            for item in result_list:
                if re.search('摘要',item['announcementTitle']):
                    secCode=item['secCode']
                    secName=item['secName'].replace('*','')
                    title=item['announcementTitle']
                    adjunctUrl=item['adjunctUrl']
                    down_url='http://static.cninfo.com.cn/'+adjunctUrl
                    filename=f'{secCode}_{secName}_{title}.pdf'
                    filepath='上市公司年报/'+filename
                    r=requests.get(down_url)
                    with open(filepath,'wb') as f:
                        f.write(r.content)
                    print(f'{secCode}_{secName}_{title}.pdf','爬取完毕!')
                    sleep(1)
```

图6-79　函数封装过程

（9）调用任务四封装的函数，如图6-80所示。

```
In [9]: # 复制任务四封装的获取上市公司数据的函数
        def get_Series(fp,column):
            df=pd.read_csv(fp,encoding='gbk',converters={"股票代码":str})
            df.set_index("股票代码",drop=True,inplace=True)  #将股票代码设置为行索引
            return df[column]      # 提取column单列Series数据并返回
```

图6-80　调用获取股票信息的函数

（10）调用该函数提取股票的原始ID，返回值的Series结构，将行索引转换为列表，即可得到上市公司的股票代码列表，如图6-81所示。

```
In [10]: # 读取股票列表的原始ID
         org_id=get_Series("股票列表.csv","原始ID")
         print(org_id["000001"])   # 查看000001的原始ID

         # 获取股票代码列表
         code_list=org_id.index.to_list()
         print(code_list[0])       # 查看列表第1个元素的值
executed in 70ms, finished 15:01:44 2023-05-10

gssz0000001
000001
```

图6-81　根据股票代码获取原始ID

（11）遍历所有的股票代码，调用封装的爬取年报函数，自动爬取所有上市公司年报数据，如图6-82所示。

图6-82 自动爬取上市公司年报

通过常见的旅游网站，自定义主题，从这些网站上查询你所需要的数据，利用网络爬虫的知识，实现数据的自动爬取。

◆ 拓展知识 ◆

上市公司信息公开法定义务

上市公司信息公开，是指上市公司在其股票上市交易期间，将其经营状况及其他可能影响其股票市场价格的重大信息，按照法定方式予以持续公开。真实、准确、完整的信息披露是证券市场生存和发展之本，是《证券法》等法律法规构建证券价格公平交易法律制度框架的重要组成部分和投资者进行证券价格判断的重要依据，是证券市场规范化的基础，也是上市公司必须履行的法定义务。

党的二十大报告提出"坚持全面依法治国，推进法治中国建设"。上市公司应按照法律法规公开披露信息，保障投资者的知情权、监督权和参与权，这也是上市公司履行诚信经营、合规经营的重要义务。

项目七
沪深两市上市公司基本档案分析

本项目将以项目六中爬取的上市公司基本信息和财务报表数据为基础，学习 Python 数据清洗、数据整理、数据分析的技巧和方法，主要使用 Pandas 库 DataFrame 数据框结构。

任务一　基本档案数据合并

在项目六中我们获取了沪深交易所所有上市公司的基本档案，每家公司的基本档案对应一个 csv 文件，数据分析时我们首先需要提取每家公司的基础信息，然后进行纵向合并，合并后的上市公司基本档案汇总表才是数据分析的基础数据。由于爬取过程可能出现异常，部分上市公司可能已经退市，导致上市公司基本档案 csv 文档大小可能为 0，如 000003_PT金田 A_gszl.csv 文件大小为 0，如图 7-1 所示，在数据合并时需要根据文件大小进行过滤。

名称	修改日期	类型	大小
000001_平安银行_gszl.csv	2023-05-11 16:10	Microsoft Excel ...	2 KB
000002_万科A_gszl.csv	2023-05-11 16:10	Microsoft Excel ...	2 KB
000003_PT金田A_gszl.csv	2023-05-07 21:08	Microsoft Excel ...	0 KB
000004_ST国华_gszl.csv	2023-05-11 16:10	Microsoft Excel ...	2 KB

图7-1　上市公司基本档案csv文件

每个 csv 文件中的数据结构基本相同，以 000001_ 平安银行 _gscl.csv 为例，部分数据如图 7-2 所示。

	A	B
1	公司名称	平安银行股份有限公司
2	英文名称	Ping An Bank Co.,Ltd.
3	曾用名	深发展A->S深发展A->深发展A
4	所属地域	广东省
5	所属行业	银行-银行

图7-2　上市公司基础信息结构

我们需要读取所有上市公司的基础信息，然后合并得到一张数据表，这里需要使用 DataFrame 的数据合并函数，常见函数见表 7-1，其中 concat() 函数最为常用。

表7-1 DataFrame的数据合并函数

函　数	说　明
pd.merge() df.merge()	横向合并
pd.concat()	纵向或横向合并
df.join()	横向合并
df.append()	纵向合并

（一）常见数据合并函数

1. merge()函数

merge() 函数的功能是实现多表的横向连接，可以根据一个或者多个键将多个不同的 DataFrame 横向连接起来，该函数不能做纵向连接操作，该函数的语法格式如下：

pd.merge(left,right,how='inner',on=None,left_on=None,right_on=None,left_index=False,right_index=False,sort=False,suffixes=('_x','_y'),copy=True,indicator=False,validate=None)->'DataFrame'

merge() 函数参数含义见表 7-2。

表7-2 merge()函数参数含义

参　数	含　义
left、right	拼接的左侧和右侧 DataFrame 对象
how	连接方式：inner(交集)、outer(并集)Left(左连接)、right(右连接)
on	用于连接的列索引名，该列必须同时出现在两个 DataFrame 中。如果未传递且 left_index 和 right_index 为 False，则 DataFrame 中的列的交集将被推断为连接键
left_on right_on	左右两侧 DataFrame 中用作连接键的列标题，当用于连接的列名称在左右表中的列名称不同时使用
left_index	如果为 True，则使用左侧 DataFrame 中的索引（行标签）作为其连接键的列 对于具有 MultiIndex（分层）的 DataFrame，级别数必须与右侧 DataFrame 中的连接键数相匹配
right_index	与 left_index 功能相似
sort	按字典顺序通过连接键对结果 DataFrame 进行排序。默认为 True，设置为 False 将在很多情况下显著提高性能
suffixes=('_x', '_y')	用于重叠列的字符串后缀元组，也可手动指定：suffixes=（"df1"，"df2"）

2. join()函数

join() 函数与 merge() 函数功能类似，也可实现两个 DataFrame 数据框的横向连接，但两者的应用场景有所不同。join() 函数主要应用场景是对无重复列名的两个 DataFrame 基于行索引进行列横向拼接，语法格式如下：

df.join(other,on=None,how='left',lsuffix='',rsuffix='',sort=False)

join() 函数参数含义见表 7-3。

表7-3 join()函数参数含义

参　　数	含　　义
other	右侧的 DataFrame
on	指定左表中用于连接的列名，右表中必须有相同的列名
how	连接方式：inner（交集）、outer（并集）、left（左连接）、right（右连接）
lsuffix='' rsuffix=''	左右表中有重名的字段时的后缀名
sort	对合并后的数据排序

3. append()函数

append() 函数的功能是将多个 DataFrame 进行纵向行合并，当添加的列名不在 DataFrame 中时，将会当作新列进行添加，语法格式如下：

df.append(other,ignore_index=False,verify_integrity=False,sort=False)

append() 函数参数含义见表 7-4。

表7-4 append()函数参数含义

参　　数	含　　义
other	需要追加的 DataFrame
ignore_index	是否重建行索引，默认为 False
verify_integrity	具有重复项的索引是否抛出异常，默认为 False
sort	对合并后的数据进行排序，默认为 True

4. concat()函数

concat() 函数的功能是将两个或两个以上的 DataFrame 沿着特定的轴向进行拼接合并操作，既可以实现横向合并，也可以实现纵向合并，行列索引均可重复，使用更加灵活方便，故在数据合并时使用频率最高，语法格式如下：

pd.concat(objs,axis=0,join='outer',ignore_index=False,keys=None,levels=None,names=None,verify_integrity=False,copy=True,sort=False)

concat() 函数参数含义见表 7-5。

表7-5 concat()函数参数含义

参　　数	含　　义
objs	需要进行拼接的 DataFrame 或 DataFrame 列表
axis	轴向，axis=0 表示纵向行合并，axis=1 表示横向列合并
join	拼接方式：inner（交集）、outer（并集）
ignore_index	是否重建索引，默认为 False
keys，levels，names	生成层级索引时的键、层级、名称
verify_integrity	检测新的串联轴是否包含重复项
copy	是否复制，默认为 True
sort	对合并后的数据进行排序，默认为 True

（二）上市公司基本档案合并过程

以读取股票代码000001平安银行数据为例：

（1）导入所需模块，这里需要导入os模块、pandas模块和numpy模块，如图7-3所示。

```
In [1]: import os
        import pandas as pd
        import numpy as np
        executed in 270ms, finished 12:47:23 2022-08-14
```

图7-3　导入所需模块

（2）设置"上市公司基本档案"文件夹的路径变量path，这里使用相对路径表示方式。使用os模块的listdir()函数，读取所有上市公司基本档案csv文件列表，如图7-4所示。

```
In [2]: path=r'..\6.网络爬虫\上市公司基本档案'
        file_list=os.listdir(path)
        file_list[0:5]
        executed in 58ms, finished 09:21:24 2023-05-12

Out[2]: ['000001_平安银行_gszl.csv',
         '000002_万科A_gszl.csv',
         '000003_PT金田A_gszl.csv',
         '000004_ST国华_gszl.csv',
         '000005_ST星源_gszl.csv']
```

图7-4　读取上市公司文件列表

（3）使用os库path模块的join()函数将path变量和file_list列表中的csv文件名组合生成文件的完整路径file_path，以"000001平安银行"为例，在file_list列表中索引序号为0。生成文件路径后获取文件的大小，当文件大小大于0时读取csv文件的内容，保存到DataFrame数据框中，如图7-5所示。

```
In [3]: # 拼接000001平安银行csv文件路径
        file_path=os.path.join(path,file_list[0])
        # 判断文件大小，非空时提取数据
        if os.path.getsize(file_path)>0:
            df1=pd.read_csv(file_path,encoding='gbk',header=None)
        df1.head()
        executed in 41ms, finished 14:10:19 2023-05-07
```

Out[3]:

	0	1
0	公司名称：	平安银行股份有限公司
1	英文名称：	PingAnBankCo.,Ltd.
2	曾用名：	深发展A->S深发展A->深发展A
3	所属地域：	广东省
4	所属行业：	银行-银行

图7-5　读取csv文件的数据

（4）在公司基本档案中不包含"股票代码"和"股票简称"，我们需要插入这两行数据，相关信息在csv文件的文件名中。以000001平安银行为例，对应csv文件的文件名为"000001_平安银行_gszl.csv"，对该文件名按照"_"进行分割操作，即可获取相关信息，如图7-6所示。

```
In [4]: # 分割文件名,提取股票代码和名称
        info=file_list[0].split("_")
        info
        executed in 19ms, finished 09:22:02 2023-05-12
Out[4]: ['000001', '平安银行', 'gszl.csv']
```

图7-6　从文件名中提取信息

（5）插入股票代码和股票简称两行数据，由于DataFrame中insert()函数只能插入列，不支持插入行操作，DataFrame只插入行操作可以借用np中的insert()函数，该方法同时支持行列的插入操作，插入两行数据后再转换为DataFrame数据框即可，如图7-7所示。

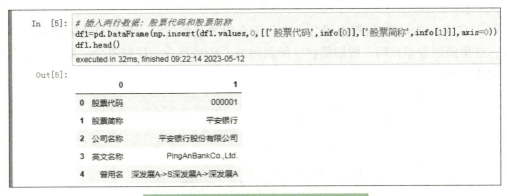

图7-7　插入股票代码和股票简称

（6）提取DataFrame数据框的第一列，转换为列表，作为汇总表的列标题，如图7-8所示。

```
In [6]: # 提取第1列作为列标题
        columns=df1[0].to_list()
        columns
        executed in 32ms, finished 09:22:32 2023-05-12
Out[6]: ['股票代码',
         '股票简称',
         '公司名称',
         '英文名称',
         '曾用名',
         '所属地域',
         '所属行业',
```

图7-8　提取第一列作为列标题

（7）转置DataFrame数据框，将两列数据转换为两行数据，此时行列索引均为默认序号索引，如图7-9所示。

图7-9　转置DataFrame数据框

（8）将第一行升做列标题，实际上执行先删除第一行，然后重设列标题的操作，如图7-10所示。

```
In [8]: # 将第一行升做列标题，实际上删除第一行，同时设置列标题
        df2.drop(0,inplace=True,axis=0)
        df2.columns=columns
        df2.head()
Out[8]:
           股票代码  公司简称  股票简称  英文名称  曾用名  所属地域  所属行业
```

图7-10　将第一行升做列标题

（9）在DataFrame数据框中包含上市公司全部的基本档案，我们只需要提取部分数据即可，这里提取股票代码、股票简称、所属地域、所属行业、注册资金、员工人数六列数据，如图7-11所示。

```
In [9]: # 提取股票代码、股票简称、所属地域、所属行业、注册资金、员工人数
        df3=df2[["股票代码","股票简称","所属地域","所属行业","注册资金","员工人数"]]
        df3
        executed in 32ms, finished 12:25:28 2023-05-15
Out[9]:
           股票代码  股票简称  所属地域  所属行业    注册资金    员工人数
        1  000001 平安银行  广东省  银行-银行  194.06亿元  44207
```

图7-11　提取指定列数据

（10）函数封装。上述提取000001平安银行基本档案的过程，同样适用于其他公司，因此进行函数封装get_single_df（path，file），其中path为文件夹路径，file为csv文件的文件名。由于部分上市公司基本档案中披露数据可能不完整，因此在循环时增加异常处理语句，增强代码的健壮性，封装过程如图7-12所示。

```
In [10]: # 将上述过程封装成函数，以便于重复调用
         def get_single_df(path,file):
             file_path=os.path.join(path,file)
             if os.path.getsize(file_path)>0:
                 info=file.split("_")
                 df1=pd.read_csv(file_path,encoding='gbk',header=None)
                 df1=pd.DataFrame(np.insert(df1.values,0,[['股票代码',info[0]],['股票简称',info[1]]],axis=0))
                 columns=df1[0].tolist()
                 df2=df1.T
                 df2.drop(0,inplace=True,axis=0)
                 df2.columns=columns
                 try:
                     df3=df2[["股票代码","股票简称","所属地域","所属行业","注册资金","员工人数"]]
                     return df3
                 except Exception as e:
                     print(file,e)
```

图7-12　函数封装过程

（11）循环遍历"上市公司基本档案"文件夹中的所有csv文件，调用上述封装的函数，获取所有上市公司基本档案数据存入df_list列表中，然后使用contat()函数进行纵向合并，设置轴向参数axis=0，忽略原行索引ignore_index=True，合并后重置行索引，返回合并后的数据，返回值数据结构仍为DataFrame数据框，如图7-13所示。

```
In  [11]: # 提取所有上市公司基本档案，进行纵向合并操作
          path=r'..\6.网络爬虫\上市公司基本档案'
          file_list=os.listdir(path)
          df_list=[]      # 空列表，用于保存各个上市公司的df结构数据
          # 循环遍历file_list列表，返回df结构数据后依次放入df_list列表中
          for file in file_list:
              df=get_single_df(path,file)
              df_list.append(df)
          # 纵向合并
          data_all=pd.concat(df_list,axis=0,ignore_index=True)
          # 查看前2条记录
          data_all.head(2)
          executed in 21.3s, finished 12:25:59 2023-05-15

          600132_重庆啤酒_gszl.csv "['注册资金', '员工人数'] not in index"
          603226_菲林格尔_gszl.csv "['注册资金', '员工人数'] not in index"
Out[11]:
```

	股票代码	股票简称	所属地域	所属行业	注册资金	员工人数
0	000001	平安银行	广东省	银行-银行	194.06亿元	44207
1	000002	万科A	广东省	房地产-房地产开发	119.31亿元	131817

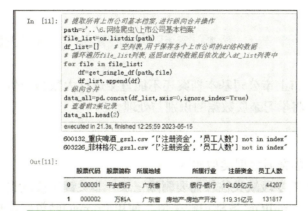

图7-13　汇总所有上市公司的基本档案

（12）重命名列标题，分别将“所属地域”和“所属行业”修改为“省份”（表示上市公司所在的省、自治区和直辖市）和“行业”，执行原位操作，如图7-14所示。

```
In  [12]: # 重命名列标题
          data_all.rename(columns={'所属地域':'省份','所属行业':'行业'},inplace=True)
          data_all.head()
          executed in 18ms, finished 09:25:37 2023-05-12
Out[12]:
```

	股票代码	股票简称	省份	行业
0	000001	平安银行	广东省	银行-银行
1	000002	万科A	广东省	房地产-房地产开发
2	000004	ST国华	广东省	生物医药-生物医药
3	000005	ST星源	广东省	其他-环保工程、物业管理
4	000006	深振业A	广东省	房地产-房地产开发

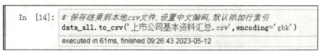

图7-14　重命名列标题

（13）重置行索引，将股票代码设置为行索引，删除默认索引，执行原位操作，如图7-15所示。

```
In  [13]: # 将股票代码设置为行索引，删除原索引，执行原位操作
          data_all.set_index("股票代码",drop=True,inplace=True)
          data_all.head()
          executed in 40ms, finished 09:26:08 2023-05-12
Out[13]:
```

股票代码	股票简称	省份	行业
000001	平安银行	广东省	银行-银行
000002	万科A	广东省	房地产-房地产开发
000004	ST国华	广东省	生物医药-生物医药
000005	ST星源	广东省	其他-环保工程、物业管理
000006	深振业A	广东省	房地产-房地产开发

图7-15　重置行索引

（14）将合并后的上市公司基本档案保存到本地csv文件中，为防止出现中文乱码，可以设置编码格式为“encoding='gbk'”，如图7-16所示。

```
In  [14]: # 保存结果到本地csv文件，设置中文编码，默认添加行索引
          data_all.to_csv('上市公司基本资料汇总.csv',encoding='gbk')
          executed in 61ms, finished 09:26:43 2023-05-12
```

图7-16　保存到本地csv文件

至此，我们完成了对所有上市公司基础数据的合并任务，接下来我们将对汇总的数据进行分析处理。

任务二　数据特征值分析与清洗整理

合并后的沪深两市上市公司基本档案还不能直接进行大数据分析，因为数据中还存在很多杂质，这里我们将学习杂质数据的识别与处理。

1．数据杂质类型与识别处理

数据分析时常见的杂质数据类型如下：

（1）缺失值：关键字段缺失往往需要删除记录，非关键字段缺失时删除或填充其他数据，常用isna()函数、isnull()函数标识缺失值，使用dropna()函数删除缺失值和fillna()函数填充缺失值。

（2）重复值：关键字段重复时往往需要删除记录，非关键字段重复时无须处理，常用duplicated()函数标识重复值，使用drop_duplicates()函数删除重复值。

（3）异常值：往往使用布尔索引选取，删除异常记录或者填充其他数据。

（4）错误值：往往使用布尔索引选取，直接删除记录或者填充其他数据。

（5）数据类型错误：使用astype()函数转换数据类型或者使用map()函数、apply()函数、applymap()函数对数据进行批处理。

（6）字符异常：常用字符串的replace函数进行处理。

对杂质数据处理包括识别和清洗两个方面，相关的操作函数见表7-6。

表7-6　相关的操作函数

应用场景	函　　数	功　能　描　述
杂质数据识别	df.index	行索引
	df.columns	列索引
	df.values	值数组，array 类型
	df.dtypes	数据类型列表
	df.size	值个数，不含行列索引
	df.ndim	维度数，默认2
	df.shape	数据形状元组（行，列）
	df.describe()	描述统计
	df.duplicated()	标识重复项
	df.drop_duplicates()	删除重复项
	df.isna() df.isnull()	标识缺失值
杂质数据清洗	df.dropna()	删除缺失值
	df.fillna()	填充缺失值
	df.replace()	特殊字符处理
	df.astype()	数据类型转换
	布尔索引	标识异常值
	df.drop()	删除异常值
	ser.map()	批量修改元素值
	df.apply()	批量修改元素值
	df.applymap()	批量修改元素值

2. 数据特征分析

（1）导入所需模块，在数据分析时主要使用的是pandas库和numpy库，如图7-17所示。

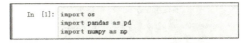

图7-17　导入所需模块

（2）读取"上市公司基本资料汇总.csv"文件，设置读取编码格式为"encoding='gbk'"，读取同时使用converters参数将"股票代码"转换为字符串类型，注意参数格式为字典格式，读取后将自动添加行序号索引，使用head(2)方法查询前2条记录，如图7-18所示。

图7-18　读取所有上市公司基本信息

（3）使用columns属性查看所有的列标题，如图7-19所示。

图7-19　查看列标题

（4）使用dtypes属性查看每一列的数据类型，只有"员工人数"为数值型float64，其他列数据类型均为object，实际上均为"字符串"类型，如图7-20所示。

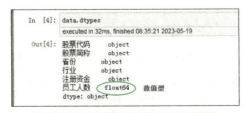

图7-20　查看列数据类型

（5）使用values属性查看所有上市公司数据，values的数据类型为numpy中数组类型，如图7-21所示。

图7-21　查看所有上市公司数据

（6）查看数据的行数、列数、元素个数和维数，如图7-22所示。

```
In [6]: print(data.shape)     # 行数，列数等
        print(data.size)      # 元素个数
        print(data.ndim)      # 维数 2
        executed in 32ms, finished 08:42:15 2023-05-19

(5268, 6)
31608
2
```

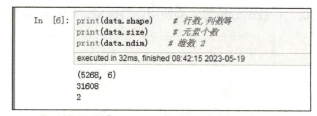

图7-22 获取DataFrame的形状信息

（7）使用describe()函数对数据进行描述统计，当DataFrame中包含数值型数据时，描述统计针对的是数值型数据，因此直接执行describe()函数对“员工人数”进行描述统计，返回常见的统计指标，如图7-23所示。

```
In [7]: data.describe()
        executed in 47ms, finished 15:14:05 2023-05-17
Out[7]:
```

	员工人数
count	5265.000000
mean	5695.089269
std	23076.015406
min	1.000000
25%	693.000000
50%	1555.000000
75%	3848.000000
max	570060.000000

图7-23 数值型数据描述统计

（8）对非数值型数据进行描述统计分析，我们可以得到更多的信息，如图7-24所示。

```
In [8]: data[["股票代码","股票简称","省份","行业","注册资金"]].describe()
        executed in 112ms, finished 08:56:39 2023-05-19
Out[8]:
```

		股票代码	股票简称	省份	行业	注册资金
非空值计数	count	5268	5268	5268	3550	5265
唯一值计数	unique	5268	5264	32	514	2364
	top	300387	观典防务	广东省	汽车零部件-汽车零部件	4亿元
	freq	1	2	854	112	41

图7-24 非数值型数据描述统计

从上述描述统计我们得出以下信息：

（1）count非空值计数：缺失值识别，股票代码、股票简称、省份三列数量均为5 268个，而行业和注册资金两列非空值数量均小于5 268个，说明行业和注册资金两列有很多缺失值；

（2）unique唯一值计数：重复值识别，股票代码唯一值与非空值相等均为5 268个，说明股票代码没有重复值；股票简称唯一值5 264个，说明股票简称有4个重复值（5 268−5 264），省份、行业、注册资金三列唯一值均小于非空值，说明这三列有很多重复值。

（3）unique唯一值计数：数据分析维度确认，在数据分析时我们主要是利用存在重复值的数据列中的唯一值，对其他各列数据进行各种形式的分类聚合分析。

3. 数据清洗与整理

我们对合并后的基本档案做以下清洗操作：

（1）缺失值统计，使用numpy中的sum()函数统计缺失值，设置轴向axis=0，如图7-25所示。

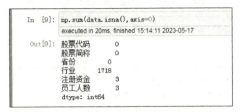

图7-25　统计列数据缺失值

（2）查看单列的缺失值，使用isna()函数，如查看行业的缺失值，如图7-26所示。

图7-26　查看行业的缺失值

（3）查看多列的缺失值，使用或关系运算符"|"，如查看注册资金和员工人数的缺失值，如图7-27所示。

图7-27　查看注册资金和员工人数的缺失值

（4）处理缺失值，使用dropna()函数，参数axis=0表示删除行，how="any"表示在subset参数列表中任意一列值缺失，即删除该行记录，执行原位操作。删除缺失值以后再次对非数值型数据执行描述统计，count非空值计数均为相同，表示不存在缺失值，如图7-28所示。

图7-28　处理缺失值记录

（5）查看重复项，使用duplicated()函数，可以使用keep="first"参数查看每一个重复项的第一条记录，也可以使用keep="last"参数查看每一个重复项的最后一条记录，还可以使用布尔索引查看所有的重复项记录，如图7-29～图7-31所示。

图7-29 查看重复项的第一条记录

图7-30 查看重复项的最后一条记录

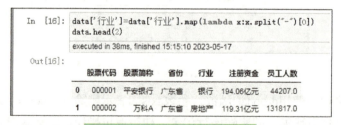

图7-31 查看所有的重复项记录

（6）数据清洗，提取一级行业。对行业按照"-"执行分割操作，分割后的第一个数据即为一级行业，使用map()函数和匿名函数实现，如图7-32所示。

图7-32 行业数据清洗

（7）数据清洗，统一注册资金的单位。查看注册资金以"亿元"为单位的所有记录，使用单列Series数据str属性的contains()函数判断是否包含"亿元"，也可以使用正则表达式模糊提取，如图7-33所示。

图7-33 单列数据包含关系判断

（8）数据清洗，统一注册资金的单位。查看注册资金单位不为"亿元"的所有记录，需要在筛选条件前加上波浪线"~"，表示取反，如图7-34所示。

```
In [18]: # 注册资金不包含"亿元",不包含关系,最前面加上波浪线~
         data[~data["注册资金"].str.contains("亿元")].head()
         executed in 42ms, finished 15:15:39 2023-05-17
Out[18]:
              股票代码  股票简称  省份    行业     注册资金   员工人数
         1417  002890  弘宇股份  山东省  农业机械  9333.8万元  675.0
         1873  300321  同大股份  山东省  纺织业    8880万元  592.0
```

图7-34　单列数据不包含关系判断

（9）自定义数据转换函数，将注册资金单位统一为"万元"。使用字符串包含关系的判断find()函数，注册资金单位为"亿元"时，则提取"亿元"之前的数据，转换为float类型后乘以10 000；注册资金单位为"万元"时，直接提取"万元"之前的数据，转换为float类型，定义过程如图7-35所示。

```
In [19]: # 对字符串包含关系判断使用find()或index()
         def get_zczj(x):
             if x.find("亿元")>0:
                 return float(x[0:-2])*10000
             else:
                 return float(x[0:-2])
         executed in 20ms, finished 15:15:42 2023-05-17
```

图7-35　自定义注册资金统一单位的函数

（10）数据清洗，统一注册资金的单位。对注册资金单列数据调用map()函数或者apply()函数，统一注册资金单位为"万元"，如图7-36所示。

```
In [20]: data["注册资金"]=data["注册资金"].map(get_zczj)
         data.head()
         executed in 51ms, finished 15:15:48 2023-05-17
Out[20]:
           股票代码  股票简称  省份   行业    注册资金    员工人数
         0  000001  平安银行  广东省  银行   1940600.0  44207.0
         1  000002  万科A   广东省  房地产  1193100.0  131817.0
```

图7-36　统一注册资金的单位

（11）将清洗后的合格数据保存到"上市公司档案_clean.csv"中，如图7-37所示。

```
In [21]: data.to_csv('上市公司档案_clean.csv',encoding='gbk',index=False)
         executed in 64ms, finished 15:15:54 2023-05-17
```

图7-37　保存清洗结果到本地文件

任务三　数据可视化常用绘图库

数据永远是枯燥的，而图形更具生动性，大数据分析时我们经常使用可视化技术绘制图形，更生动形象地呈现数据的特征和趋势。常用绘图库有 Matplotlib 和 Pyechart，其中 Matplotlib 库绘制的图形为静态图形，Pyechart 是百度提供的开源动态可视化库，下面我们来学习一下具体的使用方法。

1. Matplotlib库绘图方法

（1）使用Matplotlib库基本绘图流程大致分为三个步骤。

1）创建画布与子图。绘图的第一步是创建一个空白的画布，也称为一个 figure 对象，相当于一张白纸，用于容纳图表的各种组件。画布使用 figure() 函数创建，语法格式如下：

> plt.figure(num,figsize,dpi,facecolor,edgecolor)
> num：图形的编号或名称，数字表示编号，字符串表示名称，是图形的唯一标识
> figsize：为画布的宽和高，确定画布的大小
> dpi：图形的分辨率
> facecolor：图形的背景颜色，默认为白色
> edgecolor：图形边框的颜色

一个 figure 画布中默认只能绘制一个可视化图形，如果需要绘制多个图形，则需要使用 subplot() 函数创建子图，相当于对 figure 画图进行分区，在每个分区中可以分别创建不同的图形。该函数的语法格式如下：

> plt.subplot(nrows,ncols,index)
> nrows：子图的行数
> ncols：子图的列数
> index：子图的索引编号，表示当前子图的编号，按照从左到右、从上到下的顺序编号，从 1 开始

也可以使用 subplots() 函数快速创建子图，该方法返回一个元组，元组的第一个元素为 figure 对象，第二个元素为子图列表，可以通过索引绘制每一个子图。该函数的语法格式如下：

> plt.subplots(nrows,ncols,sharex=False,sharey=False)
> nrows：子图的行数
> ncols：子图的列数
> sharex、sharey：子图是否共享 x 轴、y 轴

2）绘制各种图形。在绘图时，首先需要确定 x 轴和 y 轴所需的数据以及绘图类型，在 Matplotlib 中大部分的图形都存在于 pyplot 模块中，常见图形绘制函数见表 7-7。

表7-7　常见图形绘制函数

图形	函数	图形	函数
折线图	plt.plot()	饼图	plt.pie()
柱状图	plt.bar()	面积图	plt.area()
散点图	plt.scatter()	堆叠图	plt.stackplot()
直方图	plt.hist()	箱线图	plt.boxplot()

在明确 x、y 轴的数据和绘图类型后，可以设置图形的其他属性，控制图形的显示效果，控制图形属性的相关函数见表 7-8。

表7-8 控制图形属性的相关函数

功　　能	函　　数	功　　能	函　　数
设置图形标题	plt.title()	设置图形图例	plt.lengend()
设置 x 轴名称	plt.xlable()	设置 y 轴名称	plt.ylable()
设置 x 轴刻度及标签	plt.xticks()	设置 y 轴刻度及标签	plt.yticks()
设置 x 轴范围	plt.xlim()	设置 y 轴范围	plt.ylim()

3）显示与保存图形。在绘图完成以后，可以保存并显示图形，常用的函数见表 7-9。

表7-9 显示与保存图形函数

功　　能	函　　数
保存图形	plt.savefig()
显示图形	plt.show()

需要注意的是，在 plt.show() 函数显示图形之前必须先调用 plt.savefig() 函数保存图形，这是因为在调用 plt.show() 函数后会自动创建一个新的空白图形，在其后调用 plt.savefig() 函数，保存的是新创建的空白图形，而不是我们生成的可视化图形。

（2）matplotlib库常见图形的绘制方法。

1）折线图绘制方法。折线图是最基本的图形，由线条组成，使用 plot() 函数绘制，语法格式如下：

plt.plot(x,y,scalex=True,scaley=True,data=None,**kwargs)

常用参数见表 7-10。

表7-10 折线图绘制常用参数

常用参数	说　　明
x, y	表示 x、y 轴数据，可以是数组、列表、元组
scalex, scaley	x、y 轴是否自动缩放，默认为 True
data	可索引对象，可以是字典或 DataFrame 如果提供 x、y，则可以不提供 data 如果提供 data，则 x、y 为对应的标签名称
color()	设置折线颜色，一般使用颜色单词
marker()	折线上标记点样式，字符串格式
linestyle()	折线线型样式，默认实线
linewidth()	折线的粗细
alpha	折线的透明度，0.0～1.0 之间
label	图例标签

2）条形图绘制方法。条形图也是经常使用的一种可视化图形，它是由一系列柱状条纹表示数据大小及分布规律的一种图形，使用 bar() 函数绘制，语法格式如下：

plt.bar(x,height,width=0.8,bottom=none,*,align='center',data=none,**kwargs)

常用参数见表7-11。

表7-11　条形图绘制常用参数

常用参数	说　明
x	x轴数据，可以是数组、列表、元组
height	条柱的高度，即y轴数据，可以是数组、列表、元组
width	条柱的宽度，默认width=0.8
bottom	条柱在y轴的起点，默认值为0，控制该参数绘制堆叠柱状图
align	条柱在x轴的对齐方式，默认center居中对齐，edge边缘对齐
data	可索引对象，可以是字典或DataFrame
color()	条柱的填充颜色
edgecolor()	条柱边框的颜色
alpha	折线的透明度，0.0～1.0之间
label	图例标签

3）饼图绘制方法。饼图也是经常使用的一种图表类型，常用于展示数据结构比例，使用pie()函数创建，语法格式如下：

plt.pie(x,explode=None,labels=None,colors=None,autopct=None,**kwargs)

常用参数见表7-12。

表7-12　饼图绘制常用参数

常用参数	说　明
x	绘图数据，即各部分的占比，接收数组、列表、元组，如果sum(x)>1，则使用sum(x)进行归一化处理
explode	偏心率，即各部分偏离圆心的距离，绘制爆炸效果
labels	各部分的标签，接收列表或元组
colors()	各部分的颜色，接收颜色列表或元组
autopct	各部分的占比格式，如"%.2f%%"表示保留两位小数
shadow	是否显示阴影效果，默认False
radius	饼图半径，默认为1
labeldistance	标签位置相对于半径的比例，默认1.1
pctdistance	百分比位置相对于半径的比例，默认0.6
label	图例标签

2. pandas库绘图方法

使用Matplotlib库可以满足绝大多数的绘图需求，但是绘图流程比较烦琐。在pandas库中也提供了plot()函数绘图方法，DataFrame可以直接调用该函数生成常见的各种图形，比Matplotlib库要简洁很多，该函数的语法格式如下：

DataFrame.plot(x=None,y=None,kind='line',ax=None,subplots=False,sharex=None,sharey=None,layout=None,figsize=None,use_index=True,title=None,grid=None,legend=True,style=None,logx=False,logy=False,loglog=False,xticks=None,yticks=None,xlim=None,ylim=None,rot=None,secondary_y=False,sort_columns=False,**kwargs)

该函数的参数比较多，但在实际绘图时也仅仅用到常见的几个参数而已，而且该函数的参数名称和含义与 Matplotlib 库也基本相同，常用参数见表 7-13。

表7-13　pandas库绘图常用参数

常用参数	说明
x	x 轴上显示的数据列，默认为 DataFrame 的行索引
y	y 轴上显示的数据列，默认为 DataFrame 中所有的数值型数据列
kind	图表类型：默认为折线图 line，可选参数有柱状图 bar、水平柱状图 barh、直方图 hist、箱线图 box、密度估值图 kde、面积图 area、饼图 pie、散点图 scatter、蜂巢图 hexbin
ax	子绘图区域编号或名称，默认为 None
subplots	是否按列绘制子图，默认为 False
sharex、sharey	多子图时是否共享 x 轴、y 轴，默认为 False
layout	子图的行列布局，元组形式（行，列）
figsize	图形大小，元组形式（宽，高）
use_index	用行索引做 x 轴，默认为 True
title	图形标题，字符串或列表 字符串表示总标题，列表表示每个子图的标题
grid	是否有网线格，默认为 False
legend	图例是否显示，默认为 True，可选 reverse 反转图例
style	对每列折线图设置样式，列表或字典
logx, logy, loglog	是否对 x 刻度值、y 刻度值或者同时取对数，默认为 False
xticks, yticks	x、y 轴刻度，序列形式
xlim, ylim	x、y 取值范围，列表或元组形式
rot	x 轴标签旋转角度，默认为 None
secondary_y	是否设置第 2 个 y 轴（右边轴），默认为 False
sort_columns	是否对列名进行排序以确定绘图顺序，默认为 False 不排序
**kwargs	其他参数，与 Matplotlib 库相同，linestyle、linewidth、marker 等

3. pyechart库绘图方法

pyechart 库是百度提供的开源动态可视化库，在 Anaconda 安装时并没有默认安装该绘图库，因此在使用 pyechart 库绘图时，需要先使用 pip 命令下载安装。下载方法是在 Anaconda 命令行模式直接输入下载命令：

pip install pyecharts

下载过程如图 7-38 所示。

图7-38　pyechart库下载过程

pyechart库绘图基本流程：

（1）初始化图形对象，常见类型有条形图（bar）、折线图（line）、散点图（scatter）、饼图（pie）、地理图（map）、时间线轮播图（timeline）等。

（2）使用图形对象的add()函数添加数据项，而且pyechart库支持链式操作，简化操作。

需要注意的是pyechart库只支持Python内置的原生数据类型，不支持numpy库和pandas库中的数据类型，因此在添加数据项时，对于numpy库和pandas库中的数据类型，需要进行数据类型的转换，转换为Python内置的原生数据类型后才可以使用。

（3）设置图形对象的配置项，包括初始化配置项、全局配置项、系列配置项等。

（4）使用图形对象的render()函数生成图形，格式为HTML格式，可在浏览器中查看。

（5）使用图形对象的render_notebook()函数在jupyter notebook中查看图形。

关于常见绘图方法库的具体应用，我们在后续的内容里结合具体数据进行学习。

任务四　基本档案分析与数据可视化

任务二中我们对沪深两市上市公司的基本档案进行了清洗整理，得到了比较规整的数据，下面我们学习使用常见的数据分析方法，分析沪深两市上市公司基本档案，并使用任务三学习的常见绘图方法绘制常见的可视化图形。

数据分析的常用方法包括索引操作和数据操作，常用函数见表7-14。

表7-14　数据分析的常用函数

方　　法	函　　数	说　　明
索引操作	df.set_index()	设置行索引
	df.reset_index()	重置行索引－恢复默认
	df.rename()	重命名索引
	df.stack()	轴向转换，列转行
	df.unstack()	轴向转换，行转列
	df.swaplevel	层级索引
数据操作	df.sort_index	索引排序
	df.sort_values()	值排序
	df.groupby()	数据分组
	df.agg()	聚合函数
	df.pivot_table()	数据透视
	df.cross_table()	交叉表

1. 导入模块并描述统计

（1）导入所需模块，其中pandas和numpy为数据分析方法模块，matplotlib和pyechart为绘图方法模块，如图7-39所示。

```
In [1]: # 导入相关模块
        import pandas as pd
        import numpy as np
        import matplotlib.pyplot as plt
        from pyecharts.charts import Map,Bar
```

图7-39 导入所需模块

（2）从清洗后的"上市公司档案_clean.csv"文件中读取数据，同时将股票代码转换为str字符串类型，如图7-40所示。

```
In [2]: # 读取清洗整理后上市公司档案数据,同时将股票代码转换为str类型
        data=pd.read_csv('上市公司档案_clean.csv',encoding='gbk',converters={"股票代码":str})
        data.head()
Out[2]:
     股票代码  股票简称   省份    行业     注册资金    员工人数
  0  000001  平安银行  广东省   银行     1940600.0  44207.0
  1  000002  万科A    广东省   房地产   1193100.0  131817.0
  2  000004  ST国华   广东省   生物医药  13300.0    309.0
  3  000005  ST星源   广东省   其他     105900.0   563.0
  4  000006  深振业A   广东省   房地产   135000.0   403.0
```

图7-40 读取清洗后的数据

（3）对数据直接进行描述统计，实质上是对数值型数据常见统计指标的分析，这里主要是针对"注册资金"和"员工人数"两列数据，如图7-41所示。

```
In [3]: data.describe()
Out[3]:
              注册资金         员工人数
  count   3.547000e+03    3547.000000
  mean    2.004137e+05    6856.862983
  std     1.170637e+06    25549.334886
  min     3.300000e+03    1.000000
  25%     3.480000e+04    815.500000
  50%     7.010000e+04    1979.000000
  75%     1.410500e+05    4927.500000
  max     3.564060e+07    570060.000000
```

图7-41 数值型列描述统计

（4）提取非数值型数据并进行描述统计，可以看到数据中已经没有缺失值，在"省份"和"行业"两列中存在大量的重复值，这两列可以作为分组聚合的依据，如图7-42所示。

```
In [4]: data[["股票代码","股票简称","省份","行业"]].describe()
Out[4]:
              股票代码   股票简称   省份    行业
  非空值计数 count  3547     3547    3547   3547    没有空值
  唯一值计数 unique 3547     3546    31     252     存在重复值
              top    600326   三维股份  广东省  化学制品   可作为分组依据
              freq   1        2       561    172
```

图7-42 非数值型列描述统计

2. 数据分组聚合

分组聚合相当于 Excel 中的分类汇总功能，是利用表中具有重复值的字段（如"省份"和"行业"）对表中其他字段的数据进行分组，并对分组后的各组数据执行聚合操作（如 count 计数、sum 求和、mean 平均数、max 最大值、min 最小值等），返回分组聚合以后的结果。groupby 分组函数执行后返回分组对象（DataGroupBy），后面可以直接执行聚合函数，对所有字段执行相同的聚合运算，也可以调用 agg 聚合函数，对不同的字段执行不同的聚合运算，参数为列表格式或字典格式，还可以使用 get_group 函数获取某一组的数据后再进行聚合，使用非常灵活方便。

分组函数 groupby() 的语法格式如下：

DataFrame.groupby(by=None,axis=0,level=None,as_index=True,sort=True,group_keys=True,squeeze=False,observed=False)

函数说明见表 7-15。

表7-15 函数说明

常用参数	说　　明
by	分组依据，即包含重复值的列标题或列标题列表，None 时为不分组
axis	分组排序的轴，axis=0 纵向分组，axis=1 横向分组
level	层级索引时指定排序的分组层级
as_index	是否返回以分组依据为行索引的 DataFrame 对象
sort	是否按组键排序，默认为 True，为 False 时可提高性能

聚合函数 agg() 的语法格式如下：

DataFrame.groupby().agg(列表或字典)
参数为列表：表示对所有字段执行相同的聚合函数。
参数为字典：表示对指定的字段执行各自设置的聚合函数。

（1）统计各个省份上市公司的数量，使用 groupby() 函数进行分组，使用 count() 函数对所有列计数，如图 7-43 所示。

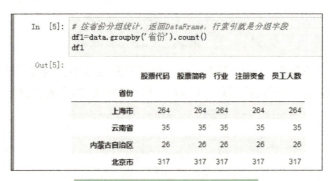

图7-43 按省份计数统计

（2）分组时可以设置多个分组字段，实现层级分组，以列表形式设置，列表字段排序顺序即为层级分组的顺序，也就是分组后层级索引的顺序。例如，统计各个省份各个行业的上市公司数量，如图 7-44 所示。

In [6]:
```
# 按省份分组统计，返回DataFrame，行索引就是分组字段
df2=data.groupby(['省份',"行业"]).count()
df2
```

Out[6]:

省份	行业	股票代码	股票简称	注册资金	员工人数
上海市	专业工程	3	3	3	3
	中药	2	2	2	2
	互联网信息	2	2	2	2
	传媒	2	2	2	2
	体育	2	2	2	2
...	...	...	...	...	...

图7-44 按省份和行业计数统计

（3）分组后可以对不同的字段执行不同的聚合函数，使用聚合函数agg()，参数为字典格式，其中键为字段名称，值为聚合函数名称。分组字段将转换为行索引，聚合字段和聚合函数名将转换为列索引。例如，统计各个省份各个行业的上市公司数量，注册资金的总额和平均金额，员工人数的最大值、最小值等，如图7-45所示。

In [17]:
```
df3=data.groupby(['省份','行业']).agg({"股票代码":"count",\
                                   '注册资金':["sum","mean"],\
                                   "员工人数":["max","min"]})
df3
```

Out[17]:

		股票代码	注册资金		员工人数	
		count	sum	mean	max	min
省份	行业					
上海市	专业工程	3	441800.0	1.472667e+05	43358.0	4850.0
	中药	2	158000.0	7.900000e+04	1570.0	1380.0
	互联网信息	2	2158200.0	1.079100e+06	6205.0	353.0
	传媒	2	113833.8	5.691690e+04	1333.0	121.0
	体育	2	57100.0	2.855000e+04	1904.0	429.0

图7-45 对多列执行不同的聚合函数

（4）分组聚合后使用loc选择器选取数据，当行列索引存在层级索引时，层级索引使用“元组”方式传入，当某一层级需要选取多个值时，使用“列表”形式传入。例如，提取省份为北京市和上海市，行业为专业工程和中药的上市公司数量，注册资金的总额和平均金额，员工人数的最大值，如图7-46所示。

In [8]:
```
df4=df3.loc[(["北京市","上海市"],["专业工程","中药"]),\
            (["股票代码","注册资金","员工人数"],["sum","count","mean","max"])]
df4
```

Out[8]:

		股票代码	注册资金		员工人数
		count	sum	mean	max
省份	行业				
北京市	专业工程	11	3535000.0	321363.636364	98385.0
	中药	1	137100.0	137100.000000	18065.0
上海市	专业工程	3	441800.0	147266.666667	43358.0
	中药	2	158000.0	79000.000000	1570.0

图7-46 分组聚合后数据提取方法

3. 数据透视

数据透视类似于Excel中的数据透视表功能，是一种可以动态排布数据并且实现分类

汇总的表格结构，通过pivot_table()函数实现数据透视功能，透视数据时同样是利用表中具有重复值的字段（如"省份"和"行业"）对表中其他字段的数据进行透视，透视的同时可以执行相应的聚合操作，返回透视以后的结果。函数语法格式如下：

DataFrame.pivot_table(values=None,index=None,columns=None,aggfunc='mean',fill_value=None,margins=False,dropna=True,margins_name="All",observed=False)

函数说明见表7-16。

表7-16 函数说明

常用参数	参数含义
values	数据透视的数据列，默认为DataFrame的values值，不包含行列索引
index	进行透视表的行索引，即包含重复值的数据列，可以设置行层级索引
columns	进行透视表的列索引，即包含重复值的数据列，可以设置列层级索引
aggfunc	聚合函数名称，值的计算方式，列表或字典格式
fill_value	NaN的填充值，默认不填充
margins	透视后是否分组汇总，默认为False不汇总
dropna	是否放弃所有元素均为NaN的列，默认为True
margins_name	透视后汇总项的标题，默认为All

使用数据透视表透视各个省份各个行业注册资金和员工人数的相关数据，如图7-47所示。

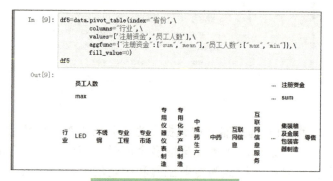

图7-47 数据透视

4. 轴向转换

轴向转换指的是行列索引的相互转换，在数据处理时经常使用，包括stack()和unstack()两个转换函数，语法格式见表7-17。

表7-17 函数语法格式

功能	函数及参数说明
列索引→行索引	stack(level=-1,dropna=True)
	level=-1：需要转换的列索引，可以是int、str、list列表，默认值-1表示转换最内层列索引
	dropna=True：转换后是否删除所有值均缺失的行
行索引→列索引	unstack(level=-1,fill_value=None)
	level=-1：需要转换的行索引，可以是int、str、list列表，默认值-1表示转换最内层行索引
	fill_value=None：缺失值的替换值

例如，使用 stack 函数对提取省份为北京市和上海市，行业为专业工程和中药的上市公司数量，注册资金和员工人数的平均数和最大值进行轴向转换，将最内层列索引（即对数据的聚合计算方式）转换为最内层的行索引，如图 7-48 所示。

```
In  [10]: df4.stack()
Out[10]:
```

省份	行业		员工人数	注册资金	股票代码
北京市	专业工程	count	NaN	NaN	11.0
		max	98385.0	NaN	NaN
		mean	NaN	3.213636e+05	NaN
		sum	NaN	3.535000e+06	NaN
	中药	count	NaN	NaN	1.0
		max	18065.0	NaN	NaN
		mean	NaN	1.371000e+05	NaN
		sum	NaN	1.371000e+05	NaN

图7-48　列索引转换为行索引

也可以使用 unstack() 函数将最内层行索引转换为最内层列索引，如图 7-49 所示。

```
In  [11]: df4.unstack()
Out[11]:
```

	股票代码		注册资金				员工人数	
	count		sum		mean		max	
行业	专业工程	中药	专业工程	中药	专业工程	中药	专业工程	中药
省份								
北京市	11	1	3535000.0	137100.0	321363.636364	137100.0	98385.0	18065.0
上海市	3	2	441800.0	158000.0	147266.666667	79000.0	43358.0	1570.0

图7-49　行索引转换为列索引

5. 数据可视化

在对数据进行了各种分析之后，我们就可以提取所需要的各种数据，利用数据可视化技术绘制相应的图表，更加生动形象地呈现数据的规律。例如，绘制各省份上市公司数量对比图，可以从宏观角度衡量各个省份的经济发展水平，具体过程如下：

（1）提取“省份”列数据，使用value_counts()函数“值”计数统计，返回行索引为“省份”，值为各省份上市公司数量的Series结构，如图7-50所示。

```
In  [12]: # 按省份统计上市公司数量，返回Series结构
          # 其中index为省份名称，数据为上市公司数量
          result=data['省份'].value_counts()
          print(type(result))
          print(result)

<class 'pandas.core.series.Series'>
广东省        561
浙江省        410
江苏省        387
```

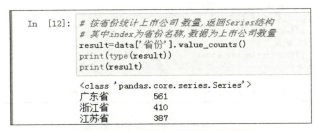

图7-50　按省份计数统计

（2）使用index属性获取"省份"名称唯一值，注意数据类型为object类型，绘图时作为横坐标使用，如图7-51所示。

```
In [13]: # 获取省份名称，即Series的索引index
         province=result.index
         province
Out[13]: Index(['广东省', '浙江省', '江苏省', '北京市', '上海市',
                '湖南省', '河南省', '辽宁省', '河北省', '重庆市',
                '吉林省', '广西壮族自治区', '山西省', '黑龙江省',
                '西藏自治区', '宁夏回族自治区', '青海省'],
                dtype='object')
```

图7-51　提取省份名称

（3）使用values属性获取各省份对应的上市公司数量，注意values的数据类型为numpy中的int64类型，绘图时作为纵坐标使用，如图7-52所示。

```
In [14]: # 提取Series的值，即各省份上市公司的数量
         count=result.values
         count
Out[14]: array([561, 410, 387, 317, 264, 207, 131, 123, 111, 105, 101,  91,  75,
                 58,  53,  52,  51,  50,  49,  44,  39,  38,  36,  35,  33,  31,
                 28,  26,  15,  15,  11], dtype=int64)
```

图7-52　提取各省份上市公司数量

（4）使用Matplotlib库绘制各省份上市公司数量静态条形图，使用figure()函数创建画布，设置参数防止字体出现中文乱码，设置负号正常显示，设置绘图的相关属性，使用bar()函数创建条形图，并使用循环结合enumerate()枚举函数，为每一个条形图添加数值标签。enumerate()枚举函数返回每一个值与对应的序号索引组成的元组列表，格式为[(0，值1)，(1，值2)，(2，值3)，…]，绘图过程和绘制效果如图7-53和图7-54所示。

```
In [6]: # 设置画布大小和透明度
        plt.figure(figsize=(8,4),dpi=100)
        # 设置字体=黑体，解决中文乱码问题
        plt.rcParams['font.sans-serif'] = ['SimHei']
        # 设置负号正常显示
        plt.rcParams['axes.unicode_minus'] = False
        # 设置图形标题
        plt.title('沪深两市上市公司省份分布图')
        # 设置x轴名称
        plt.xlabel("省份")
        # 设置y轴名称
        plt.ylabel("上市公司数量")
        # 设置x轴显示值旋转70，防止出现拥挤现象
        plt.xticks(rotation=70)
        # 绘图
        plt.bar(province,count)
        # 为每一个条形图添加值标签，使用enumerate枚举函数
        for x,y in enumerate(count):
            plt.text(x,y,'%s'%round(y),ha='center',va='bottom',fontsize=12)
```

图7-53　绘制过程

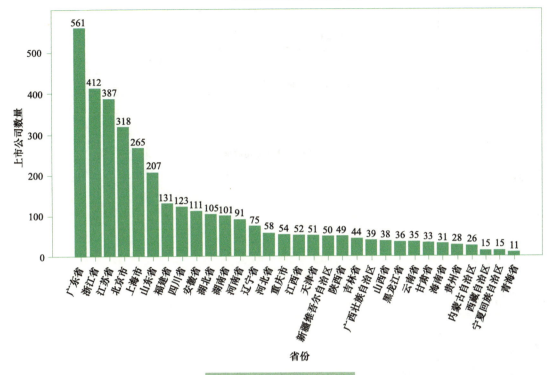

图7-54　绘制效果

（5）使用pyechart绘制动态条形图，需要注意的是pyechart仅支持Python内置的数据类型（如列表、字典等），不支持第三方库中的数据类型（如不支持numpy和pandas库中提供的int64），因此在使用pyechart绘图时，需要先将省份province和上市公司数量count转换为列表类型，转换后即可绘制pyechart中的动态图表，具体过程如图7-55所示。

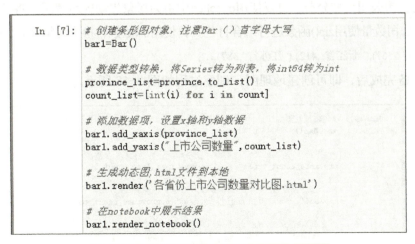

图7-55　pyechart绘制动态条形图

（6）在pyechart中，添加数据项过程支持链式操作，但图形创建过程和数据项添加过程都必须放在括号内部，如图7-56和图7-57所示。

```
In [8]: # 链式操作，整个过程必须放在括号内
        bar2=(Bar()
              .add_xaxis(province_list)
              .add_yaxis("上市公司数量",count_list)
              )
        bar2.render_notebook()
```

图7-56　pyechart链式操作绘制图形

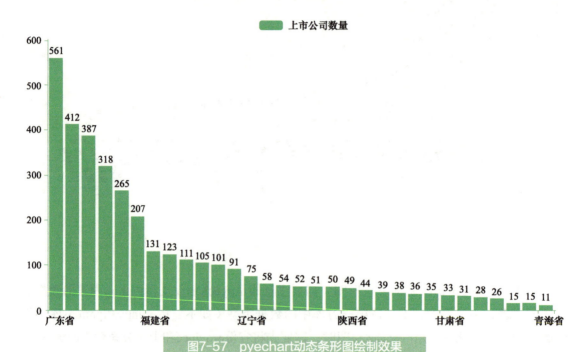

图7-57　pyechart动态条形图绘制效果

（7）对上市公司地域分布，可以使用pyechart中更为形象生动的地理图，将各省份名称和对应的上市公司数量使用zip()函数进行组合打包，再使用list函数转换为元组列表，格式为

[(' 广东省 ',561),(' 浙江省 ',412),(' 江苏省 ',387),…]

数据准备完成后，即可创建地理图，创建过程如图7-58所示。

```
In [9]: # 创建地图对象
        map=Map()

        # 将省份与对应的上市公司数量使用zip函数打包生成元组列表
        province_count_tuple=list(zip(province_list,count_list))

        # 添加地图数据，设置标题，各省份数据，选择中国china
        map.add('沪深两市 各省份上市公司数量',province_count_tuple,'china')

        # 生成动态图,html格式保存到本地
        map.render('沪深两市 各省份上市公司数量map.html')

        # 在notebook中展示结果
        map.render_notebook()
```

图7-58　创建地理图过程

课后练习

1. 对项目六课后练习爬取的数据进行数据清洗与整理。
2. 对清洗与整理后的数据进行可视化分析。

◆ 拓展知识 ◆

组建国家数据局

为构建系统完备、科学规范、运行高效的党和国家机构职能体系，党的二十大对深化机构改革做出重要部署。2023年3月，中共中央、国务院印发了《党和国家机构改革方案》，提出组建国家数据局，负责协调推进数据基础制度建设，统筹数据资源整合共享和开发利用，统筹推进数字中国、数字经济、数字社会规划和建设等，由国家发展和改革委员会管理。

党的十八大以来，我国数字经济取得了举世瞩目的发展成就，总体规模连续多年位居世界第二，对经济社会发展的引领支撑作用日益凸显。国家数据局的组建有利于统筹推进数字经济发展，发挥数字经济对经济社会的基础性作用，促进数字经济与实体经济融合发展，让数字化改革红利惠及全体人民。

项目八
沪深两市上市公司财报数据分析

在项目六中爬取了上市公司的资产负债表、利润表、现金流量表数据,每一家公司的相关数据均保存在单独的 csv 文件中,本项目我们将以这些数据为基础,对上市公司的财务报表数据进行数据分析,并对结果进行可视化呈现。

任务一 财务报表数据合并

我们爬取的上市公司财务报表数据的格式并不统一,因此我们首先需要了解数据的基本结构,然后才能进行数据的合并操作,我们以000001平安银行资产负债表为例进行讲解。

(1)导入所需模块,如图8-1所示。

(2)获取所有上市公司的资产负债表文件名称列表,如图8-2所示。

图8-1 导入所需模块   图8-2 获取资产负债表文件列表

(3)以提取000001平安银行的资产负债表数据为例,使用路径操作join()函数拼接生成文件的全路径file_path,使用os.path.getsize()获取文件的大小,如果文件大小大于0,表示爬取到数据,则读取csv文件内的数据,如图8-3所示。

(4)提取的数据中不包含"股票代码"和"股票简称",对文件名进行分割,提取股票代码和股票简称信息,如图8-4所示。

(5)使用insert()函数插入股票代码和股票简称两列数据,如图8-5所示。

(6)提取股票代码、股票简称、科目\年度和近五年的相关数据,如图8-6所示。

```
In [3]: # 拼接000001平安银行csv文件的完整路径
        file_path=os.path.join(path,file_list[0])
        print(file_path)

        # 判断文件大小,文件非空时提取数据,并将第一行作为列标题
        if os.path.getsize(file_path)>0:
            df=pd.read_csv(file_path,encoding='gbk',header=0)
        df.head(2)
```

..\6.网络爬虫\资产负债表\000001_平安银行_zcfzb.csv

Out[3]:

	科目\年度	2023-03-31	2022-12-31	2021-12-31	2020-12-31	2019-12-31
0	*所有者权益(或股东	44674500.00	43468000.00	39544800.00	36413100.00	31298300.00

图8-3 读取000001资产负债表数据

```
In [4]: # 分割文件名,提取股票代码和股票简称
        info=file_list[0].split("_")
        info
Out[4]: ['000001', '平安银行', 'zcfzb.csv']
```

图8-4 提取股票代码和股票简称

```
In [5]: # 插入股票代码
        df.insert(0,'股票代码',value=info[0])
        # 插入股票简称
        df.insert(1,'股票简称',value=info[1])
        df
```

Out[5]:

	股票代码	股票简称	科目\年度	2023-03-31	2022-12-31	2021-12-31
0	000001	平安银行	*所有者权益(或股东权	44674500.00	43468000.00	39544800.00

图8-5 插入股票代码和股票简称两列数据

```
In [6]: # 提取指定列的数据,这里提取2018年到2022年的数据
        df=df[["股票代码","股票简称","科目\年度","2022-12-31",\
               "2021-12-31","2020-12-31","2019-12-31","2018-12-31"]]
        df.head(4)
```

Out[6]:

	股票代码	股票简称	科目\年度	2022-12-31	2021-12-31
0	000001	平安银行	*所有者权益(或股东权益)合计	43468000.00	39544800.00
1	000001	平安银行	*资产合计	532000000.00	492000000.00
2	000001	平安银行	*负债合计	489000000.00	453000000.00
3	000001	平安银行	*归属于母公司所有者权益合计	43468000.00	39544800.00

图8-6 提取指定的数据列

（7）封装提取000001平安银行资产负债表过程的函数，以便于重复调用，实现对任意一家上市公司的数据提取，其中path参数为文件夹路径，file参数为文件名，如图8-7所示。

```python
In [7]: # 将提取一家上市公司数据的功能封装为一个函数
        def get_single_data(path,file):
            # 组合生成文件的完整路径
            file_path=os.path.join(path,file)
            # 判断是否为空，非空时提取数据
            if os.path.getsize(file_path)>0:
                info=file.split("_")    # 分割文件名，返回股票代码和股票简称
                df=pd.read_csv(file_path,encoding='gbk',header=0)    # 读取数据
                df.insert(0,'股票代码',value=info[0])    # 插入股票代码
                df.insert(1,'股票简称',value=info[1])    # 插入股票简称
                # 由于部分上市公司可能没有完整披露2018到2022年数据，下面语句可能出错
                try:
                    df=df[["股票代码","股票简称","科目\年度","2022-12-31",\
                    "2021-12-31","2020-12-31","2019-12-31","2018-12-31"]]
                    return df
                except:
                    print(file,"没有完整披露2018~2022年数据！")
                    pass    # 如果数据披露不完整，则跳过
```

图8-7 封装提取资产负债表数据函数

（8）进一步封装，实现对某个文件夹中所有csv文件数据提取与合并功能，如图8-8所示。

```python
In [9]: # 将合并数据的功能封装为一个函数
        def get_all_data(path):
            file_list=os.listdir(path)    # 获取文件名列表
            df_list=[]    # 空列表

            # 循环遍历file_list列表，返回df结构数据后依次放入df_list列表中
            for file in file_list:
                # 返回df结构
                df=get_single_data(path,file)
                df_list.append(df)

            # 数据纵向合并
            data_all=pd.concat(df_list,axis=0,ignore_index=True)
            return data_all
```

图8-8 提取与合并功能封装

（9）合并所有上市公司资产负债表，保存到本地csv文件中，如图8-9所示。

```python
In [10]: # 资产负债表文件夹路径
         path=r'..\6.网络爬虫\资产负债表'

         # 调用封装的函数，合并数据
         df_zcfzb=get_all_data(path)

         # 将合并后的数据保存到本地zcfzb_all.csv文件，同时删除行索引
         df_zcfzb.to_csv("zcfzb_all.csv",encoding='gbk',index=False)
```
000038_ST大通_zcfzb.csv 没有完整披露2018~2022年数据！
000587_ST金洲_zcfzb.csv 没有完整披露2018~2022年数据！
000662_天夏退_zcfzb.csv 没有完整披露2018~2022年数据！

图8-9 合并所有上市公司资产负债表

（10）合并所有上市公司利润表，保存到本地csv文件中，如图8-10所示。

```
In [11]:  # 利润表文件夹路径
          path=r'..\6.网络爬虫\利润表'
          # 合并数据
          df_lrb=get_all_data(path)

          # 将合并后的数据保存到本地lrb_all.csv文件,同时删除行索引
          df_lrb.to_csv("lrb_all.csv",encoding='gbk',index=False)

000038_ST大通_lrb.csv 没有完整披露2018~2022年数据!
000587_ST金洲_lrb.csv 没有完整披露2018~2022年数据!
000662_天夏退_lrb.csv 没有完整披露2018~2022年数据!
```

图8-10　合并所有上市公司利润表

（11）合并所有上市公司现金流量表，保存到本地csv文件中，如图8-11所示。

```
In [12]:  # 现金流量表文件夹路径
          path=r'..\6.网络爬虫\现金流量表'
          # 合并数据
          df_xjllb=get_all_data(path)

          # 将合并后的数据保存到本地xjllb_all.csv文件,同时删除行索引
          df_xjllb.to_csv("xjllb_all.csv",encoding='gbk',index=False)

000038_ST大通_xjllb.csv 没有完整披露2018~2022年数据!
000587_ST金洲_xjllb.csv 没有完整披露2018~2022年数据!
```

图8-11　合并所有上市公司现金流量表

至此，我们完成了所有上市公司财务报表数据的合并任务，将同类型的财务报表数据合并到一张数据表中，接下来我们将从合并后的报表中提取数据进行分析。

任务二　财务报表数据关联

任务一中我们完成了上市公司财务报表数据的合并，但是各张数据表中包含的上市公司不尽相同，原因是我们在爬取时可能爬取失败，因此还必须对合并后的数据进行表间的关联匹配，获取在各张报表中均存在的上市公司数据进行数据分析。财务报表数据之间的关联操作，按以下步骤进行：

（1）导入所需模块，如图8-12所示。

```
In [1]:  import os
         import pandas as pd
         import numpy as np
```

图8-12　导入所需模块

（2）从上市公司基本档案中读取数据，同时将股票代码转换为字符串类型，如图8-13所示。

（3）同理读取合并后的资产负债表、利润表、现金流量表数据，如图8-14所示。

（4）使用set集合分别获取公司档案、资产负债表、利润表、现金流量表中股票代码的唯一值，如图8-15所示。

```
In [2]: # 读取清洗后的上市公司基本档案
        df_gsda=pd.read_csv("../7.中国上市公司基础信息分析/上市公司档案_clean.csv",\
                    encoding='gbk',converters={"股票代码":str})
        df_gsda.head()
Out[2]:
   股票代码  股票简称   省份    行业      注册资金      员工人数
0  000001  平安银行  广东省   银行    1940600.0   44207.0
1  000002  万科A   广东省   房地产  1193100.0  131817.0
2  000004  ST国华  广东省   生物医药    13300.0     309.0
3  000005  ST星源  广东省   其他     105900.0     563.0
4  000006  深振业A  广东省   房地产   135000.0     403.0
```

图8-13 提取上市公司基本档案

```
In [3]: # 读取合并后的资产负债表、利润表、现金流量表
        df_zcfzb=pd.read_csv("zcfzb_all.csv",encoding='gbk',converters={"股票代码":str})
        df_lrb=pd.read_csv("lrb_all.csv",encoding='gbk',converters={"股票代码":str})
        df_xjllb=pd.read_csv("xjllb_all.csv",encoding='gbk',converters={"股票代码":str})
        df_zcfzb.head()
```

图8-14 读取三张报表数据

```
In [4]: # 将三张报表中股票代码转换为set集合，自动去重，获取股票代码的唯一值
        unicode_zcfzb_set=set(df_zcfzb['股票代码'])
        unicode_lrb_set=set(df_lrb['股票代码'])
        unicode_xjllb_set=set(df_xjllb['股票代码'])
        unicode_gsda_set=set(df_gsda['股票代码'])
```

图8-15 提取股票代码唯一值

（5）使用集合的交集运算，获取在资产负债表、利润表、现金流量表、公司档案中均存在的上市公司代码，如图8-16所示。

```
In [5]: # 交集运算，获取合并数据中共有的上市公司名单
        code_common_set=unicode_zcfzb_set & unicode_lrb_set &\
                    unicode_xjllb_set & unicode_gsda_set
```

图8-16 股票代码交集运算

（6）交集运算前后上市公司的数量对比，如图8-17所示。

```
In [6]: # 合并数据与共有数据数量对比
        print("合并资产负债表上市公司数量：",len(unicode_zcfzb_set))
        print("合并利润表上市公司数量：",len(unicode_lrb_set))
        print("合并现金流量表上市公司数量：",len(unicode_xjllb_set))
        print("合并基本档案上市公司数量：",len(unicode_gsda_set))
        print("数据完整的上市公司数量：",len(code_common_set))

        合并资产负债表上市公司数量： 4487
        合并利润表上市公司数量： 4486
        合并现金流量表上市公司数量： 4490
        合并基本档案上市公司数量： 3547
        数据完整的上市公司数量： 3256
```

图8-17 交集运算前后上市公司数量对比

（7）使用isin()方法分别从资产负债表、利润表、现金流量表、公司档案中提取共有的上市公司数据，如图8-18所示。

```
In [7]: # 使用isin()方法从合并数据中提取共有的上市公司数据
zcfzb_common=df_zcfzb[df_zcfzb['股票代码'].isin(code_common_set)]
lrb_common=df_lrb[df_lrb['股票代码'].isin(code_common_set)]
xjllb_common=df_xjllb[df_xjllb['股票代码'].isin(code_common_set)]
gsda_common=df_gsda[df_gsda['股票代码'].isin(code_common_set)]
```

图8-18　提取共有上市公司的相关数据

（8）数据关联，使用merge()方法进行横向关联并排序，以公司基本档案为左表，右表分别为资产负债表、利润表、现金流量表，关联字段为股票代码，如图8-19所示。

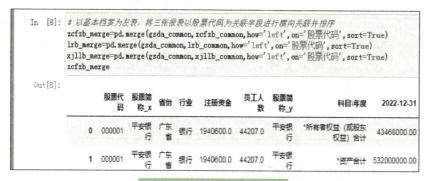

图8-19　数据关联

（9）将关联后的资产负债表、利润表、现金流量表保存到本地csv文件中，如图8-20所示。

```
In [11]: # 将横向合并后的数据保存到csv文件中，设置编码格式，保存时不包含行索引
zcfzb_merge.to_csv('zcfzb_merge.csv',encoding='gbk',index=False)
lrb_merge.to_csv('lrb_merge.csv',encoding='gbk',index=False)
xjllb_merge.to_csv('xjllb_merge.csv',encoding='gbk',index=False)
```

图8-20　保存合并关联后的数据

任务三　常见财务指标计算

本任务中我们将利用关联合并后的数据，计算常见的财务指标，以资产负债率和销售净利率两个财务指标为例，计算过程如下。

1. 资产负债率计算

（1）导入所需模块，如图8-21所示。

（2）读取关联后的资产负债表，同时将股票代码转换为字符串，如图8-22所示。

```
In [1]: import pandas as pd
import numpy as np
```

图8-21　导入所需模块

（3）删除注册资金、员工人数、股票简称_y三列数据，如图8-23所示。

（4）数据清洗，使用replace()方法将特殊字符"--"替换为0，如图8-24所示。

```
In [2]: # 读取关联后的资产负债表，查看表结构
        df_zcfzb=pd.read_csv("zcfzb_merge.csv",encoding='gbk',converters={"股票代码":str})
        df_zcfzb.head()
```

Out[2]:

	股票代码	股票简称_x	省份	行业	注册资金	员工人数	股票简称_y	科目\年度	2022-12-31	2021-12-31
0	000001	平安银行	广东省	银行	1940600.0	44207.0	平安银行	*所有者权益（或股东权益）合计	43468000.00	39544800.00
1	000001	平安银行	广东省	银行	1940600.0	44207.0	平安银行	*资产合计	532000000.00	492000000.00

图8-22　读取关联后的资产负债表

```
In [3]: # 对合并后的数据进行清洗，删除部分数据列
        df_zcfzb.drop(["注册资金","员工人数","股票简称_y"],axis=1,inplace=True)
        df_zcfzb.head()
```

Out[3]:

	股票代码	股票简称_x	省份	行业	科目\年度	2022-12-31
0	000001	平安银行	广东省	银行	*所有者权益（或股东权益）合计	43468000.00
1	000001	平安银行	广东省	银行	*资产合计	532000000.00
2	000001	平安银行	广东省	银行	*负债合计	489000000.00
3	000001	平安银行	广东省	银行	*归属于母公司所有者权益合计	43468000.00
4	000001	平安银行	广东省	银行	报表全部指标	--

图8-23　删除不需要的数据列

```
In [4]: # 数据清洗，批量替换数据中的特殊字符为0
        df_zcfzb.replace("--",0,inplace=True)
        df_zcfzb.head()
```

Out[4]:

	股票代码	股票简称_x	省份	行业	科目\年度	2022-12-31
0	000001	平安银行	广东省	银行	*所有者权益（或股东权益）合计	43468000.00
1	000001	平安银行	广东省	银行	*资产合计	532000000.00
2	000001	平安银行	广东省	银行	*负债合计	489000000.00
3	000001	平安银行	广东省	银行	*归属于母公司所有者权益合计	43468000.00
4	000001	平安银行	广东省	银行	报表全部指标	0

图8-24　数据清洗

（5）从"科目\年度"列中提取"*资产合计"的所有记录，并使用copy()方法生成副本，防止数据修改值引发异常提示信息，如图8-25所示。

```
In [5]: # 提取资产合计，后期将进行数据处理，这里使用copy()方法生成副本
        df_zc=df_zcfzb[df_zcfzb["科目\年度"]=='*资产合计'].copy()
        df_zc.head()
```

Out[5]:

	股票代码	股票简称_x	省份	行业	科目\年度	2022-12-31
1	000001	平安银行	广东省	银行	*资产合计	532000000.00
57	000002	万科A	广东省	房地产	*资产合计	176000000.00
136	000004	ST国华	广东省	生物医药	*资产合计	57500.00
208	000005	ST星源	广东省	其他	*资产合计	260200.00
282	000006	深振业A	广东省	房地产	*资产合计	2639900.00

图8-25　提取资产合计

（6）同理，从"科目\年度"列中提取"*负债合计"的所有记录，如图8-26所示。

```
In [6]: # 同理提取所有负债合计
        df_fz=df_zcfzb[df_zcfzb["科目\年度"]=="*负债合计"].copy()
        df_fz.head()
```

	股票代码	股票简称_x	省份	行业	科目\年度	2022-12-31
2	000001	平安银行	广东省	银行	*负债合计	489000000.00
58	000002	万科A	广东省	房地产	*负债合计	135000000.00
137	000004	ST国华	广东省	生物医药	*负债合计	22300.00
209	000005	ST星源	广东省	其他	*负债合计	129400.00
283	000006	深振业A	广东省	房地产	*负债合计	1793000.00

图8-26 提取负债合计

（7）提取"*资产合计"后删除"科目\年度"列数据，如图8-27所示。

```
In [7]: # 删除资产合计中的"科目\年度"列数据
        df_zc.drop("科目\年度",axis=1,inplace=True)
        df_zc.head()
```

	股票代码	股票简称_x	省份	行业	2022-12-31
1	000001	平安银行	广东省	银行	532000000.00
57	000002	万科A	广东省	房地产	176000000.00
136	000004	ST国华	广东省	生物医药	57500.00
208	000005	ST星源	广东省	其他	260200.00
282	000006	深振业A	广东省	房地产	2639900.00

图8-27 删除指定列

（8）同理，提取"*负债合计"后删除"科目\年度"列数据，如图8-28所示。

```
In [8]: # 删除负债合计中的"科目\年度"列数据
        df_fz.drop("科目\年度",axis=1,inplace=True)
        df_fz.head()
```

	股票代码	股票简称_x	省份	行业	2022-12-31
2	000001	平安银行	广东省	银行	489000000.00
58	000002	万科A	广东省	房地产	135000000.00
137	000004	ST国华	广东省	生物医药	22300.00
209	000005	ST星源	广东省	其他	129400.00
283	000006	深振业A	广东省	房地产	1793000.00

图8-28 删除指定列

（9）数据处理后查看所有资产合计和负债合计的形状，可以看到两个DataFrame的形状完全相同，在按照股票代码排序后，同一家公司的资产和负债数据在两个DataFrame中位置相同，可以直接执行对齐运算，生成资产负债率，如图8-29所示。

```
In [9]: # 查看提取的资产合计和负债合计数据库的形状属性
        print("资产合计行列数",df_zc.shape)
        print("负债合计行列数",df_fz.shape)

资产合计行列数 (3256, 9)
负债合计行列数 (3256, 9)
```

图8-29 资产负债数据形状对齐关系

（10）将资产合计DataFrame中的股票代码、股票简称_x、省份、行业四列设置为行索引，如图8-30所示。

图8-30 设置行索引

（11）同理，将负债合计DataFrame中的股票代码、股票简称_x、省份、行业四列设置为行索引，如图8-31所示。

图8-31 设置行索引

（12）使用dtype属性查看数据列的数据类型，object表示为文本类型，不能直接进行数据运算，需要进行数据类型转换，如图8-32所示。

（13）数据类型转换，pandas库中提供了专门进行数据类型转换的方法astype()，它可以将一列或多列转换成指定的数据类型，但必须转换numpy中指定的数据类型。astype()方法返回一个新的DataFrame，而不是修改原DataFrame，所以需要将其返回值重新赋值给原来的DataFrame，如图8-33所示。

图8-32 获取每列的数据类型

图8-33 数据类型转换

（14）对所有上市公司的负债合计和资产合计执行除法对齐运算，批量生成所有上市公司的资产负债率，如图8-34所示。

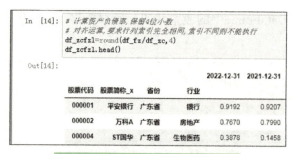

图8-34 资产负债率计算

（15）插入"财务指标"数据列，数据为"资产负债率"，如图8-35所示。

图8-35 插入"财务指标"数据列

（16）将所有上市公司资产负债率数据保存到本地csv文件中，如图8-36所示。

```
In [16]: # 保存到本地csv文件，默认index=True,保存行索引
         df_zcfzl.to_csv("资产负债率.csv",encoding="gbk")
```

图8-36 资产负债率保存到本地csv文件

2. 销售净利率计算

（1）从关联后的利润表中读取所有的数据，如图8-37所示。

```
In [17]: # 读取关联后利润表，查看表结构
         df_lrb=pd.read_csv("lrb_merge.csv",encoding="gbk",converters={"股票代码":str})
         df_lrb.head()
```

	股票代码	股票简称_x	省份	行业	注册资金	员工人数	股票简称_y	科目\年度	2022-12-31
0	000001	平安银行	广东省	银行	1940600.0	44207.0	平安银行	*净利润	4551600.00
1	000001	平安银行	广东省	银行	1940600.0	44207.0	平安银行	*营业总收入	17989500.00

图8-37 读取利润表数据

（2）从DataFrame中删除注册资金、员工人数、股票简称_y三列数据，如图8-38所示。

（3）使用replace()方法将特殊字符替换为0，如图8-39所示。

（4）提取"科目\年度"列中值为"*净利润"的所有记录，如图8-40所示。

项目八　沪深两市上市公司财报数据分析

```
In [18]: # 删除部分数据列
df_lrb.drop(["注册资金","员工人数","股票简称_y"],axis=1,inplace=True)
df_lrb.head()
```

Out[18]:

	股票代码	股票简称_x	省份	行业	科目\年度	2022-12-31
0	000001	平安银行	广东省	银行	*净利润	4551600.00
1	000001	平安银行	广东省	银行	*营业总收入	17989500.00
2	000001	平安银行	广东省	银行	*营业支出	12242000.00
3	000001	平安银行	广东省	银行	*归属于母公司所有者的净利润	4551600.00
4	000001	平安银行	广东省	银行	*扣除非经常性损益后的净利润	4540700.00

图8-38　删除部分数据列

```
In [19]: # 替换特殊字符为0
df_lrb.replace("--",0,inplace=True)
df_lrb.head()
```

Out[19]:

	股票代码	股票简称_x	省份	行业	科目\年度	2022-12-31
0	000001	平安银行	广东省	银行	*净利润	4551600.00
1	000001	平安银行	广东省	银行	*营业总收入	17989500.00
2	000001	平安银行	广东省	银行	*营业支出	12242000.00

图8-39　特殊字符清洗替换

```
In [20]: # 提取净利润
df_jlr=df_lrb[df_lrb["科目\年度"]=="*净利润"].copy()
df_jlr.head()
```

Out[20]:

	股票代码	股票简称_x	省份	行业	科目\年度	2022-12-31
0	000001	平安银行	广东省	银行	*净利润	4551600.00
41	000002	万科A	广东省	房地产	*净利润	3755100.00
84	000004	ST国华	广东省	生物医药	*净利润	-59600.00
128	000005	ST星源	广东省	其他	*净利润	-16100.00
172	000006	深振业A	广东省	房地产	*净利润	44800.00

图8-40　提取上市公司净利润数据

（5）提取"科目\年度"列中值为"*营业总收入"的所有记录，如图8-41所示。

```
In [21]: # 提取营业总收入
df_zsr=df_lrb[df_lrb["科目\年度"]=="*营业总收入"].copy()
df_zsr.head()
```

Out[21]:

	股票代码	股票简称_x	省份	行业	科目\年度	2022-12-31
1	000001	平安银行	广东省	银行	*营业总收入	17989500.00
42	000002	万科A	广东省	房地产	*营业总收入	50383800.00
85	000004	ST国华	广东省	生物医药	*营业总收入	16600.00
129	000005	ST星源	广东省	其他	*营业总收入	28400.00
173	000006	深振业A	广东省	房地产	*营业总收入	370000.00

图8-41　提取上市公司营业总收入数据

（6）套用"营业总收入"DataFrame的表结构，使用iloc选择器将所有的数据修改为0，将"科目\年度"修改为"财务指标"，将数据全部修改为"销售净利率"，如图8-42所示。

```
In [22]: # 复制营业总收入的表结构,同时各年数据修改为0
         # 借用表结构,使用iloc选择器将values修改为0
         df_xsjll=df_zsr.copy()
         df_xsjll.iloc[:,5:]=0
         df_xsjll.rename(columns={"科目\年度":"财务指标"},inplace=True)
         df_xsjll["财务指标"]="销售净利率"
         df_xsjll.head()
```

Out[22]:

	股票代码	股票简称_x	省份	行业	财务指标	2022-12-31	2021-12-31
1	000001	平安银行	广东省	银行	销售净利率	0	0
42	000002	万科A	广东省	房地产	销售净利率	0	0
85	000004	ST国华	广东省	生物医药	销售净利率	0	0
129	000005	ST星源	广东省	其他	销售净利率	0	0
173	000006	深振业A	广东省	房地产	销售净利率	0	0

图8-42 套用表结构

（7）设置行索引，将除数据之外的其他列设置为行索引，如图8-43所示。

```
In [23]: # 将前5列转换为行索引
         df_jlr.set_index(["股票代码","股票简称_x","省份","行业","科目\年度"],drop=True,inplace=True)
         df_zsr.set_index(["股票代码","股票简称_x","省份","行业","科目\年度"],drop=True,inplace=True)
         df_yyjll.set_index(["股票代码","股票简称_x","省份","行业","财务指标"],drop=True,inplace=True)
         df_jlr.head()
```

Out[23]:

					2022-12-31	2021-12-31	2020-12-31	2019-12-31	2018-12-31
股票代码	股票简称_x	省份	行业	科目\年度					
000001	平安银行	广东省	银行	*净利润	4551600.00	3633600.00	2892800.00	2819500.00	2481800.00
000002	万科A	广东省	房地产	*净利润	3755100.00	3807000.00	5929800.00	5513200.00	4927200.00
000004	ST国华	广东省	生物医药	*净利润	-59600.00	-50900.00	6199.03	-360.40	-2161.27
000005	ST星源	广东省	其他	*净利润	-16100.00	13900.00	-38600.00	17800.00	15700.00
000006	深振业A	广东省	房地产	*净利润	44800.00	55300.00	90300.00	84300.00	92299.99

图8-43 设置行索引

（8）计算销售净利率，由于部分公司可能没有披露营业总收入，因此在对齐运算时可能报错，这里使用numpy中的安全除法divide()，防止分母为0时报错，其语法格式如下：

numpy(x1,x2,out=None,where=True)

x1为分子，x2为分母，out=替换值数组，where判断条件数组。

当where为True时，执行x1/x2除法，为False时使用out对应位置的值，一般将out设置为形状相同的0数组。

如果营业总收入不为0（zsr!=0），则执行净利润（jlr）除以营业总收入（zsr）操作，否则返回与净利润形状相同的out数组（全部为0），从而实现安全除法功能，如图8-44所示。

```
In [24]: # 使用numpy的安全除法:numpy(x1,x2,out=None,where=True)
         # 当where为True时,执行除法,为False时使用out对应位置的值
         # values属性只能获取数据,不能修改数据,使用iloc选择器
         jlr=df_jlr.astype(np.float64).values
         zsr=df_zsr.astype(np.float64).values
         df_xsjll.iloc[:,:]=np.round(np.divide(jlr,zsr,out=np.zeros_like(jlr),where=zsr!=0),4)
         df_xsjll.head()
```

Out[24]:

股票代码	股票简称_x	省份	行业	财务指标	2022-12-31	2021-12-31	2020-12-31	2019-12-31
000001	平安银行	广东省	银行	销售净利率	0.2530	0.2145	0.1884	0.2044
000002	万科A	广东省	房地产	销售净利率	0.0745	0.0841	0.1415	0.1499
000004	ST国华	广东省	生物医药	销售净利率	-3.5904	-1.7612	0.2206	-0.0334

图8-44 数组安全除法

（9）将销售净利率数据保存到本地csv文件中，如图8-45所示。

```
In [25]: # 将销售净利率保存到本地csv文件
         df_xsjll.to_csv("销售净利率.csv",encoding='gbk')
```

图8-45 保存销售净利率到本地csv文件

任务四 盈利能力对比分析与可视化

本任务中我们将利用任务三中得到的上市公司销售净利率指标，提取目标行业的相关数据进行数据分析与可视化。这里选取旅游类上市公司的盈利能力指标，分析新冠疫情对旅游类上市公司盈利能力的影响，并绘制可视化图表，具体过程如下。

（1）导入所需模块，如图8-46所示。

（2）导入上市公司销售净利率数据，同时将股票代码转换为字符串，如图8-47所示。

```
In [1]: import pandas as pd
        import numpy as np
        import matplotlib.pyplot as plt
```

图8-46 导入所需模块

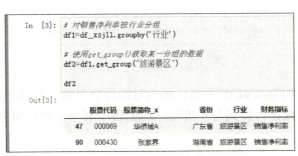

图8-47 导入销售净利率

（3）按照"行业"进行分组，返回分组对象（DataFrameGroupBy类型），使用get_group()函数获取某一个分组的所有数据，如提取"旅游景区"分组中的所有记录，如图8-48所示。

```
In [3]: # 对销售净利率按行业分组
        df1=df_xsjll.groupby('行业')
        # 使用get_group()获取某一分组的数据
        df2=df1.get_group("旅游景区")
        df2
```

Out[3]:

	股票代码	股票简称_x	省份	行业	财务指标
47	000069	华侨城A	广东省	旅游景区	销售净利率
90	000430	张家界	湖南省	旅游景区	销售净利率

图8-48 按行业分组

（4）使用mean()函数计算各年度的平均水平，如图8-49所示。

（5）分组同时也可以直接执行mean()聚合函数求平均数，这样可以得到所有行业近五年的平均销售净利率，如图8-50所示。

```
In [4]: # 对分组数据进行聚合运算,对每列数值求平均数
        df2.mean()
Out[4]: 股票代码        4.312527e+90
        2022-12-31   -5.006563e-01
        2021-12-31   -2.111125e-01
        2020-12-31   -2.589250e-01
        2019-12-31    1.449563e-01
        2018-12-31    1.869000e-01
        dtype: float64
```

图8-49 计算分组后各年的平均水平

```
In [5]: # 按照行业分组后直接聚合
        df3=df_xsjll.groupby('行业').mean()
        df3
Out[5]:
             2022-12-31  2021-12-31  2020-12-31  2019-12-31  2018-12-31
        行业
        LED    0.016952   -0.078657    0.003252   -0.139126   -0.146722
        不锈钢   0.053300    0.060133    0.031700    0.063833    0.072733
```

图8-50 分组聚合计算平均数

（6）使用loc选择器选取旅游景区类上市公司近五年的平均销售净利率，如图8-51所示。

```
In [6]: # 选取旅游景区近五年的平均销售净利率
        rate=df3.loc["旅游景区"]
        rate
Out[6]: 2022-12-31   -0.500656
        2021-12-31   -0.211112
        2020-12-31   -0.258925
        2019-12-31    0.144956
        2018-12-31    0.186900
        Name: 旅游景区, dtype: float64
```

图8-51 选取旅游景区类上市公司近五年的平均销售净利率

（7）提取行索引转换为年度列表，执行逆序操作，实现年度从小到大排序，排序后的年度数据将作为可视化图表的横坐标x，如图8-52所示。

```
In [7]: # 提取行索引年份并逆序,生成x轴
        x=rate.index.tolist()[::-1]
        x
Out[7]: ['2018-12-31', '2019-12-31', '2020-12-31', '2021-12-31', '2022-12-31']
```

图8-52 提取年度列表

（8）使用numpy中的round()四舍五入函数对销售净利率保留4位小数，使用list()函数转化为列表，执行逆序操作，得到与年度对应的销售净利率，绘制可视化图形时作为y值，如图8-53所示。

```
In [8]: # 提取各年份的平均净利率作为y轴数据,保留4位小数,转换成列表,执行逆序操作
        y=list(np.round(rate.values,4))[::-1]
        y
Out[8]: [0.1869, 0.145, -0.2589, -0.2111, -0.5007]
```

图8-53 提取各年的销售净利率

（9）使用Matplotlib库中的plot()函数绘制折线图，设置相关绘图参数如图8-54所示。

```
In [9]:  # 生成旅游景区类上市公司近五年平均销售净利率的变动趋势
         plt.figure(figsize=(5,3),dpi=100)
         # 设置字体-黑体，解决中文乱码问题
         plt.rcParams['font.sans-serif'] = ['SimHei']
         # 设置负号正常显示
         plt.rcParams['axes.unicode_minus'] = False
         # 设置图形标题
         plt.title("旅游类上市公司近五年盈利水平")
         plt.xlabel("年度",loc="right")
         plt.ylabel("盈利水平",loc='top')
         # 绘制图形
         plt.plot(x,y)
         plt.grid(axis="y")
         plt.show()
```

图8-54　绘制折线图

Matplotlib库绘制的图形默认以左下角为坐标原点，而不是以（0，0）点为坐标原点，绘制出的可视化图形与习惯的图表格式不同，如图8-55所示。

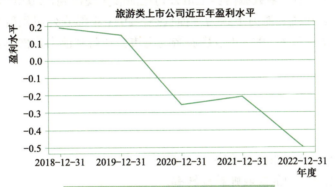

图8-55　以左下角为坐标原点

（10）调整坐标原点，将（0，0）设置为原点，将绘图区域的边线调整为坐标轴，如图8-56所示。

```
In [10]: # Matplotlib库绘图时坐标轴默认在左下角
         plt.figure(figsize=(5,3),dpi=100)
         # 设置字体-黑体，解决中文乱码问题
         plt.rcParams['font.sans-serif'] = ['SimHei']
         # 设置负号正常显示
         plt.rcParams['axes.unicode_minus'] = False
         # 更改坐标轴:gca()获取当前绘图区域对象(get current axes)
         ax = plt.gca()
         # 设置绘图区域的右边线和上边线颜色
         ax.spines["right"].set_color("none")
         ax.spines["top"].set_color("none")
         # 将绘图区域的下边线和左边线设置为x轴和y轴
         ax.xaxis.set_ticks_position("bottom")
         ax.yaxis.set_ticks_position("left")
         # 设置x轴和y轴的位置
         ax.spines["bottom"].set_position(("data",0))
         ax.spines["left"].set_position(("data",0))
         # 设置x轴和y轴的标签名称及位置
         plt.title("旅游类上市公司近五年盈利水平")
         plt.xlabel("年度",loc="right")
         plt.ylabel("盈利水平",loc='top')
         # 绘制图形
         plt.plot(x,y)
         plt.grid(axis="y")
         plt.show()
```

图8-56　调整绘图区域的坐标原点

调整绘图区域坐标原点后的可视化效果如图 8-57 所示。

图8-57　调整坐标原点后的绘图效果

通过绘图我们可以看出，由于新冠疫情的影响，旅游类上市公司盈利能力受到了较大影响，2018 年和 2019 年大多数旅游类上市公司还能够实现盈利，2020 年以后受疫情影响，大多数旅游类上市公司盈利能力下跌为亏损状态，2021 年部分公司积极调整策略，盈利能力下跌势头有所缓解，进入 2022 年以后旅游类上市公司盈利能力依然不容乐观。

1. 计算所有上市公司的流动比率。
2. 计算所有上市公司的应收账款周转率。

◆ 拓展知识 ◆

上市公司信息披露

一、公司上市的资格条件

（1）股票经国务院证券管理部门批准已经向社会公开发行。
（2）公司股本总额不少于人民币 3 000 万元。
（3）公开发行的股份占公司股份总数的 25% 以上；股本总额超过 4 亿元的，向社会公开发行的比例 10% 以上。
（4）公司在最近三年内无重大违法行为，财务会计报告无虚假记载。

二、上市公司信息披露内容

（1）公开发行募集文件，即招股说明书。
（2）上市公告书。
（3）定期报告，包括年度报告和中期报告。
（4）临时报告，主要是重大事件公告、上市公司的收购或合并公告。

（5）公司的董事、监事、高级管理人员的持股情况。

（6）证券交易所要求披露的信息。

（7）其他信息。

三、上市公司年报披露时间要求

（1）上市公司年报披露时间：每年1月1日—4月30日。

（2）上市公司半年报披露时间：每年7月1日—8月30日。

（3）上市公司季报披露时间：一季报每年4月1日—4月30日；二季报（中报）每年7月1日—8月30日；三季报每年10月1日—10月31日。

四、上市公司法定披露的事项

（1）公司的经营方针和经营范围的重大变化。

（2）公司的重大投资行为和重大的购置财产的决定。

（3）公司订立重要合同，可能对公司的资产、负债、权益和经营成果产生重要影响。

（4）公司发生重大债务和未能清偿到期重大债务的违约情况。

（5）公司发生重大亏损或者重大损失。

（6）公司生产经营的外部条件发生的重大变化。

（7）公司的董事、1/3以上监事或者经理发生变动。

（8）持有公司5%以上股份的股东或者实际控制人，其持有股份或者控制公司的情况发生较大变化。

（9）公司减资、合并、分立、解散及申请破产的决定。

（10）涉及公司的重大诉讼，股东大会、董事会决议被依法撤销或者宣告无效。

（11）公司涉嫌犯罪被司法机关立案调查，公司董事、监事、高级管理人员涉嫌犯罪被司法机关采取强制措施。

（12）国务院证券监督管理机构规定的其他事项。

项目九
Python在财务中的典型应用

本项目中我们将使用 Pandas 中常用的数据结构和数据操作方法，介绍 Python 在财务中的典型应用，包括薪酬核算、固定资产折旧核算、常见财务报表的编制以及管理会计中本量利分析的应用。

任务一 工资项目核算与薪酬分析

工资项目的基本数据详见本书配套资源，工资项目的计算方法见表9-1。

表9-1 工资项目的计算方法

工资项目	计 算 方 法
应发合计	基本工资＋岗位工资＋交通补贴＋工龄工资
扣款合计	缺勤扣款＋三险一金＋3月份应纳个税
实发工资	应发合计－扣款合计
应付工资	应发合计－缺勤扣款
交通补贴	根据交补规则设计公式
工龄工资	根据工龄工资规则设计公式
缺勤扣款	根据缺勤扣款规则设计公式
医疗保险	五险一金基数×个人承担比例
养老保险	五险一金基数×个人承担比例
失业保险	五险一金基数×个人承担比例
公积金	五险一金基数×个人承担比例
三险一金合计	医疗保险＋养老保险＋失业保险＋公积金
专项扣除合计	子女教育＋住房贷款＋房屋租金＋赡养老人

(续)

工资项目	计算方法
3月份应纳税所得额	应付工资－三险一金－专项扣除合计 －5 000
1季度应纳税所得额	1～2月应纳税所得额＋3月份应纳税所得额
1季度应纳税额	根据个税计算规则设置公式
3月份本期应补、退	1季度应纳税额－前2月累计已缴税额
工龄	从人员档案中根据员工入职时间设计公式计算工龄
企业承担医疗保险	五险一金基数×企业承担比例
企业承担工伤保险	五险一金基数×企业承担比例
企业承担生育保险	五险一金基数×企业承担比例
企业承担公积金	五险一金基数×企业承担比例
企业承担养老保险	五险一金基数×企业承担比例
企业承担失业保险	五险一金基数×企业承担比例
工会经费	应付工资×2%

1. 数据准备

（1）导入所需模块，如图9-1所示。

```
In [1]: import pandas as pd
        import numpy as np
        import datetime as dt    #日期时间处理
        executed in 291ms, finished 09:16:16 2022-08-26
```

图9-1　导入所需模块

（2）从配套资源中导入数据到DataFrame中，同时将"人员编码"和"部门编码"转换为字符串类型，如图9-2所示。

```
In [2]: df=pd.read_excel('薪酬核算.xlsx',sheet_name='工资项目计算',\
        converters={'人员编码':str,'部门编码':str})
        df.head()
        executed in 168ms, finished 09:17:47 2022-08-26
```

Out[2]:

	人员编码	人员姓名	性别	部门编码	行政部门	人员类别	入职时间	缺勤天数	子女教育专项扣除	住房贷款专项扣除
0	101	陆岩	男	01	行政部	企业管理人员	2018-07-28	4.0	1000.0	1000.0
1	102	高云森	女	01	行政部	企业管理人员	2016-05-15	NaN	NaN	1000.0

图9-2　导入数据

（3）了解数据类型，注意"入职时间"为datatime64，如图9-3所示。

```
In [3]: df.dtypes
executed in 19ms, finished 09:19:41 2022-08-26

Out[3]: 人员编码              object
        人员姓名              object
        性别                object
        部门编码              object
        行政部门              object
        人员类别              object
        入职时间              datetime64[ns]
        缺勤天数              float64
        子女教育专项扣除          float64
        住房贷款专项扣除          float64
        租房租金专项扣除          float64
        赡养老人专项扣除          float64
        继续教育专项扣除          float64
        1-2月应纳税所得额        float64
        1-2月累计已缴纳         float64
        基本工资              int64
        岗位工资              float64
        dtype: object
```

图9-3 了解数据类型

（4）对数据进行描述统计，了解数据的概况，如图9-4所示。

```
In [4]: df.describe()
executed in 82ms, finished 09:21:09 2022-08-26
```

Out[4]:

	缺勤天数	子女教育专项扣除	住房贷款专项扣除	租房租金专项扣除	赡养老人专项扣除
count	26.000000	140.000000	145.000000	48.0	83.0
mean	2.423077	492.857143	427.586207	1500.0	1000.0
std	1.301478	501.744132	496.443289	0.0	0.0
min	1.000000	0.000000	0.000000	1500.0	1000.0

图9-4 对数据进行描述统计

从描述统计的 count 属性可以看出缺勤天数只有 26 个非空记录，其他记录均为空值。同理，其他数据也有大量的空值，在数据分析前必须进行数据清洗，这里将空值替换为 0。

（5）数据清洗，使用fillna()函数将所有空值替换为0，如图9-5所示。

```
In [5]: df.fillna(0,inplace=True)
        df
executed in 58ms, finished 09:24:17 2022-08-26
```

Out[5]:

	人员编码	人员姓名	性别	部门编码	行政部门	人员类别	入职时间	缺勤天数	子女教育专项扣除
0	101	陆岩	男	01	行政部	企业管理人员	2018-07-28	4.0	1000.0
1	102	高云淼	女	01	行政部	企业管理人员	2016-05-15	0.0	0.0

图9-5 数据清洗

（6）再次进行描述统计，确认清洗后的数据可以用于数据分析，如图9-6所示。

```
In [6]: df.describe()
executed in 66ms, finished 09:26:51 2022-08-26
Out[6]:
```

	缺勤天数	子女教育专项扣除	住房贷款专项扣除	租房租金专项扣除	赡养老人专项扣除
count	220.000000	220.000000	220.000000	220.000000	220.000000
mean	0.286364	313.636364	281.818182	327.272727	377.272727
std	0.898906	465.028555	450.911166	620.930086	485.809420

图9-6 再次进行描述统计

2. 工资项目的计算

（1）交通补贴的计算。交通补贴根据人员类别单列Series数据进行判断赋值，在Excel中可以使用if()函数，这里需要自定义函数，使用Series结构的map()函数或者apply()函数对Series结构中的数据进行批量处理。

自定义交通补贴的计算函数，形参表示人员类别，如图9-7所示。

```
In [7]: def jtbt(x):
            if x=="采购人员" or x=='销售人员':
                return 1000
            elif x=="车间管理人员":
                return 500
            else:
                return 200
executed in 32ms, finished 09:51:26 2022-08-26
```

图9-7 自定义交通补贴的计算函数

交通补贴的计算如图9-8所示。

```
In [8]: df['交通补贴']=df['人员类别'].map(jtbt)
        df
executed in 56ms, finished 09:51:29 2022-08-26
```

图9-8 交通补贴的计算

（2）工龄的计算。工龄计算截止日期为2021年3月31日，在Excel中可以使用内置函数DateDif()计算，这里需要自定义工龄的计算函数。

定义工龄计算的截止日期变量，使用 datatime 类中的 datetime() 函数，如图9-9所示。

```
In [9]: enddate=dt.datetime(2021,3,31)
        enddate
executed in 16ms, finished 10:09:56 2022-08-26
Out[9]: datetime.datetime(2021, 3, 31, 0, 0)
```

图9-9 定义工龄计算的截止日期

自定义工龄计算函数需要两个参数，分别为员工的"入职时间"和工龄计算截止日期，截止日期减去入职时间的天数差值整数除以365，即得到工龄，如图9-10所示。

工龄计算使用"入职时间"列 Series 对象的 apply() 函数，该函数的第一个参数为自定义工龄计算函数，apply() 函数将 Series 结构中的每一个数据作为工龄计算函数的第一个参数，工龄计算函数中所需的其他参数以元组参数形式传入。工龄的计算如图9-11所示。

```
In [10]: def gongling(x, enddate):
             return (enddate - x).days//365
executed in 15ms, finished 10:10:38 2022-08-26
```

图9-10　自定义工龄计算函数

```
In [11]: df['工龄']=df['入职时间'].apply(gongling,args=(enddate,))
         df
executed in 71ms, finished 10:11:06 2022-08-26
```

图9-11　工龄的计算

（3）工龄工资的计算。在生成工龄后，即可以根据工龄工资的计算方法，自定义工龄工资的计算函数，然后对"工龄"列数据使用map()函数或apply()函数进行函数运算，生成工龄工资。

自定义工龄工资计算函数如图9-12所示。

```
In [12]: def gonglinggongzi(x):
             if x>=5:
                 return 300
             elif x>=3:
                 return 200
             elif x>=1:
                 return 100
             else:
                 return 50
executed in 31ms, finished 10:12:02 2022-08-26
```

图9-12　自定义工龄工资计算函数

工龄工资的计算如图9-13所示。

```
In [13]: df['工龄工资']=df['工龄'].map(gonglinggongzi)
         df
executed in 79ms, finished 10:12:22 2022-08-26
```

图9-13　工龄工资的计算

（4）应发合计的计算。通过列标签名称调用数据，使用列对齐运算，生成每位员工的应发合计，如图9-14所示。

```
In [14]: df['应发合计']=df["基本工资"]+df['岗位工资']+df['交通补贴']+df['工龄工资']
         df
executed in 84ms, finished 10:13:36 2022-08-26
```

图9-14　应发合计的计算

（5）缺勤扣款的计算。缺勤扣款的计算需要使用"缺勤天数"和"基本工资"两列Series数据。Series对象的map()函数和apply()函数只能对单列Series数据进行函数批量处理，不能实现对多列Series数据的批量对齐处理，此时可以使用python内置的map()高阶函数，该函数的第一个参数为函数参数，所需的数据参数必须以单行列表方式传入，不能使用Series结构，使用时需要使用list()函数或者Series对象的tolist()函数将Series单列结构转换为list单行结构；经过map()高阶函数处理后返回的数据依然为单行列表，不能直接写入DataFrame结构中，需要使用pandas中的Series()函数将返回值列表再转换为Series结构后，才能将数据保存到DataFrame中。

自定义缺勤扣款函数如图9-15所示。

```
In [15]: def qqkk(x,y):
             if x<=3:
                 return round(y/21.75*x/2,2)
             else:
                 return round(y/21.75*x,2)
executed in 23ms, finished 10:17:06 2022-08-26
```

图9-15　自定义缺勤扣款函数

缺勤扣款的计算过程如图9-16所示。

```
In [16]: df['缺勤扣款']=pd.Series(map(qqkk,list(df['缺勤天数']),df['基本工资'].tolist()))
         df
executed in 58ms, finished 10:29:50 2022-08-26
```

图9-16　缺勤扣款的计算过程

（6）应付工资的计算如图9-17所示。

```
In [17]: df['应付工资']=round(df['应发合计']-df['缺勤扣款'],2)
         df
executed in 69ms, finished 10:34:55 2022-08-26
```

图9-17　应付工资的计算

（7）个人承担社保、公积金的计算与三险一金合计。自定义全局变量五险一金基数wxyjjs，计算社保和公积金与三险一金合计，如图9-18所示。

```
In [18]: wxyjjs=5080
         df['医疗保险']=wxyjjs * 0.02 + 3
         df['养老保险']=wxyjjs * 0.08
         df['失业保险']=wxyjjs * 0.002
         df['住房公积金']=wxyjjs * 0.12
         df['三险一金合计']=df['医疗保险']+df['养老保险']+df['失业保险']+df['住房公积金']
         df
executed in 68ms, finished 10:35:38 2022-08-26
```

图9-18　社保和公积金计算与三险一金合计

（8）个人所得税的计算。

税前专项附加扣除合计如图9-19所示。

3月份应纳税所得额的计算，个税起征点为5 000元，这里使用匿名函数进行处理，如图9-20所示。

```
In [19]: df['专项扣除合计']=df['子女教育专项扣除']+df['住房贷款专项扣除']\
         +df['租房租金专项扣除']+df['赡养老人专项扣除']\
         +df['继续教育专项扣除']
         df
executed in 75ms, finished 10:38:14 2022-08-26
```

图9-19 税前专项附加扣除合计

```
In [20]: df['3月份应纳税所得额']=(df['应付工资']-df['三险一金合计']\
         -df['专项扣除合计']-5000).map(lambda x:x if x>=0 else 0)
         df.head(10)
executed in 68ms, finished 10:40:39 2022-08-26
```

图9-20 3月份应纳税所得额的计算

1季度应纳税所得额计算，如图 9-21 所示。

```
In [21]: df['1季度应纳税所得额']=df['3月份应纳税所得额']+df['1-2月应纳税所得额']
         df.head(10)
executed in 62ms, finished 10:42:53 2022-08-26
```

图9-21 1季度应纳税所得额的计算

个税税率的生成，在 Excel 中可以使用 VLOOKUP 函数获取各个级别的税率和扣除数，在 Python 中没有 Excel 中的 VLOOKUP 函数可以直接使用，但是可以使用布尔索引操作来实现相同的功能。

首先获取个税税率表，如图 9-22 所示。

```
In [22]: tax_rate_df=pd.read_excel('薪酬核算.xlsx',sheet_name='个税税率表')
         tax_rate_df
executed in 86ms, finished 10:43:43 2022-08-26
```

Out[22]:

	级数	下限	上限	税率	扣除数
0	1	0	36000.0	0.03	0.0
1	2	36000	144000.0	0.10	2520.0
2	3	144000	300000.0	0.20	16920.0
3	4	300000	420000.0	0.25	31920.0
4	5	420000	660000.0	0.30	52920.0
5	6	660000	960000.0	0.35	85920.0
6	7	960000	NaN	0.45	181920.0

图9-22 获取个税税率表

假如某位员工应纳税所得额为 500 000 元，使用布尔索引获取该员工适用的税率，如图 9-23 所示。

获取所有 True 对应的数据，如图 9-24 所示。

获取返回值 DataFrame 结构的长度，即行数，如图 9-25 所示。

使用 iloc 选择器获取对应的税率和扣除数，如图 9-26 所示。

将上述获取税率的过程进行函数封装，直接返回对应的应纳税额，如图 9-27 所示。

```
In [23]: tax_rate_df['下限']<500000
         executed in 13ms, finished 10:46:22 2022-08-26
Out[23]: 0    True
         1    True
         2    True
         3    True
         4    True
         5    False
         6    False
         Name: 下限, dtype: bool
```

图9-23 使用布尔索引获取该员工适用的税率

```
In [24]: a=tax_rate_df[(tax_rate_df['下限']<500000)==True]
         a
         executed in 42ms, finished 10:50:08 2022-08-26
Out[24]:
     级数   下限      上限      税率    扣除数
  0   1      0   36000.0   0.03      0.0
  1   2  36000  144000.0   0.10   2520.0
  2   3 144000  300000.0   0.20  16920.0
  3   4 300000  420000.0   0.25  31920.0
  4   5 420000  660000.0   0.30  52920.0
```

图9-24 获取所有True对应的数据

```
In [25]: len(a)
         executed in 22ms, finished 10:50:42 2022-08-26
Out[25]: 5
```

图9-25 获取行数

```
In [26]: print(a.iloc[len(a)-1]['税率'])
         print(a.iloc[len(a)-1]['扣除数'])
         executed in 14ms, finished 10:51:44 2022-08-26
         0.3
         52919.99999999999
```

图9-26 获取对应的税率和扣除数

```
In [27]: def tax(x):
             a=tax_rate_df[(tax_rate_df['下限']<=x)==True]  # 返回适用税率行Series
             return round(x*a.iloc[len(a)-1]['税率']-a.iloc[len(a)-1]['扣除数'],2)
         executed in 20ms, finished 10:53:57 2022-08-26
```

图9-27 进行函数封装

对"1季度应纳税所得额"单列Series数据调用map()函数或apply()函数来计算1季度应纳税额，如图9-28所示。

```
In [28]: df['1季度应纳税额']=df['1季度应纳税所得额'].apply(tax)
         df
         executed in 274ms, finished 10:54:28 2022-08-26
```

图9-28　1季度应纳税额的计算

计算 3 月份应退补税额，如图 9-29 所示。

```
In [29]: df['3月本期应补、退']=df['1季度应纳税额']-df['1-2月累计已缴纳']
         df
         executed in 59ms, finished 10:56:11 2022-08-26
```

图9-29　应退补税额的计算

（9）扣款合计，如图9-30所示。

```
In [30]: df['扣款合计']=df['缺勤扣款']+df['三险一金合计']+df['3月本期应补、退']
         df
         executed in 62ms, finished 10:56:55 2022-08-26
```

图9-30　扣款合计

（10）实发工资的计算，如图9-31所示。

```
In [31]: df['实发工资']=df['应发合计']-df['扣款合计']
         df
         executed in 58ms, finished 10:57:00 2022-08-26
```

图9-31　实发工资的计算

（11）企业应承担的社保和工会经费的计算，如图9-32所示。

```
In [32]: df['企业承担医疗保险']=wxyjjs * 0.1
         df['企业承担工伤保险']=wxyjjs * 0.002
         df['企业承担生育保险']=wxyjjs * 0.008
         df['企业承担公积金']=wxyjjs * 0.12
         df['企业承担养老保险']=wxyjjs * 0.16
         df['企业承担失业保险']=wxyjjs * 0.008
         df['企业承担社保合计']=df['企业承担医疗保险']+\
                     df['企业承担工伤保险']+df['企业承担生育保险']+\
                     df['企业承担公积金']+df['企业承担养老保险']+\
                     df['企业承担失业保险']
         df['工会经费']=round(df['应付工资'] * 0.02,2)
         df
         executed in 75ms, finished 11:12:02 2022-08-26
```

图9-32　企业应承担的社保和工会经费的计算

（12）将工资项目计算结果保存到本地文件中，如图9-33所示。

```
In [33]: df.to_excel('薪酬核算结果.xlsx',sheet_name='结果',index=False)
         executed in 267ms, finished 11:14:18 2022-08-26
```

图9-33　保存工资项目计算结果

3. 薪酬分析

（1）薪酬结构分析。对工资项目进行数据透视，设置行筛选字段为"行政部门"和"人员类别"，数据为"应付工资""企业承担社保合计"和"工会经费"，分类聚合函数设置为求和"sum"，如图9-34和图9-35所示。

```
In [34]: df1=df.pivot_table(values=['应付工资','企业承担社保合计','工会经费'],\
                index=['行政部门','人员类别'],margins=True,aggfunc='sum',margins_name='合计')
         df1
executed in 68ms, finished 11:17:26 2022-08-26
```

图9-34 设置数据透视

行政部门	人员类别	企业承担社保合计	工会经费	应付工资
印花车间	生产人员	48524.16	2640.06	132000.00
	车间管理人员	2021.84	130.00	6500.00
整理车间	生产人员	161747.20	6960.20	348012.55
	车间管理人员	2021.84	114.00	5700.00
染色车间	生产人员	80873.60	3519.96	176000.00
	车间管理人员	2021.84	124.00	6200.00
漂白车间	生产人员	32349.44	1303.94	65200.16
	车间管理人员	2021.84	124.00	6200.00
织造车间	生产人员	60655.20	2719.93	136000.00
	车间管理人员	2021.84	114.00	5700.00
行政部	企业管理人员	30327.60	1899.98	95000.00
销售部	销售人员	20218.40	1640.02	82000.00
合计		444804.80	21290.09	1064512.71

图9-35 工资项目透视结果

（2）各部门各类人员数量统计。对工资项目进行数据透视，设置行筛选字段为"行政部门"和"人员类别"，与薪酬结构分析的行筛选字段保持一致，以便于后续的多表数据合并，分类聚合函数设置为计数"count"，分类汇总后使用rename()函数重命名列标题为"人员数量"，如图9-36和图9-37所示。

```
In [35]: df2=df.pivot_table(values='人员编码',index=['行政部门','人员类别'],\
                margins=True,aggfunc='count',margins_name='合计')
         df2.rename(columns={'人员编码':'人员数量'},inplace=True)
         df2
executed in 50ms, finished 11:22:39 2022-08-26
```

图9-36 各部门各类人员数量统计

		人员数量
行政部门	人员类别	
印花车间	生产人员	24
	车间管理人员	1
整理车间	生产人员	80
	车间管理人员	1
染色车间	生产人员	40
	车间管理人员	1
漂白车间	生产人员	16
	车间管理人员	1
织造车间	生产人员	30
	车间管理人员	1
行政部	企业管理人员	15
销售部	销售人员	10
合计		220

图9-37 各部门各类人员数量统计结果

（3）多表横向合并，计算各部门各类人员的平均工资。多表横向合并时常使用concat()函数，横向合并为合并列操作，轴向操作axis=1；合并后使用iloc选择器选取前3列数据求和，得到各个部门各类人员的总工资，除以对应部门的人员数据，生成平均工资单列数据，如图9-38和图9-39所示。

```
In [36]: df3=pd.concat([df1,df2],axis=1)
         df3['平均薪酬']=round(df3.iloc[:,range(3)].sum(axis=1)/df3['人员数量'],2)
         df3
         executed in 27ms, finished 11:25:25 2022-08-26
```

图9-38 各部门各类人员平均工资的计算

		企业承担社保合计	工会经费	应付工资	人员数量	平均薪酬
行政部门	人员类别					
印花车间	生产人员	48524.16	2640.06	132000.00	24	7631.84
	车间管理人员	2021.84	130.00	6500.00	1	8651.84
整理车间	生产人员	161747.20	6960.20	348012.55	80	6459.00
	车间管理人员	2021.84	114.00	5700.00	1	7835.84
染色车间	生产人员	80873.60	3519.96	176000.00	40	6509.84
	车间管理人员	2021.84	124.00	6200.00	1	8345.84
漂白车间	生产人员	32349.44	1303.94	65200.16	16	6178.35
	车间管理人员	2021.84	124.00	6200.00	1	8345.84
织造车间	生产人员	60655.20	2719.93	136000.00	30	6645.84
	车间管理人员	2021.84	114.00	5700.00	1	7835.84
行政部	企业管理人员	30327.60	1899.98	95000.00	15	8481.84
销售部	销售人员	20218.40	1640.02	82000.00	10	10385.84
合计		444804.80	21290.09	1064512.71	220	6957.31

图9-39 各部门各类人员的平均工资计算结果

任务二　固定资产常见折旧方法

本任务中我们将使用pandas中常用的数据结构进行固定资产平均年限法、双倍余额法、年数总和法的核算，将综合利用Series结构和DataFrame结构的常用操作方法，基础数据从本书配套资源中导入。

1. 数据准备

（1）导入所需模块，如图9-40所示。

```
In [1]: import pandas as pd
        import datetime as dt
        executed in 283ms, finished 16:37:41 2022-08-26
```

图9-40　导入所需模块

（2）导入基础数据，如图9-41所示。

```
In [2]: df=pd.read_excel('固定资产折旧计算.xlsx',sheet_name=0)
        df
        executed in 84ms, finished 16:38:29 2022-08-26
```

Out[2]:

	资产类别	使用部门	原值	开始使用时间	使用年限	残值率
0	厂房	织造车间	18500000	2018-12-28	20	0.04
1	厂房	整理车间	5000000	2018-12-28	20	0.04
2	厂房	漂白车间	1250000	2018-12-28	20	0.04

图9-41　导入基础数据

（3）了解数据类型，如图9-42所示。

```
In [3]: df.dtypes
        executed in 93ms, finished 16:39:29 2022-08-26

Out[3]: 资产类别            object
        使用部门            object
        原值               int64
        开始使用时间  datetime64[ns]
        使用年限             int64
        残值率            float64
        dtype: object
```

图9-42　了解数据类型

2. 平均年限法

平均年限法的计算公式为

$$年折旧额 = （原值 - 残值） \div 使用年限$$

$$月折旧额 = 年折旧额 \div 12$$

平均年限法计算过程中需要原值、残值、使用年限三个参数，分别对应DataFrame中的三列Series数据，要对三列Series数据进行批量对齐运算，需要自定义函数和map()高阶函数。

（1）自定义平均年限法月折旧额计算函数，如图9-43所示。

```
In [4]: def sln(cost,savage,life):
            return round(cost*(1-savage)/life/12,2)
executed in 16ms, finished 16:48:43 2022-08-26
```

图9-43　自定义平均年限法月折旧额计算函数

（2）调用map()高阶函数，传入自定义sln函数，将所需数据参数转换为list结构传入，再将返回值转换为Series写入DataFrame中，如图9-44和图9-45所示。

```
In [5]: df['平均年限法月折旧']=pd.Series(map(sln,\
            list(df['原值']),list(df['残值率']),list(df['使用年限'])))
        df
executed in 52ms, finished 16:50:22 2022-08-26
```

图9-44　平均年限法月折旧额的计算

	资产类别	使用部门	原值	开始使用时间	使用年限	残值率	平均年限法月折旧
0	厂房	织造车间	18500000	2018-12-28	20	0.04	74000.0
1	厂房	整理车间	5000000	2018-12-28	20	0.04	20000.0
2	厂房	漂白车间	1250000	2018-12-28	20	0.04	5000.0
3	厂房	染色车间	1250000	2018-12-28	20	0.04	5000.0
4	厂房	印花车间	4500000	2018-12-28	20	0.04	18000.0
5	厂房	管理部门	2500000	2018-12-28	20	0.04	10000.0

图9-45　平均年限法月折旧额的计算结果

3. 双倍余额法

（1）双倍余额法年折旧额通项公式推导过程，如图9-46所示。

```
In [ ]: 原值         C
        使用年限      L
        双倍余额法折旧率    2/L --->R
        第1年折旧     CR--->CR(1-R)**0
        第2年折旧     (C-CR)R=CR-CR**2=CR(1-R)**1
        第3年折旧     [C-CR-(CR-CR**2)]R=CR-2CR**2+CR**3=CR(1-R)**2
        ...
        第n年折旧     CR(1-R)**(n-1)  ----->通项公式
        最后两年：平均年限法
            [C-sum(前n-2年折旧)-残值]/2
```

图9-46　双倍余额法计提折旧的通项公式

（2）已提折旧月数计算。双倍余额法折旧额与资产当前所在的折旧年数有关，因此需要进行日期的运算，计算到当期日期为止的已提折旧月数，进而换算出当前所在的折旧年数。

固定资产当月增加，当月不计提折旧，计算出的月数差额需要–1，已提折旧月数计算公式为

已提折旧月数 =（当前年数 – 开始使用年数）×12–（当前月数 – 开始使用月数）–1

定义当期折旧日期变量，表示截止日期，如图 9-47 所示。

```
In [6]: enddate=dt.datetime(2021,3,31)
        enddate
        executed in 31ms, finished 17:07:23 2022-08-26
Out[6]: datetime.datetime(2021, 3, 31, 0, 0)
```

图9-47 定义截止日期

对"开始使用时间"单列 Series 数据使用 map() 函数进行批处理，如图9-48和图9-49所示。

```
In [7]: df['已提折旧月数']=df['开始使用时间'].map(\
        lambda x:(enddate.year-x.year)*12+(enddate.month-x.month)-1)
        df
        executed in 46ms, finished 17:08:38 2022-08-26
```

图9-48 已提折旧月数的计算

	资产类别	使用部门	原值	开始使用时间	使用年限	残值率	平均年限法月折旧	已提折旧月数
0	厂房	织造车间	18500000	2018-12-28	20	0.04	74000.0	26
1	厂房	整理车间	5000000	2018-12-28	20	0.04	20000.0	26
2	厂房	漂白车间	1250000	2018-12-28	20	0.04	5000.0	26

图9-49 已提折旧月数的计算结果

（3）所在折旧年数换算。在生成了已提折旧月数后，将已提折旧月数换算为对应的折旧年数，折旧年数换算规则如图9-50所示。

```
In [ ]: 换算规则：已提折旧月数对12求余，根据余数进行判断
        已提折旧月数 / 12 = A … B
        若B不等于0，所在折旧年数=A+1
        若B等于0，所在折旧年数=A
```

图9-50 折旧年数换算规则

对"已提折旧月数"单列 Series 数据通过 map() 函数调用自定义函数，生成"所在折旧年数"，如图 9-51 和图 9-52 所示。

```
In [8]: df['所在折旧年数']=df['已提折旧月数'].map(\
        lambda x: x//12 if x%12==0 else x//12+1)
        df
        executed in 27ms, finished 17:19:59 2022-08-26
```

图9-51 调用自定义函数生成所在折旧年数

	资产类别	使用部门	原值	开始使用时间	使用年限	残值率	平均年限法月折旧	已提折旧月数	所在折旧年数
0	厂房	织造车间	18500000	2018-12-28	20	0.04	74000.0	26	3
1	厂房	整理车间	5000000	2018-12-28	20	0.04	20000.0	26	3
2	厂房	漂白车间	1250000	2018-12-28	20	0.04	5000.0	26	3
3	厂房	染色车间	1250000	2018-12-28	20	0.04	5000.0	26	3

图9-52 所在折旧年数的计算结果

（4）自定义双倍余额法折旧计算函数。该函数中包含四个参数，分别为原值、残值、使用年限和所在折旧年数，分为两种情况：

1）前 n–2 年，通过双倍余额法年折旧额的通项公式计算折旧额。

2）后 2 年，原值减去前 n–2 年折旧合计金额后的余额，再平均计算。

自定义双倍余额法折旧计算函数如图 9-53 所示。

```
In [9]: def vdb(cost,savage,life,year):
            r=2/life
            if life - year>1:     # 最后两年life-year为1和0
                return round((cost * r * (1-r)**(year-1))/12,2)
            else:
                sum=0
                for i in range(year-2):    # 循环计算前n-2年的折旧合计
                    sum+=cost * r * (1-r)**i
                return round((cost-sum-cost*savage)/2/12,2)
executed in 47ms, finished 17:21:47 2022-08-26
```

图9-53　自定义双倍余额法折旧计算函数

（5）双倍余额法折旧金额计算。双倍余额法计算需要传入原值、残值、使用年限和所在折旧年数四列Series数据，再通过高阶函数map()调用双倍余额法折旧计算函数进行对齐运算，需要注意的是map()函数的参数必须为单行列表，不能是单列结构，如图9-54和图9-55所示。

```
In [10]: df['双倍余额法月折旧']=pd.Series(map(vdb,\
             list(df['原值']),df['残值率'].tolist(),\
             list(df['使用年限']),list(df['所在折旧年数'])))
         df
executed in 35ms, finished 17:35:23 2022-08-26
```

图9-54　双倍余额法折旧的计算

	资产类别	使用部门	原值	开始使用时间	使用年限	残值率	平均年限法月折旧	已提折旧月数	所在折旧年数	双倍余额法月折旧
0	厂房	织造车间	18500000	2018-12-28	20	0.04	74000.0	26	3	124875.00
1	厂房	整理车间	5000000	2018-12-28	20	0.04	20000.0	26	3	33750.00
2	厂房	漂白车间	1250000	2018-12-28	20	0.04	5000.0	26	3	8437.50
3	厂房	染色车间	1250000	2018-12-28	20	0.04	5000.0	26	3	8437.50

图9-55　双倍余额法折旧的计算结果

4．年数总和法

（1）年数总和法计算公式推导，如图9-56所示。

```
In [ ]: 年数总和法年折旧额
        年数：     1、 2、 3、 4、 5、…、n
        折旧年数： n、n-1、n-2、n-3、n-4、…、0
        折旧年数通项公式： 使用年数- 年数 + 1
```

图9-56　年数总和法计算公式推导

（2）自定义年数总和法折旧额计算函数，如图9-57所示。

```
[11]: def syd(cost, savage, life, year):
          return round((cost * (1-savage) * (life-year+1)/sum(range(1,life+1)))/12, 2)
      executed in 31ms, finished 17:48:28 2022-08-26
```

图9-57 自定义年数总和法折旧计算函数

（3）使用高阶函数map()，传递年数总和法函数参数，同时传入所需的参数list结构，返回年数总和法折旧列表，再转换为Series结构后写入DataFrame中，如图9-58和图9-59所示。

```
In [12]: df['年数总和法月折旧']=pd.Series(map(syd,\
             list(df['原值']),list(df['残值率']),\
             list(df['使用年限']),list(df['所在折旧年份'])))
         df
         executed in 69ms, finished 17:49:43 2022-08-26
```

图9-58 年数总和法折旧的计算

	资产类别	使用部门	原值	开始使用时间	使用年限	残值率	平均年限法月折旧	已提折旧月数	所在折旧年数	双倍余额法月折旧	年数总和法月折旧
0	厂房	织造车间	18500000	2018-12-28	20	0.04	74000.0	26	3	124875.00	126857.14
1	厂房	整理车间	5000000	2018-12-28	20	0.04	20000.0	26	3	33750.00	34285.71
2	厂房	漂白车间	1250000	2018-12-28	20	0.04	5000.0	26	3	8437.50	8571.43

图9-59 年数总和法折旧的计算结果

（4）保存各种折旧方法的计算结果到本地文件中，如图9-60所示。

```
In [13]: df.to_excel("固定资产折旧计算结果.xlsx",sheet_name='折旧计算表',index=False)
         executed in 93ms, finished 17:53:23 2022-08-26
```

图9-60 保存各种折旧方法的计算结果

任务三　资产负债表的编制

从配套资源中导入资产负债表结构和科目汇总表，然后使用 Series 和 DataFrame 的索引操作，生成资产负债表。

1. 读取资产负债表结构

（1）导入所需模块，如图9-61所示。

```
In [1]: import pandas as pd
        # 浮点数保留两位小数
        pd.options.display.float_format='{:,.2f}'.format
        executed in 276ms, finished 18:13:09 2022-08-26
```

图9-61 导入所需模块

（2）从基础数据表中导入资产负债表结构，跳过前3行表头行，将借贷方行次转换为字符串，同时将资产负债表中的空值全部原位替换为空，如图9-62和图9-63所示。

```
In [2]: df1=pd.read_excel('Excel在会计中的应用.xlsx',\
                sheet_name='资产负债表',skiprows=3,\
                converters={1:str,5:str})
        df1.fillna("",inplace=True)
        df1
        executed in 729ms, finished 20:49:25 2022-08-25
```

图9-62　读取资产负债表结构

	资　产	行次	期末余额	年初余额	负债和所有者权益	行次.1	期末余额.1	年初余额.1
0	流动资产：				流动负债：			
1	货币资金	1			短期借款	32		
2	交易性金融资产	2			交易性金融负债	33		

图9-63　资产负债表结构

（3）重命名列标题。列标题为"资　产"中间有一个空格，不便于数据处理，如图9-64所示。

```
In [3]: df1.columns
        executed in 22ms, finished 18:17:34 2022-08-26
Out[3]: Index(['资　产','行次','期末余额','年初余额','负债和所有者权益',
```

图9-64　原列标题

应使用 rename() 函数重命名列标题，去除多余空格，如图 9-65 所示。

```
In [4]: df1.rename(columns={'资　产':'资产'},inplace=True)
        df1.columns
        executed in 34ms, finished 18:21:00 2022-08-26
Out[4]: Index(['资产','行次','期末余额','年初余额','负债和所有者权益',
```

图9-65　重命名列标题

（4）数据清洗。各个报表项目名称中可能存在空格，需要对DaraFrame中的数据进行批量清洗，可以使用DataFrame对象的applymap()函数。对于名称中可能存在的空格，经常使用字符串的split()方法用空格对字符串先进行分割，分割后再使用空格进行连接操作，以去除字符串前后以及中间的所有空格。这里使用匿名函数，如果是字符串str类型则进行操作，如果非字符串类型则返回数据本身，实现只对字符串进行处理的效果，如图9-66和图9-67所示。

```
In [5]: df1=df1.applymap(lambda x: "".join(x.split()) if type(x) is str else x)
        df1
        executed in 61ms, finished 18:28:00 2022-08-26
```

图9-66　对资产负债表中数据进行批量清洗

	资产	行次	期末余额	年初余额	负债和所有者权益	行次.1	期末余额.1	年初余额.1
0	流动资产:				流动负债:			
1	货币资金	1			短期借款	32		
2	交易性金融资产	2			交易性金融负债	33		

图9-67 数据清洗后的资产负债表

2. 读取科目汇总表

（1）将第1列科目编码转换为字符串类型，并使用set_index()函数设置为行索引，如图9-68和图9-69所示。

```
In [6]: df2=pd.read_excel('Excel在会计中的应用.xlsx',\
                sheet_name='科目汇总表',converters={0:str})
        df2.set_index('编号',inplace=True)
        df2
executed in 803ms, finished 18:34:27 2022-08-26
```

图9-68 读取科目汇总表

编号	会计科目名称	是否末级	总账科目	2月末借方金额	2月末贷方金额	3月借方发生额	3月贷方发生额	3月末借方余额	3月末贷方余额
1001	库存现金	是	库存现金	10,852.00	0.00	50,792.00	3,596.00	58,048.00	nan
NaN	NaN	NaN	库存现金 汇总	10,852.00	0.00	50,792.00	3,596.00	58,048.00	0.00
1002	银行存款	否	银行存款	6,841,241.62	0.00	0.00	0.00	6,841,241.62	nan
100201	交通银行北京西城支行	是	银行存款	0.00	0.00	7,213,217.58	6,819,027.13	394,190.45	nan
100202	交通银行北京西单支行	是	银行存款	0.00	0.00	592.98	0.00	592.98	nan

图9-69 科目汇总表数据

（2）编制报表时仅使用第3列总账科目，该列数据中包含汇总前后的所有数据，我们只需要提取汇总后的数据即可。汇总后的科目名称后面包含"汇总"二字，因此可以根据该特征筛选，这里通过字符串str对象调用contains()函数，如图9-70和图9-71所示。

```
In [7]: df3=df2[df2['总账科目'].str.contains('汇总')]
        df3
executed in 46ms, finished 18:40:21 2022-08-26
```

图9-70 提取科目汇总表中的汇总金额

编号	会计科目名称	是否末级	总账科目	2月末借方金额	2月末贷方金额	3月借方发生额	3月贷方发生额	3月末借方余额	3月末贷方余额
nan	NaN	NaN	库存现金 汇总	10,852.00	0.00	50,792.00	3,596.00	58,048.00	0.00
nan	NaN	NaN	银行存款 汇总	6,841,241.62	0.00	7,213,810.56	6,819,027.13	7,236,025.05	0.00
nan	NaN	NaN	其他货币资金 汇总	2,000,000.00	0.00	1,838,000.00	1,252,000.00	2,586,000.00	0.00

图9-71 提取汇总金额结果

（3）提取编制资产负债表所需的三列数据"总账科目""3月末借方余额""3月末贷方余额"，并使用copy()函数取消与原表之间的视图关联，如图9-72和图9-73所示。

```
In [8]: df4=df3[['总账科目','3月末借方余额','3月末贷方余额']].copy()
        df4
        executed in 46ms, finished 18:42:34 2022-08-26
```

图9-72　提取所需的三列数据

编号	总账科目	3月末借方余额	3月末贷方余额
nan	库存现金 汇总	58,048.00	0.00
nan	银行存款 汇总	7,236,025.05	0.00
nan	其他货币资金 汇总	2,586,000.00	0.00
nan	交易性金融资产 汇总	1,880,000.00	0.00

图9-73　数据提取结果

（4）删除所有总账科目后面的"汇总"及前面的空格，使用字符串的切片操作，如图9-74和图9-75所示。

```
In [9]: df4['总账科目']=df4['总账科目'].map(lambda x:x[0:-3])
        df4
        executed in 34ms, finished 18:49:25 2022-08-26
```

图9-74　删除总账科目后面的"汇总"及前面的空格

编号	总账科目	3月末借方余额	3月末贷方余额
nan	库存现金	58,048.00	0.00
nan	银行存款	7,236,025.05	0.00
nan	其他货币资金	2,586,000.00	0.00
nan	交易性金融资产	1,880,000.00	0.00
nan	应收票据	1,846,400.00	0.00

图9-75　总账科目整理结果

（5）重置行索引，删除原行索引"编号"，将"总账科目"设置为行索引，如图9-76和图9-77所示。

```
In [10]: df4.set_index('总账科目',drop=True,inplace=True)
         df4
         executed in 33ms, finished 18:52:20 2022-08-26
```

图9-76　重置行索引

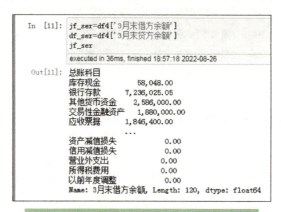

图9-77 重置行索引后的结果

（6）分别提取3月末借方余额和3月末贷方余额两列Series结构，此时行索引为总账科目名称，后面可以通过行索引获取对应的数据，生成报表项目金额，如图9-78所示。

图9-78 提取借方金额和贷方金额

3. 资产负债表借方金额的生成

为了更好地操作资产负债表中的数据，需要对资产负债表进行索引操作。

（1）将"资产"设置为行索引，删除原序号索引，执行原位操作，如图9-79和图9-80所示。

图9-79 将"资产"设置为行索引

图9-80 资产设置为行索引后表结构

（2）生成资产类报表项目金额。使用loc选择器选取报表项目，从借方金额jf_ser中通过科目名称获取数据，生成报表项目的金额，如图9-81和图9-82所示。

```
In [14]: df1.loc['货币资金','期末余额']=jf_ser['库存现金']+jf_ser['银行存款']+jf_ser['其他货币资金']
         df1.loc['交易性金融资产','期末余额']=jf_ser['交易性金融资产']
         df1.loc['应收票据','期末余额']=jf_ser['应收票据']
         df1.loc['应收账款','期末余额']=jf_ser['应收账款']+jf_ser['坏账准备']
         df1.loc['其他应收款','期末余额']=jf_ser['其他应收款']
         df1.loc['存货','期末余额']=jf_ser['原材料']+jf_ser['材料成本差异']+jf_ser['库存商品']+\
                jf_ser['委托加工物资']+jf_ser['周转材料']+jf_ser['生产成本']
         df1.loc['一年内到期的非流动资产','期末余额']=jf_ser['应收退货成本']
         df1.loc['流动资产合计','期末余额']=df1.iloc[1:12,1].replace('',0).sum()
         df1.loc['长期股权投资','期末余额']=jf_ser['长期股权投资']
         df1.loc['投资性房地产','期末余额']=jf_ser['投资性房地产']+jf_ser['投资性房地产累计折旧']
         df1.loc['固定资产','期末余额']=jf_ser['固定资产']+jf_ser['累计折旧']
         df1.loc['使用权资产','期末余额']=jf_ser['使用权资产']+jf_ser['使用权资产累计折旧']
         df1.loc['无形资产','期末余额']=jf_ser['无形资产']+jf_ser['累计摊销']
         df1.loc['递延所得税资产','期末余额']=jf_ser['递延所得税资产']
         df1.loc['非流动资产合计','期末余额']=df1.iloc[13:30,1].replace('',0).sum()
         df1.loc['资产总计','期末余额']=df1.loc['流动资产合计','期末余额']+df1.loc['非流动资产合计','期末余额']
         executed in 41ms, finished 19:16:40 2022-08-26
```

图9-81 生成资产类报表项目的金额

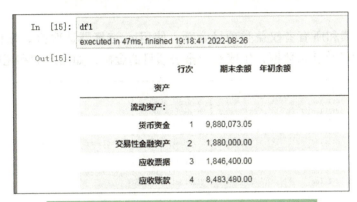

图9-82 资产类报表项目金额的计算结果

4. 资产负债表贷方金额的生成

（1）重置索引。恢复默认序号索引，但不删除资产行索引，drop默认为False，执行原位操作，inplace=True，如图9-83和图9-84所示。

```
In [16]: df1.reset_index(inplace=True)
         df1
         executed in 63ms, finished 19:19:42 2022-08-26
```

图9-83 恢复默认序号索引

	资产	行次	期末余额	年初余额	负债和所有者权益	行次.1	期末余额.1	年初余额.1
0	流动资产：				流动负债：			
1	货币资金	1	9,880,073.05		短期借款	32		
2	交易性金融资产	2	1,880,000.00		交易性金融负债	33		
3	应收票据	3	1,846,400.00		应付票据	34		
4	应收账款	4	8,483,480.00		应付账款	35		

图9-84 恢复默认序号索引结果

（2）设置行索引。将负债和所有者权益设置为行索引，删除原序号索引，如图9-85和图9-86所示。

```
In [17]: df1.set_index('负债和所有者权益',drop=True,inplace=True)
         df1
         executed in 58ms, finished 19:25:21 2022-08-26
```

图9-85 将负债和所有者权益设置为行索引

负债和所有者权益	资产	行次	期末余额	年初余额	行次.1	期末余额.1	年初余额.1
流动负债:	流动资产:						
短期借款	货币资金	1	9,880,073.05		32		
交易性金融负债	交易性金融资产	2	1,880,000.00		33		
应付票据	应收票据	3	1,846,400.00		34		
应付账款	应收账款	4	8,483,480.00		35		

图9-86 负债和所有者权益设置为行索引结果

（3）生成负债和所有者权益类项目金额。使用loc选择器选取报表项目，从贷方金额df_ser中通过科目名称获取数据，生成对应报表项目的金额，如图9-87和图9-88所示。

```
In [18]: df1.loc['应付票据','期末余额.1']=df_ser['应付票据']
         df1.loc['应付账款','期末余额.1']=df_ser['应付账款']
         df1.loc['合同负债','期末余额.1']=df_ser['合同负债']
         df1.loc['应付职工薪酬','期末余额.1']=df_ser['应付职工薪酬']
         df1.loc['应交税费','期末余额.1']=df_ser['应交税费']
         df1.loc['流动负债合计','期末余额.1']=df1.iloc[1:12,5].replace("",0).sum()
         df1.loc['租赁负债','期末余额.1']=df_ser['租赁负债']
         df1.loc['预计负债','期末余额.1']=df_ser['预计负债']
         df1.loc['非流动负债合计','期末余额.1']=df1.iloc[16:24,5].replace("",0).sum()
         df1.loc['负债合计','期末余额.1']=df1.loc['流动负债合计','期末余额.1']+\
                                        df1.loc['非流动负债合计','期末余额.1']
         df1.loc['实收资本（或股本）','期末余额.1']=df_ser['实收资本']
         df1.loc['盈余公积','期末余额.1']=df_ser['盈余公积']
         df1.loc['未分配利润','期末余额.1']=df_ser['本年利润']+df_ser['利润分配']
         df1.loc['所有者权益（或股东权益)合计','期末余额.1']=df1.iloc[26:31,5].replace("",0).sum()
         df1.loc['负债和所有者权益(或股东权益)总计','期末余额.1']=df1.loc['负债合计','期末余额.1']+\
                                        df1.loc['所有者权益（或股东权益)合计','期末余额.1']
         executed in 35ms, finished 19:27:09 2022-08-26
```

图9-87 生成负债和所有者权益类报表项目的金额

```
In [19]: df1
         executed in 52ms, finished 19:33:51 2022-08-26
Out[19]:
```

负债和所有者权益	资产	行次	期末余额	年初余额	行次.1	期末余额.1	年初余额.1
流动负债:	流动资产:						
短期借款	货币资金	1	9,880,073.05		32		
交易性金融负债	交易性金融资产	2	1,880,000.00		33		
应付票据	应收票据	3	1,846,400.00		34	852,210.00	
应付账款	应收账款	4	8,483,480.00		35	9,744,662.73	
预收款项	预付款项	5			36		
合同负债	应收利息	6			37	150,000.00	
应付职工薪酬	应收股利	7			38	838,110.27	
应交税费	其他应收款	8	73,880.00		39	1,355,848.05	

图9-88 负债和所有者权益类报表项目金额的计算结果

（4）重置索引。恢复默认序号索引，但不删除负债和所有者权益索引，执行原位操作，如图9-89和图9-90所示。

```
In [20]: df1.reset_index(inplace=True)
         df1
         executed in 68ms, finished 19:35:08 2022-08-26
```

图9-89　恢复默认序号索引

	负债和所有者权益	资产	行次	期末余额	年初余额	行次.1	期末余额.1	年初余额.1
0	流动负债：	流动资产：						
1	短期借款	货币资金	1	9,880,073.05		32		
2	交易性金融负债	交易性金融资产	2	1,880,000.00		33		
3	应付票据	应收票据	3	1,846,400.00		34	852,210.00	
4	应付账款	应收账款	4	8,483,480.00		35	9,744,662.73	

图9-90　恢复默认序号索引后表结构

（5）按资产负债表结构对列标题重新排序，如图9-91和图9-92所示。

```
In [21]: df1=df1[['资产','行次','期末余额','年初余额','负债和所有者权益','行次.1','期末余额.1','年初余额.1']]
         df1
         executed in 65ms, finished 19:38:18 2022-08-26
```

图9-91　按列标题重新排序

	资产	行次	期末余额	年初余额	负债和所有者权益	行次.1	期末余额.1	年初余额.1
0	流动资产：				流动负债：			
1	货币资金	1	9,880,073.05		短期借款	32		
2	交易性金融资产	2	1,880,000.00		交易性金融负债	33		
3	应收票据	3	1,846,400.00		应付票据	34	852,210.00	
4	应收账款	4	8,483,480.00		应付账款	35	9,744,662.73	

图9-92　重新排序后的结果

（6）将生成的资产负债表保存到本地文件中，如图9-93所示。

```
In [22]: df1.to_excel('资产负债表结果.xlsx',sheet_name='资产负债表',index=False)
         executed in 88ms, finished 19:40:31 2022-08-26
```

图9-93　保存生成的资产负债表

上述整个过程可以封装到函数中，实现科目汇总表批量自动生成资产负债表。

任务四　利润表的编制

利润表的生成过程与资产负债表基本相同。

1. 读取利润表结构

（1）导入所需模块，如图9-94所示。

```
In [1]: import pandas as pd
        # 浮点数保留两位小数
        pd.options.display.float_format='{:,.2f}'.format
        executed in 425ms, finished 20:00:57 2022-08-26
```

图9-94　导入所需模块

（2）从基础数据表中导入利润表结构，跳过前3行表头行，将第2列转换为字符串，仅读取前4列数据，如图9-95所示。

```
In [2]: df1=pd.read_excel('Excel在会计中的应用.xlsx',sheet_name='利润表',\
                skiprows=3,converters={1:str},usecols=[0,1,2,3])
        df1.fillna("",inplace=True)
        df1
        executed in 784ms, finished 20:02:37 2022-08-26
```

Out[2]:

	项目	行数	本期金额	上期金额
0	一、营业收入	1		
1	减：营业成本	2		
2	税金及附加	3		
3	销售费用	4		

图9-95　读取利润表结构

（3）数据清洗，去除表中字符串前后和中间的空白字符，如图9-96所示。

```
In [3]: df1=df1.applymap(lambda x: "".join(x.split()) if type(x) is str else x)
        df1
        executed in 48ms, finished 20:06:26 2022-08-26
```

Out[3]:

	项目	行数	本期金额	上期金额
0	一、营业收入	1		
1	减：营业成本	2		
2	税金及附加	3		
3	销售费用	4		

图9-96　利润表数据清洗

2. 读取科目汇总表

（1）～（5）同"任务三　资产负债表的编制中""2．读取科目汇总表"（1）～（5）的操作，此处略。

（6）提取所有损益类科目，使用loc选择器和行标签切片，从第一个损益类科目"主营业务收入"切片到最后一个损益类科目"以前年度损益调整"，如图9-97和图9-98所示。

```
In [9]: df5=df4.loc['主营业务收入':'以前年度损益调整']
        df5
        executed in 36ms, finished 20:24:58 2022-08-26
```

图9-97　提取损益类科目

图9-98 损益类科目提取结果

（7）损益类科目借方发生额与贷方发生额相同，这里提取3月借方发生额，如图9-99和图9-100所示。

图9-99 提取3月借方发生额

图9-100 提取3月借方发生额结果

3. 利润表金额的生成

（1）重命名列标题。去除列标题"项　　目"中的空格，修改为"项目"，如图9-101所示。

图9-101 重命名列标题

（2）设置行索引。删除原序号索引，drop设置为True，执行原位操作，如图9-102所示。

```
In [12]: df1.set_index('项目',drop=True,inplace=True)
         df1
         executed in 33ms, finished 20:38:50 2022-08-26
Out[12]:
                    行数   本期金额   上期金额
         项目
         一、营业收入      1
         减：营业成本     2
         税金及附加      3
         销售费用       4
```

图9-102 设置行索引

（3）使用loc选择器选取相应的报表项目，调用fs_ser中的数据生成金额，如图9-103和图9-104所示。

```
In [13]: df1.loc['一、营业收入','本期金额']=fs_ser['主营业务收入']+fs_ser['其他业务收入']
         df1.loc['减：营业成本','本期金额']=fs_ser['主营业务成本']+fs_ser['其他业务成本']
         df1.loc['税金及附加','本期金额']=fs_ser['税金及附加']
         df1.loc['销售费用','本期金额']=fs_ser['销售费用']
         df1.loc['管理费用','本期金额']=fs_ser['管理费用']
         df1.loc['财务费用','本期金额']=fs_ser['财务费用']
         df1.loc['加：其他收益（损失以"-"号填列）','本期金额']=fs_ser['其他收益']
         df1.loc['二、营业利润（亏损以"-"号填列）','本期金额']=df1.loc['一、营业收入','本期金额']\
             -df1.loc['减：营业成本','本期金额']\
             -df1.loc['税金及附加','本期金额']-df1.loc['销售费用','本期金额']\
             -df1.loc['管理费用','本期金额']-df1.loc['财务费用','本期金额']\
             +df1.loc['加：其他收益（损失以"-"号填列）','本期金额']
         df1.loc['加：营业外收入','本期金额']=fs_ser['营业外收入']
         df1.loc['减：营业外支出','本期金额']=fs_ser['营业外支出']
         df1.loc['三、利润总额（亏损总额以"-"号填列）','本期金额']=\
             df1.loc['二、营业利润（亏损以"-"号填列）','本期金额']\
             +df1.loc['加：营业外收入','本期金额']-df1.loc['减：营业外支出','本期金额']
         df1.loc['减：所得税费用','本期金额']=fs_ser['所得税费用']
         df1.loc['四、净利润（净亏损以"-"号填列）','本期金额']=\
             df1.loc['三、利润总额（亏损总额以"-"号填列）','本期金额']-\
             df1.loc['减：所得税费用','本期金额']
executed in 48ms, finished 20:42:56 2022-08-26
```

图9-103 生成利润表项目的金额

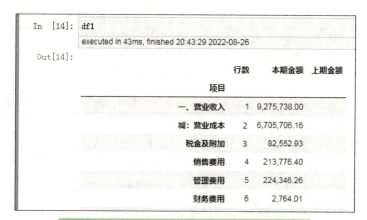

图9-104 利润表项目金额的计算结果

（4）重置索引，恢复默认序号索引，drop属性采用默认值False，保留原有行索引，将原索引转换为普通的数据列，如图9-105所示。

```
In [15]: df1.reset_index(inplace=True)
         df1
         executed in 49ms, finished 20:44:14 2022-08-26

Out[15]:
                    项目    行数    本期金额      上期金额
         0      一、营业收入     1   9,275,738.00
         1      减：营业成本    2   6,705,706.16
         2      税金及附加    3      82,552.93
         3       销售费用    4     213,776.40
         4       管理费用    5     224,346.26
         5       财务费用    6       2,764.01
```

图9-105 重置索引

（5）将利润表结果保存到本地文件中，如图9-106所示。

```
In [16]: df1.to_excel('利润表结果.xlsx',sheet_name='利润表',index=False)
         executed in 87ms, finished 20:45:21 2022-08-26
```

图9-106 保存生成的利润表

上述过程也可以封装为一个函数，实现自动批量生成利润表的功能。

任务五　本量利分析

1. 本量利分析的概念

本量利分析是管理会计中的重要内容之一，它是以成本性态分析为基础，运用数学模型和图表，对成本、利润、销售量与单价等因素之间的依存关系进行分析，发现因素之间的规律性，为企业进行预测、决策、计划、控制等内部管理活动提供支持的一种方法。

本量利分析中，本指成本，包括变动成本和固定成本；量指业务量，一般是销售量；利指利润，一般指营业利润。

本量利分析时涉及的计算公式如下：

营业利润＝销售额－变动成本－固定成本
　　　＝单价×销售量－单位变动成本×销售量－固定成本
　　　＝（单价－单位变动成本）×销售量－固定成本
　　　＝单位边际贡献×销售量－固定成本
　　　＝边际贡献－固定成本
　　　　　变动成本＝单位变动成本×销售量
　　　　　单位边际贡献＝单价－单位变动成本
　　　　边际贡献＝单位边际贡献×销售量
　　　　　　　＝（单价－单位变动成本）×销售量
　　　　　　　＝营业利润＋固定成本

下面进行本量利分析时用 P 指代单价，u_v_c 指代单位变动成本，v 指代销售量，f 指代固定成本，这四个变量为本量利分析的基本变量。

2. 本量利分析模型构建

（1）导入所需模块，如图9-107所示。

```
In [1]: import pandas as pd
        import matplotlib.pyplot as plt
        executed in 628ms, finished 21:04:39 2022-08-26
```

图9-107　导入所需模块

（2）设置绘图相关参数，如图9-108所示。

```
In [2]: plt.rcParams['font.family']='SimHei'    # 中文汉字
        plt.rcParams['axes.unicode_minus']=False #中文符号
        pd.options.display.float_format='{:,.2f}'.format  # 浮点数保留两位小数
        executed in 31ms, finished 21:05:05 2022-08-26
```

图9-108　设置绘图相关参数

（3）自定义本量利分析函数，参数为本量利分析的四个基本变量。在函数内计算销售额、变动成本、单位边际贡献、边际贡献总额、营业利润，并将相关数据以列表形式返回，如图9-109所示。

```
In [3]: def cvp(p,u_v_c,v,f):
            s=p*v                # 销售额=单价*销售量
            vc=u_v_c * v         # 变动成本=单位变动成本*销售量
            u_m=p - u_v_c        # 单位边际贡献=单价-单位变动成本
            m=p * v              # 边际贡献=单位边际贡献*销售量
            lr=(p-u_v_c)*v - f   # 利润=(单价-单位变动成本)*销售量-固定成本
            return [p,u_v_c,u_m,v,s,vc,m,f,lr]
        executed in 31ms, finished 21:06:33 2022-08-26
```

图9-109　自定义本量利分析函数

3. 本量利分析过程

（1）从配套资源中读取本量利分析基本数据，将第1列设置为行索引，如图9-110所示。

```
In [4]: df=pd.read_excel('本量利分析.xlsx',sheet_name=0,index_col=0)
        df
        executed in 80ms, finished 21:11:21 2022-08-26
```

Out[4]:

项目	数据
单价	150
单位变动成本	100
销售量	5000
固定成本	150000
目标利润	500000

图9-110　读取本量利分析基本数据

（2）从DataFrame结构中读取单列数据Series，读取后赋值给全局变量，如图9-111所示。

```
In [5]: # 读取单列Series数据
        data=df['数据']
        print(data)

        # 将数据存入全局变量
        p=data['单价']
        u_v_c=data['单位变动成本']
        v=data['销售量']
        f=data['固定成本']
        goal=data['目标利润']
executed in 16ms, finished 21:16:33 2022-08-26

项目
单价              150
单位变动成本      100
销售量           5000
固定成本       150000
目标利润       500000
Name: 数据, dtype: int64
```

图9-111　读取数据并赋值给全局变量

（3）调用本量利分析函数，返回数据列表，如图9-112所示。

```
In [6]: # 调用本量利分析函数，返回一维列表
        result_list=cvp(p,u_v_c,v,f)
        result_list
executed in 23ms, finished 21:21:58 2022-08-26
Out[6]: [150, 100, 50, 5000, 750000, 500000, 750000, 150000, 100000]
```

图9-112　调用本量利分析函数返回数据列表

（4）将返回的一维列表转换为DataFrame结构，自定义行索引和列索引，如图9-113和图9-114所示。

```
In [7]: # 将一维列表转换为二维的DataFrame,设置columns属性和index属性
        index=['单价','单位变动成本','单位边际贡献','销售量','销售额',\
               '变动成本','边际贡献','固定成本','营业利润']
        columns=['实际数']
        df2=pd.DataFrame(result_list,columns=columns,index=index)
        df2
executed in 34ms, finished 21:25:28 2022-08-26
```

图9-113　将返回的一维列表转换为DataFrame结构

	实际数
单价	150
单位变动成本	100
单位边际贡献	50
销售量	5000
销售额	750000
变动成本	500000
边际贡献	750000
固定成本	150000
营业利润	100000

图9-114　转换后的数据表

4. 盈亏平衡分析

盈亏平衡分析是通过计算企业在营业利润为零时的业务量,分析企业对市场需求变化的适应能力。盈亏平衡分析相关计算公式如下:

$$销售量 = 固定成本 \div 单位边际贡献$$
$$销售额 = 盈亏平衡点销售量 \times 单价$$
$$= 固定成本 \div 边际贡献率$$
$$= 固定成本 \div (1 - 变动成本率)$$

要进行盈亏平衡分析,首先应计算盈亏平衡点的销售量,然后将盈亏平衡点销售量带入本量利分析函数,并将盈亏平衡点相关指标列表写入 DataFrame 中,如图 9-115 所示。

```
In [8]: balance_point=f/(p-u_v_c)
        df2['盈亏平衡分析']=cvp(p,u_v_c, balance_point, f)
        df2
        executed in 36ms, finished 21:29:41 2022-08-26
Out[8]:
```

	实际数	盈亏平衡分析
单价	150	150.00
单位变动成本	100	100.00
单位边际贡献	50	50.00
销售量	5000	3,000.00
销售额	750000	450,000.00
变动成本	500000	300,000.00
边际贡献	750000	450,000.00
固定成本	150000	150,000.00
营业利润	100000	0.00

图 9-115　盈亏平衡分析

5. 安全边际分析

安全边际分析是通过分析实际销售量或销售额超过盈亏平衡点销售量或销售额的差额,衡量企业在保本的前提下,能够承受因销售下降带来的不利影响的程度和企业抵御营运风险的能力。安全边际分析相关计算公式如下:

$$安全边际量 = 实际销售量 - 盈亏平衡点销售量$$
$$安全边际额 = 实际销售额 - 盈亏平衡点销售额$$
$$安全边际率 = 安全边际量 \div 实际销售量$$
$$= 安全边际额 \div 盈亏平衡点销售额$$
$$保本作业率 = 保本点销售量 \div 实际销售量$$
$$= 保本点销售额 \div 实际销售额$$
$$= 1 - 安全边际率$$

安全边际分析只需要用实际数减去盈亏平衡点数据即可,如图 9-116 所示。

6. 目标利润分析

目标利润分析是在本量利分析的基础上,计算为达到目标利润所需实现的业务量,是一种利润规划的方法。目标利润分析相关计算公式如下:

目标利润 = 销售额 − 变动成本 − 固定成本
目标利润销售量 =（目标利润 + 固定成本）÷ 单位边际贡献
目标利润销售额 =（目标利润 + 固定成本）÷ 边际贡献率

要进行目标利润分析，首先应计算目标利润销售量，如图 9-117 所示。

图9-116　安全边际分析

图9-117　计算目标利润销售量

其次将目标利润销售量带入本量利分析函数，将返回结果写入 DataFrame 中，如图 9-118 所示。

图9-118　目标利润分析

7. 敏感性分析

敏感性分析是企业对实现目标的影响因素的影响能力进行量化分析的一种方法，确定目标实现对各因素变化的敏感程度。企业常常根据敏感程度绝对值的大小排序，来优化规划和决策。敏感性分析通过敏感系数来衡量，计算公式为

敏感系数 = 目标值变动百分比 ÷ 因素值变动百分比

以本量利分析为例，将营业利润作为考核目标，影响营业利润的因素有四个——单价、单位变动成本、销售量和固定成本，分别核算这四个因素在其他因素不变时，单个因素变动率从 –100% 到 100%，以 10% 的幅度变动时，营业利润的变动幅度。

（1）自定义敏感性计算函数，如图9-119所示，其中r_p代表单价变动率，r_u_v_c代表单位变动成本变动率，r_v代表销售量变动率，r_f代表固定成本变动率，返回值为目标利润的变动率。

```
In [12]:  # 目标利润与单价、单位变动成本、销售量、固定成本的敏感性分析
          # 数据为各因素变动的百分比
          def sensitive(r_p,r_u_v_c,r_v,r_f):
              # 各因素变动后的实际数
              p2=p*(1+r_p/100)
              u_v_c2=u_v_c*(1+r_u_v_c/100)
              v2=v*(1+r_v/100)
              f2=f*(1+r_f/100)

              # 计算变动前后的营业利润
              lr=(p-u_v_c)*v-f
              lr2=(p2-u_v_c2)*v2-f2

              # 返回营业利润的变动率
              return (lr2-lr)/lr
executed in 15ms, finished 22:04:16 2022-08-26
```

图9-119　自定义敏感性计算函数

（2）使用range()函数生成–100%到100%步长为20的整数列表，作为自变量变动率的取值范围，并保存到DataFrame结构中，如图9-120所示。

```
In [13]:  df_sensitive=pd.DataFrame(range(-100,110,20),columns=['因素变动百分比'])
          df_sensitive
executed in 24ms, finished 22:04:19 2022-08-26
```

Out[13]:

	因素变动百分比
0	–100
1	–80
2	–60
3	–40
4	–20
5	0
6	20
7	40
8	60
9	80
10	100

图9-120　设置自变量变动率的取值范围

（3）对DataFrame中的"因素变动百分比"单列Series数据，通过map()函数调用匿名函数，因素变动百分比作为参数传递给自定义的敏感性计算函数sensitive，返回对应的营业利润变动率列表，敏感性分析时每次只能改变一个影响因素，如图9-121和图9-122所示。

```
In [14]: df_sensitive['利润->单价']=df_sensitive['因素变动百分比'].map(lambda x:sensitive(x,0,0,0))
         df_sensitive['利润->单位变动成本']=df_sensitive['因素变动百分比'].map(lambda x:sensitive(0,x,0,0))
         df_sensitive['利润->销售量']=df_sensitive['因素变动百分比'].map(lambda x:sensitive(0,0,x,0))
         df_sensitive['利润->固定成本']=df_sensitive['因素变动百分比'].map(lambda x:sensitive(0,0,0,x))
         df_sensitive
         executed in 49ms, finished 22:05:50 2022-08-26
```

图9-121　敏感性分析过程

	因素变动百分比	利润->单价	利润->单位变动成本	利润->销售量	利润->固定成本
0	-100	-7.50	5.00	-2.50	1.50
1	-80	-6.00	4.00	-2.00	1.20
2	-60	-4.50	3.00	-1.50	0.90
3	-40	-3.00	2.00	-1.00	0.60
4	-20	-1.50	1.00	-0.50	0.30
5	0	0.00	0.00	0.00	0.00
6	20	1.50	-1.00	0.50	-0.30
7	40	3.00	-2.00	1.00	-0.60
8	60	4.50	-3.00	1.50	-0.90
9	80	6.00	-4.00	2.00	-1.20
10	100	7.50	-5.00	2.50	-1.50

图9-122　敏感性分析计算结果

（4）通过DataFrame结构自身的绘图方法，绘制敏感性分析图，如图9-123所示。

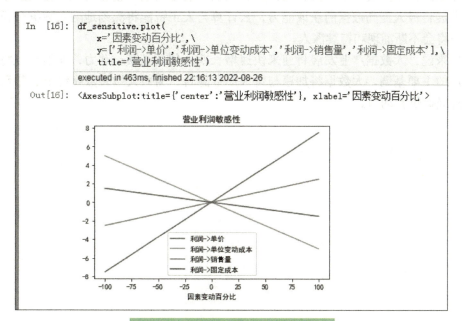

图9-123　绘制敏感性分析图

通过图 9-123 可以看出，营业利润与单价和销售量变动正相关，与单位变动成本和固定成本负相关，直线的倾斜程度越大，说明敏感程度越高。

课后练习

1. 根据本项目配套的 Excel 数据，封装自动生成科目汇总表的方法，然后调用该方法自动生成科目汇总表。
2. 封装自动生成账簿的方法，并调用该方法生成银行存款日记账。

◆ 拓展知识 ◆

大数据发展前景展望

随着科技的进步，大数据从科学前沿逐渐深入各行各业。纵观国内外，大数据已经形成产业规模，并上升到国家战略层面，大数据技术和应用呈现纵深发展趋势。面向大数据的云计算技术、大数据计算框架等不断推出，新型大数据挖掘方法和算法大量出现，大数据新模式、新业态层出不穷，传统产业开始利用大数据实现转型升级。

大数据作为一种重要的战略资产，已经不同程度地渗透到每个行业领域和部门，其深度应用不仅有助于企业经营活动，还有利于推动国民经济发展，实现经济的高质量发展。它对于推动信息产业创新、大数据存储管理挑战、改变经济社会管理面貌等方面也意义重大。

大数据的技术发展与物联网、云计算、人工智能等新技术领域的联系将更加紧密，物联网的发展将极大提高数据的获取能力，云计算与人工智能将深刻地融入数据分析体系，融合创新将会不断涌现和持续深入。

总体来说，大数据产业发展将迎来快速增长期，创新是第一动力，而创新也将成为大数据发展的主要基调，大数据将加速与各大产业融合，为做大做强数字经济、带动传统产业转型升级提供新动力。

参 考 文 献

[1] 宋红尔. 会计信息化：财务篇 [M]. 3 版. 大连：东北财经大学出版社，2022.

[2] 丁辉. Python 基础与大数据应用 [M]. 北京：人民邮电出版社，2019.

[3] 小甲鱼. 零基础入门学习 Python：微课视频版 [M]. 2 版. 北京：清华大学出版社，2019.

[4] 王仁武. Python 与数据科学 [M]. 上海：华东师范大学出版社，2015.

[5] 魏石勇，林立伟，林政德. 财务金融大数据分析 [M]. 北京：中国水利水电出版社，2021.

[6] 孙义，牛力，黄菊英. 大数据财务分析 [M]. 北京：中国财政经济出版社，2021.

[7] 程淮中，王浩. 财务大数据分析 [M]. 上海：立信会计出版社，2021.

[8] 张奇. 大数据财务管理 [M]. 北京：人民邮电出版社，2016.

[9] 黄锐军. Python 程序设计 [M]. 2 版. 北京：高等教育出版社，2021.